财政部规划教材
全国高等院校会计系列教材

财务管理

陶新元　主编

中国财经出版传媒集团
中国财政经济出版社

图书在版编目（CIP）数据

财务管理／陶新元主编 . —北京：中国财政经济出版社，2018.7
财政部规划教材　全国高等院校会计系列教材
ISBN 978-7-5095-8296-1

Ⅰ. ①财… Ⅱ. ①陶… Ⅲ. ①财务管理-高等学校-教材 Ⅳ. ①F275

中国版本图书馆 CIP 数据核字（2018）第 121352 号

责任编辑：王佳欣　　　　　　　　　　　责任校对：胡永立
封面设计：孙丽铭

本书微网站

扫描微网站二维码
获取教学配套资源和内容更新
不断添加中……

中国财政经济出版社 出版
URL：http：//www.cfeph.cn
E-mail：cfeph@cfeph.cn
（版权所有　翻印必究）
社址：北京市海淀区阜成路甲28号　邮政编码：100142
营销中心电话：88191537　北京财经书店电话：64033436　84041336
北京富生印刷厂印刷　各地新华书店经销
787×1092毫米　16开　17.25印张　418 000字
2018年7月第1版　2020年1月北京第2次印刷
定价：40.00元
ISBN 978-7-5095-8296-1
（图书出现印装问题，本社负责调换）
本社质量投诉电话：010-88190744
打击盗版举报热线：010-88191661　QQ：2242791300

本书是财政部规划教材,由财政部教材编审委员会组织编写并审定,作为全国高等院校会计系列教材使用。

在财经类、管理类诸多专业的教学计划中,"财务管理"课程是一门必修课。而对于任何一个企业、任何一个组织以至于任何一个家庭,其经营者的知识构成中,财务管理的基本理论和方法都不可或缺。一本具有通识性、通俗性而又不乏专业性的财务管理教材就成为必要。恰逢财政部教材编审委员会组织会计系列教材编写,强有力的支持使写作愿望成为现实。

本次教材编写有了一个很大胆的改变,就是在章节内容的安排上打破传统做法,并据以将财务管理内容归纳为筹资管理、投资管理、营运资金管理三个部分。具体改变如下:

改变之一: 将收益分配管理相关内容放置于股权筹资管理这章中,以"来自于内部的股权筹资"为节标题。理由如下:企业净收益分配的目的,除了回馈股东协调企业与股东间的财务关系外,就是要解决内部筹资的问题,要满足经营和发展所需的内部资金来源并优化资本结构,这些无疑是属于筹资管理的范畴。

改变之二: 将短期负债筹资放置于营运资金管理这章中,以"营运资金筹措"为节标题。理由如下:流动负债本身就是营运资金的内容,也是营运资金筹措的来源,放置在这章更加合适。

改变之三: 将财务杠杆、经营杠杆及其相关基础知识(成本习性、本量利关系)这些内容与资金时间价值、资金风险价值估算作为独立一章并命名为财务管理基本工具。理由如下:其一,财务管理进行相关的财务评价时必须要用到时间价值与风险价值估算方法测算相关数据;其二,财务杠杆作用是负债筹资的利息费用所产生,经营杠杆作用是因形成企业基本生产经营能力的相关固定费用所产生,传统财务管理教材把财务杠杆放在筹资管理模块但没有把经营杠杆放在投资管理模块也有失妥当;其三,杠杆作用在企业整体经营策略中也是一个自成体系的内容,而且两大杠杆不是孤立的而是互相作用相辅相成并形成总杠杆作用;因此杠杆作用的运用实质上就是一种工具的运用,而杠杆运用的直接后果之一就是风险的产生,所以把杠杆效应与资金风险放在同一章节里也有其合理性。

在编写本教材的过程中,我们一直将实用性和通俗易懂作为编写的基本准则要求,比如对较深层的理论只是点到为止,而对基本原理和方法则尽可能以通俗的语言作最明晰而透彻的解说,在内容安排和实例讲解方面尽可能与中级会计师、注册会计师等权威考试要求靠拢,在案例分析方面尽可能以真实的事件材料为依据,每章后附有技能训练题,供阅读者复习巩固相关知识。我们相信,这本书不仅可作为初学者的入门教材、各类考试人员的辅导教材,还可作为业内实务工作者的工具书,也能成为广大经济管理和企业经营爱好者吸取专业知识的益友。

本书由湖南财政经济学院陶新元教授担任主编,负责撰写提纲、全书的总纂和修改定稿。参加书稿编写的有:湖南涉外经济学院的陈洁教授,湖南财政经济学院的彭云、胡伟、姚菊丹副教授和许芳、郑媛讲师。其中:第一、二、三章由陶新元编写,第四章由姚菊丹编写,第五章由胡伟编写,第六章由彭云编写,第七章由郑媛编写,第八章由陈洁编写,第九章和第十章由许芳编写。

本书的编写参考和借用了很多前辈与同行的观点和成果,在此一并致谢。

本书为用书学校任课教师提供了技能训练题的答案和电子课件,如有需要,可以电子邮件的形式向中国财政经济出版社索取(请注明:学校、全书名、版次)E-mail:caijingjiaocai@163.com。也可通过如下网址下载:http://cjjc.cfeph.cn。

因学识和写作能力所限,书中难免存在疏漏与不妥,敬请读者谅解,期盼通过以下邮箱地址得到您的宝贵意见:546887963@qq.com。

陶新元

2018年6月

第一章 财务管理概述 （1）

第一节 财务管理的产生与发展 （1）
第二节 财务管理的内容 （3）
第三节 财务管理的目标 （6）
第四节 财务管理的机构与组织 （11）
第五节 财务管理的环境 （15）

第二章 财务管理的基本工具 （19）

第一节 资金的时间价值 （20）
第二节 成本习性与本量利关系分析 （32）
第三节 资金的风险价值与杠杆效应 （36）

第三章 股权筹资管理 （52）

第一节 股权筹资概述 （53）
第二节 来自于外部的股权筹资 （54）
第三节 来自于内部的股权筹资——留存收益筹资 （65）

第四章 长期负债筹资管理 （79）

第一节 长期负债筹资概述 （80）
第二节 长期借款筹资 （82）
第三节 公司债券筹资 （86）
第四节 融资租赁筹资 （94）

第五章 资本成本与资本结构 （101）

第一节 资本成本 （102）

第二节 资本结构···(113)

第六章 固定资产投资管理 (126)

第一节 固定资产投资概述···(126)
第二节 固定资产投资项目现金流量分析··(127)
第三节 固定资产投资决策的财务评价··(132)
第四节 固定资产租赁决策··(146)

第七章 证券投资管理 (155)

第一节 证券投资概述···(156)
第二节 股票投资财务评价··(158)
第三节 债券投资财务评价··(163)
第四节 基金投资概要···(168)
第五节 证券投资风险管理··(171)

第八章 营运资金管理 (183)

第一节 营运资金概述···(184)
第二节 营运资金筹措···(188)
第三节 现金管理···(196)
第四节 应收账款管理···(204)
第五节 存货管理···(211)

第九章 财务分析 (220)

第一节 基本财务能力分析··(221)
第二节 综合财务分析···(232)

第十章 资金需求与增长率分析 (238)

第一节 资金需求预测···(239)
第二节 增长率与资金需求关系分析···(245)

附录 资金时间价值计算系数表··(255)

参考文献···(267)

第一章 财务管理概述

【学习目的与要求】

了解财务管理学科的演进历程及其代表性的理论文献,理解学习财务管理的重要意义,掌握财务管理的内容、目标、环境。

【引导案例】

免利息分期付款方式购物

李同学某日分期付款购买了一台3 600元的笔记本电脑,分期期数为12期,分期手续费率为0.60%,因此每月还款金额:$3\,600 \times 0.60\% + 3\,600 \div 12 = 21.6 + 300 = 321.6$元,即李同学只需每月归还321.6元,而不需再支付其他费用。

[问题] 你会利用该免利息分期付款方式吗?请说明理由。

[思考] 每月(每学期)父母给你的钱够用吗?不够或者多余时你是怎么处置的?你家里谁负责管理财产、怎么管理的?

学习完本课程后,你可以就个人生活费、家庭财产的管理给出一些改进建议吗?

[结论] 个人、家庭、单位都有一定量的资金,要使资金产生较好的效益就需要相应的管理,对资金运动全过程的管理称之为财务管理,简称为理财。

第一节 财务管理的产生与发展

一、西方财务管理的产生发展历程及代表性理论文献

学界一般将西方财务管理的产生发展历程划分为三个阶段。第一阶段是从商品生产和

商品交换产生开始到 19 世纪中期,与小规模简单化的企业组织相匹配的是业主直接从事财务管理工作;这一时期理论文献的代表作是美国著名财务学者 Thomas L·Green 于 1897 年出版的名著《公司理财》,它被公认为西方财务管理学产生的标志。第二阶段是 19 世纪末至 20 世纪 50 年代,伴随着西方资本主义工业化发展的是股份公司和托拉斯①等大型企业组织的出现,其财务管理工作的复杂化使专门的财务管理机构应运而生,并将为企业筹集资金作为其工作重点,但 20 世纪 30 年代的经济危机又促使财务管理工作重点转向资金运用和财务监督;这一时期的代表作是 Arthor Stone 于 1920 年出版的《公司财务策略》,它在很长时间被广泛用于大学经济管理相关专业的教科书。第三阶段是 20 世纪 50 年代以后至 20 世纪后期,伴随着资本主义商品经济的高度发达和学科理论的不断完善,西方财务管理的内容得到了前所未有的丰富和发展,包括现金流量管理、资本预算和项目决策管理、现金和存货管理、资本结构决策、股利策略等,使财务管理的学科体系得以基本完善,在管理方法和手段方面,得益于 20 世纪其他相关学科理论与技术,特别是计算机应用技术的普及和发展,西方财务管理的现代化水平不断提高,财务管理工作的业绩也在不断提升,财务管理工作的地位得到了不断提高,并逐渐成为现代企业管理中不可缺少的核心组成部分;这一时期既是财务管理理论的完善时期也是财务管理理论的创新时期,许多沿用至今的财务管理理论和模型都是在这一时期形成的,包括哈里·马科维茨的"投资组合理论"、威廉·夏普的"资本资产定价模型"、史蒂夫·罗斯的"套利定价理论"、弗兰克·莫迪格利尼和莫顿·米勒的"资本结构理论(MM 理论)及其模型"等。

二、我国财务管理的产生发展历程及代表性理论文献

在我国,财务管理经历了漫长而缓慢的发展过程。上述西方财务管理发展历程说明,财务管理是伴随着商品经济的发展而发展的,而在我国漫长的封建社会中自给自足的自然经济一直占据着统治地位,直到半封建半殖民地的旧中国,商品经济才有了一定发展,这个时期虽然有了独立的财务管理工作,但还处于十分落后的水平。新中国成立后财务管理工作才有了较快的发展,较早期有王庆成、李相国、刘恩禄、杨维祖等就财务管理课程理论体系展开研究,并形成了较为完整的制度方法体系和学科体系;改革开放以来,财务管理工作在经济活动中的地位越来越突出,市场经济的发展也不断地对财务管理学科发展提出了新的要求,理论和实务界都在不断寻求财务管理理论和方法的创新,在西方财务管理成熟理论和方法的基础上,大胆结合我国市场经济发展的特性进行了大量的创新性研究,并取得了不少成果,比如以郭复初教授的《国家财务论》、伍中信教授的《现代财务经济导论》为代表作的财务治理理论,以郭元晞教授的《资本经营》为代表作的资本经营理论与实务研究,以干胜道教授的"所有者财务:一个全新的领域"、汤谷良教授的"经营者财务论——兼论现代企业财务分层管理架构"、谢志华教授的"出资者财务论"、王斌教授的"现金流转说:财务经理的财务观点"为代表作的财务分层理论,以孙培源和施东辉为代表所从事的"行为财务理论"的经验研究等,既是对传统财务管理理论的发展,又

---

① 托拉斯为垄断组织的高级形式之一。由许多生产同类商品的企业或产品有密切关系的企业合并组成。

极具针对性地有助于解决我国现阶段市场经济发展进程中出现的财务经济方面的新问题。近年来，网络环境和大数据条件下的财务管理、中小企业财务管理创新研究已成为热门话题。

三、财务管理理论与实务的创新及发展趋势展望

回顾和总结财务管理理论与实务的发展历程，财务管理发展的原动力来自于社会经济发展的速度和水平，或者说是来自于财务管理自身宏观和微观环境的变化，财务管理工作所取得的业绩又使财务管理在经济管理中的地位越来越重要。21世纪的社会经济发展在我们面前展示的是：宏观环境以经济全球化和知识经济、信息技术的迅猛发展为特征，微观环境以财务主体内部机构与资源的重组、财务主体之间的资源重组和虚拟公司的兴起等为特征。相应地，财务管理理论、方法、技术等都需要向这些领域拓展。

展望21世纪的财务管理发展趋势，财务创新将成为主旋律，发展变革的方向主要有以下四个方面：其一，财务管理理论的层次将由管理上升为治理层次，并趋向于财务治理与公司治理相融合；其二，财务管理理论体系将细分为财务基本理论、财务规范理论、财务行为理论等；其三，财务管理的业务内容将由过去单纯的价值管理上升为一种综合性管理，在传统的筹资、投资、营运资金管理基础上，一些特殊业务将成为财务管理的必要内容，包括无形资产管理中对知识资本（或人力资本）管理的强调、企业并购与重组的财务管理、企业破产与清算的财务管理、国际企业的财务管理、小企业及私人财务管理，财务信息安全管理等；其四，财务管理技术手段上的革新，包括现代计算计量技术、网络和通信技术等在财务管理上的应用，表现在大量数学和统计模型的建立和应用、网络财务的出现等。

第二节 财务管理的内容

一、财务活动和财务关系

学习财务管理首先必须了解两个最基本的概念，这就是财务活动和财务关系，无论理论研究还是实务探讨，财务管理都是围绕着如何组织好财务活动和怎样处理好财务关系，并因此而实现理想的财务成果。

（一）财务活动

财务活动，是指某一经济组织为确保实现其经营目标，所开展的有关财力资源的筹措、财力资源的配置使用、经营成果的回收与分配等一系列理财活动，本书将其归纳命名

为：筹资活动（含收益分配）、投资活动、运营活动三个方面。

这里的经济组织包括企事业单位、政府机构、其他社会团体等所有从事经济活动的组织，其中尤以企业组织最为普遍，所以本书将直接以企业代替经济组织。

1. 筹资活动

筹资活动是指企业为满足经营活动的需要，从一定渠道、采用特定方式筹措和集中资金。

筹资渠道即资金的来源。企业从三个来源取得资金：从企业的所有者处筹措资本金及其副产品（资本溢价）形成企业的实收资本和资本公积；从企业的债权人处筹措债务资金形成企业的负债；从企业净利润中提留形成企业的留存收益。

筹资方式即取得资金的具体方法，传统方式包括出让股权、自我积累、公开发行股票或债券、向金融企业贷款、取得商业信用等。现代科学技术的发展和人们的大胆创新，新型筹资方式层出不穷，比如近年来出现的网络众筹、天使投资、BOT、PPP等。

筹资管理的具体内容，从外部筹资角度看包括筹资需要量预测、筹资来源与方式分析、筹资风险分析与控制、筹资合约签订、资金到位监督等；从内部筹资角度看包括利润分配政策与策略的制定、现金流量的安排、利润分配的实施等。

筹资管理的内在要求是对筹资的成本、风险与效益进行权衡，力求以较低的筹资成本，获得及时足额的资金，并使财务风险控制在适度的水平。在利用留存收益这种内部筹资方式时，要在兼顾公平性与效益性、规范性与灵活性的基础上，确定合理的分配比例和分配形式，处理好各利益主体间的关系，处理好收益分配与长远发展的关系。

值得注意的是，实现筹资要求的两个限制因素：其一，筹资代价最小的筹资方式不一定是最佳筹资方式（资本风险与收益相对等原理作用）；其二，资金需求量与供应量之间存在矛盾，以有限的供应满足无限的需求，需要从效益性、科学性、及时性等方面把握。

2. 投资活动

投资活动是指企业将筹措的资金按照合理的配置投入使用，这是广义的投资概念，包括企业的对内投资（购建固定资产、无形资产、存货等）、对外投资（购买被投资企业的股权或公开发行的股票）；狭义的投资概念通常仅指对外投资。

投资管理的具体内容包括选项、可行性分析、决策、计划、实施、效果评价等。投资管理的内在要求是对投资项目的风险与收益进行权衡，力求以较低的投资额和投资风险，获取较高投资收益。

投资收益的实现，一方面可直接增加企业资产的价值；另一方面可间接提高企业的市场价值。做好投资管理应从前瞻性、积极性、投资量、产出效应等方面综合考虑。

3. 营运活动

营运活动是指为保证日常经营活动中的营运资金高效稳定循环，对营运资金进行合理配置和使用。

营运资金管理的具体内容是各项主要流动资产如何合理配置和筹措，管理的内在要求是以尽可能少的占用提高运营效率，以合理的债务配置满足营运资金所需的同时，降低资金成本和维持偿付能力。

（二）财务关系

财务关系是指企业因开展财务活动而形成和需要协调的，与相关利益主体之间的经济联系。这些关系是一种客观存在，受社会经济制度、人类主观意志等的影响，有一定的条件约束。按照关系主体的不同，财务关系具体可归纳为以下几个方面：

（1）企业与国家之间的财务关系。在这里，国家是以社会统治者或管理者的身份出现的，其权利是以征税的形式参与企业收益的分配，其义务是维护国家的安全、社会的稳定和市场的有序发展，为企业开展经营活动提供一个和谐有序的市场。

（2）企业与其投资者之间的关系。在这里，投资者包括国家或政府组织、其他企业或社会团体、企业职工和其他普通公民、境外的合法投资者等。投资者的权利是依据合同或协议等参与企业的经营管理及净利润的分配，其义务是依据合同或协议向企业投入资本金并承担相应的经营风险和经济责任。

（3）企业与其债权人之间的关系。在这一关系中，债权人依合同或协议向企业提供放款或商业信用等债权、依合同或协议收回放款本金及利息或享受其他权利；企业依合同或协议取得债务资金的使用权或享受其他权利、依合同或协议偿付债务本金及利息；企业的债权人主要有：各类金融企业或机构、各类供应商、债券持有人等。

（4）企业与其被投资者的关系。在这一关系中，企业以投资人的身份出现，其权利是依据合同或协议等参与被投资单位的经营管理及净利润的分配，其义务是依据合同或协议向被投资单位投入资本金和承担相应的经营风险和经济责任。

（5）企业与其债务人之间的关系。在这一关系中，企业以债权人的身份出现，其义务是依据合同或协议向债务人放款或提供商业信用等债权，其权利是依据合同或协议收回放款本金及利息或享受其他权利。

（6）企业与其供应商、销售客户之间的关系。企业在购进物资时，将与其供应商发生货款结算或形成应付债务，并因此成为其供应商的债务人；企业在销售产品时，将与其客户发生货款结算或形成应收债权，并因此而成为其客户的债权人。

（7）企业与其内部各单位、部门之间的关系。企业内部上下级之间主要是资金缴拨关系，各平级单位之间主要是资金结算关系，当然也可以全部以债权债务关系出现。

（8）企业与其职工之间的关系。企业与其职工的关系可能包括两个方面：其一，因雇佣关系而形成的劳动报酬关系，这时企业作为雇主有权利选择雇员，并应依据法律、合同协议等向雇员支付劳动报酬；其二，因企业获得来自于职工的资本投入而形成的投资与被投资关系，这时企业成为被投资者，相关的权利是依据合同协议等取得投入资本，相关的义务是依据合同协议等向其投资者（职工）支付相应的投资报酬或提供其他权利；职工作为企业的投资者，其支付出资额的方式可以是现金，也可以是个人智慧、技术、创造发明等人力资本。

二、财务管理的特征

讨论财务管理的特征，主要是为了区分财务管理与企业管理内容的差别，依据这一出发点，价值管理就成为财务管理的基本特征，因为除财务管理以外的其他企业管理活动，都是侧重于"物"的管理，如物资管理、生产管理、劳动人事管理等。财务管理的价值管理形式，还使它可以深入企业管理各个不同层面和不同内容，并将企业管理的全部内容以一定的价值量链接起来，以至于财务管理在企业管理活动中无处不在，并由此而派生出财务管理的内容广泛性、功能多样化、管理综合性等特征。

综合上述分析，我们可以给企业财务管理做如下通俗的定义：财务管理，是指企业所开展的组织财务活动、协调财务关系的一系列管理活动，包括筹资管理、投资管理、营运资金管理。财务管理利用价值管理形式和诸多现代管理方法，对企业资金运动全过程实施监管，是企业管理的一个重要组成部分。

第三节 财务管理的目标

一、企业总目标及其对财务管理的要求

作为企业管理的一个组成部分，财务管理必然是服务和服从于企业总目标的，财务管理目标的确立当然要以企业的总体目标为依据。

一般认为，企业总目标包括生存、发展、获利三个方面。生存的土壤是市场，生存的条件是以收抵支和到期偿债。企业生存的主要威胁来自于长期亏损，这也是企业终止的内在原因；而不能偿还到期债务通常构成企业终止的直接原因。企业维持生存要从两方面着手：一是开源节流，至少保证其经营收入与支出相等；二是按期偿还债务以降低破产风险。发展是维持生存的最有效途径，发展的表现是收入、盈余和总规模的不断扩大，发展的要求是不断推出更好、更新、更受市场欢迎的产品和服务，发展的需要是不断增加人、财、物的投入，不断筹集发展所需资金。获利是企业存在的价值体现，获利使企业具有发展的内在潜力。三者的关系是：生存是基础、获利是动力、发展是保障，即在生存中获利、以获利促发展、在发展中更好地生存和获取更好的收益。

企业总目标对财务管理的要求体现在以下三方面：一是保持以收抵支和偿还到期债务的能力；二是及时足额筹集企业所需的资金；三是合理有效地使用资金使企业获利。

二、财务管理的总目标

（一）财务管理总目标及其变迁

在财务管理理论与实务的发展完善过程中，财务管理目标同样经历着不断的改进，具体包括三个阶段性目标，即利润最大化目标、资本利润率最大化目标、企业价值或股东财

富最大化目标。

1. 利润最大化目标

由于利润指标的直观和易于获取，长期以来一直作为评价企业业绩的主要指标，而且追求利润本来就是企业总目标之一，利润自然就成为财务管理最初的目标。这也是一种相对侧重于经营者业绩考评的财务管理目标观。

但是，以利润作为财务管理总目标存在以下不足：一是未考虑利润所得与资本投入额之间的关系；二是未考虑利润的取得时间及其所包含的时间价值；三是未考虑获取利润所承担的风险；四是导致经营管理者的短期行为。上述不足可能导致企业经营业绩评价在横向和纵向都缺乏可比性。

2. 资本利润率最大化或每股利润最大化目标

该目标也被称为经济效益最大化目标，这是一种相对侧重于所有者的财务目标观，相对于利润最大化目标，该目标的优点是考虑了利润所得与资本投入额之间的关系，有利于对不同资本规模条件下的经营业绩进行比较，但仍然不能避免其他三个方面的不足。

3. 企业价值最大化或股东财富最大化目标

这里首先要说明企业价值和股东财富的基本概念。企业价值是指通过市场评价而确定的企业买卖价格，是企业全部资产的市场价值，包括企业潜在或预期的获利能力及其所包含的时间价值。企业价值是股东财富的最直观表述，因为企业的所有权归属于股东。通常，对于上市公司以股票的市场价格作为其价值的衡量标准，对于非上市公司，以企业未来收益确定金额的总现值作为衡量标准。该目标的优点是避免了前两个目标的各种缺陷，且体现了对资产保值、增值的要求。该目标的缺陷之一是过于抽象，特别对于非上市公司而言，其价值难以准确确定；缺陷之二是它有违建立和谐社会的基本要求，和谐社会要求全体人民共同富裕，而该目标只追求股东一方的财富最大化，这就不利于充分调动企业经营者和广大职工群众的积极性，不利于建立企业内部的利益制衡机制，如果把它作为我国企业的财务管理目标，它很难使企业形成凝聚力和向心力，很难激发企业广大职工的责任感和使命感。

值得注意的是，企业价值和股东财富有着不同的内涵。企业价值反映的是市场对企业整体的价值评估结果，包括企业现有资产及其现有和未来的获利能力、企业股东的再投资能力、企业股东和经营者的管理能力、企业人力资源与技术水平等影响企业未来发展潜力的诸多因素，并且这些因素都是不可分割的，也是存在极大不确定性的。而股东财富则是一个相对固定和确定的指标，也是一个可以分割的指标，因为尽管企业的全部价值都属于股东，但股东的所得只能是可供分配的净收益或剩余财产那部分，而且这些价值是属于所有股东共同所有，每一个股东都只能享有其中的一部分。因此将企业价值最大化目标和股东财富最大化目标同一化有失妥当。

（二）现代财务管理总目标的不同观点

1. 理论界对企业财务管理目标的看法

目前关于财务管理总目标，理论界还有几种不同看法。其一，每股现金流量最大化目标，该观点的理由是：企业价值与股东财富很大程度上取决于现金流量的多少。其二，财务能力协调化目标,该观点的理由是:财务管理的主要任务是协调企业的各种财务能力。其三,可持续盈利成长能力最大化目标,该观点的理由是:盈利能力和成长能力始终是财务管理追求的目标,可持续盈利成长能力是企业盈利能力、偿债能力、营运能力、成长能力的复合,利润最大化、资本利润率最大化、企业价值最大化、股东财富最大化、财务能力协调化等目标都可以在可持续盈利成长能力目标中得到体现。其四,本金增值满意化目标,该观点的理论基础是"财务本金论",该观点的理由是:利润最大化、资本利润率最大化、企业价值最大化和股东财富最大化,其本质都是对本金增值外在形式的描述,都是特定经济条件下,财务内在的本金投入与收益基本矛盾运动适应现实经济要求的具体体现。

2. 实务界对企业财务管理目标的认识

据西方财务学家对高级财务管理人员的一项系统调查,结果表明,大多数实务工作者将财务管理目标按其重要程度排序为:第一,总资产报酬率最大化;第二,达到每股收益的预期增长率;第三,公司当期总利润的最大化;第四,股票价格的最大化。进一步分析可知,上述第一、第三项目标的实质就是利润最大化,第二、第四项目标可作为企业价值最大化的体现,并且也直接决定于利润最大化的实现程度。而在中国,大约有55%的企业将其作为财务管理的基本目标。这完全可以表明,利润最大化实际上是大多数实务工作者首选的财务管理目标。

【知识拓展】

财务管理目标涉及的利益相关者的矛盾与协调

1. 股东与经营者

经营者的目标包括增加报酬、增加闲暇时间、避免风险。比如2008年平安董事长马某税前报酬为6 616万元,折合每天收入18万元,成为当年A股最贵老板。

经营者对股东目标背离的表现:一是道德风险(不求有功但求无过)。经营者为了自己的目标,不是尽最大努力去实现企业的目标。他们没有必要为提高股价而冒险,股价上涨的好处将归于股东,如若失败他们的"身价"将下跌。他们不做什么错事,只是不十分卖力,以增加自己的闲暇时间。这样做不构成法律和行政责任问题,只是道德问题,股东很难追究他们的责任。二是逆向选择(增加职务消费等)。经营者为了自己的目标而背离股东的目标。例如,装修豪华的办公室,购置高档汽车等;借口工作需要乱花股东的钱;或者蓄意压低股票价格,自己借款买回,导致股东财富受损。

防止经营者背离股东目标的方式包括监督、激励,通过监督和激励可以减少经营者违背股东意愿的行为,但也不能解决全部问题。

2. 股东与债权人

债权人利益受损的主要表现:(1)股东不经债权人同意,投资于比债权人预期风险更高的新项目;(2)股东为了提高公司的利润,不征得债权人同意而指使管理当局发行新债,致使旧债券价值降低,使旧债权人蒙受损失。

债权人为了防止其利益被伤害,除了寻求立法保护,如破产时优先接管、优先于股东分配剩余财产等外,通常采取以下措施:第一,在借款合同中加入限制性条款,如规定借款的用途，规定不得发行新债或限制发行新债等；第二，发现公司有损害其债权意图时，拒绝进一步合作，不再提供新的借款或提前收回借款。

3. 股东与利益相关者

广义的利益相关者包括一切与企业决策有利益关系的人，包括资本市场利益相关者（股东和债权人）、产品市场利益相关者（主要顾客、供应商、所在社区和工会组织）和企业内部利益相关者（经营者和其他员工）。狭义的利益相关者是指除股东、债权人和经营者之外的，对企业现金流量有潜在索偿权的人。通常，我们说"利益相关者"是指后者。

利益相关者类型包括：（1）合同利益相关者，包括主要客户、供应商和员工，他们和企业之间存在法律关系，受到合同的约束；（2）非合同利益相关者，包括一般消费者、社区居民以及其他与企业有间接利益关系的群体。

股东与利益相关者的协调：股东可能为自己的利益伤害合同利益相关者，合同利益相关者也可能伤害股东利益。因此，要通过立法调节他们之间的关系，保障双方合法权益，一般说来，企业只要遵守合同就可以基本满足合同利益相关者的要求，在此基础上股东追求自身利益最大化也会有利于合同利益相关者。当然，仅有法律是不够的，还需要道德规范的约束，以缓和双方的矛盾。

对于非合同利益相关者，法律关注较少，享受到的法律保护低于合同利益相关者。公司的社会责任政策，对非合同利益相关者影响很大。

4. 企业的社会责任和商业道德

社会责任，是指企业对于超出法律和公司治理规定的对利益相关者最低限度义务之外的，属于道德范畴的责任。

合同利益相关者的社会责任包括：（1）劳动合同之外员工的福利，例如帮助住房按揭、延长病假休息、安置职工家属等；（2）改善工作条件，例如优化工作环境、建立体育俱乐部等；（3）尊重员工的利益、人格和习俗，例如尊重个人私有知识而不是宣布个人知识归公司所有，重视员工的意见和建议，安排传统节日聚会、灵活的工作时间等；（4）友善对待供应商，例如改进交易合同的公平性、宽容供应商的某些失误等；（5）就业政策，如优惠少数民族、不轻易裁减员工等。

非合同利益相关者的社会责任包括：环境保护、产品安全、市场营销、对社区活动的态度等。

三、财务管理的具体目标

财务管理的具体目标是如何实现财务能力的协调和均衡，即在保证偿债能力的基础上，不断提升营运能力，实现盈利能力的最大化。

企业的财务能力包括三个方面：分别是偿债能力、营运能力和盈利能力，其中偿债能力以流动比率、速动比率、现金比率、资产负债率、产权比率、已获利息倍数等指标衡量；营运能力以营业周期、存货周转率、应收账款周转率、流动资产周转率、总资产周转率等指标衡量；盈利能力以销售净利率、销售毛利率、资产净利率、净资产收益率（或每股收益）等指标衡量。

从三大财务能力的关系来看，作为反映企业资产周转速度和使用效率的营运能力，对其他两大能力的作用当然是正向的，即营运能力的增强将促进偿债能力和盈利能力的提高；但偿债能力对营运能力的影响却正好相反，因为要保障偿债能力就必然有较多的资产占用或闲置，相应地必然降低资产的周转速度；偿债能力与盈利能力也是一种矛盾的对立统一关系，对立的表现是单纯追求一方必然使另一方受损，统一的表现是维持偿债能力是提高盈利能力的条件和手段，盈利能力的增强有利于改善财务结构使偿债能力更有保障。

四、影响财务管理目标实现的因素

企业财务管理目标实现的影响因素很多，其中最重要的是以下五个方面：一是投资报酬率（总资产利润率或净资产利润率），该指标值越高、企业价值越大；二是风险报酬，即冒风险投资而获取的额外报酬，当风险与报酬相当时，企业价值上的风险较小；三是投资项目的恰当性，每一个投资项目都有其自身的投资报酬和投资风险，投资项目的选择必然影响投资报酬水平进而影响企业的市场价值；四是资本结构，资本结构直接影响企业的投资报酬和投资风险，进而影响企业的价值，资本结构不当还是企业破产的重要因素；五是利润分配政策，利润分配政策不仅会影响公司的投资报酬率和风险，也会直接影响到不同利益主体的收益，而且由于不同利益主体对企业利润分配的要求是一种矛盾的关系，利润分配比例过高不仅会降低公司未来获利的潜力，也会扩大债权人的风险和降低经营者的收益，相反若利润分配比例过低，又会扩大股东的投资风险和降低股东投资的积极性。

应该注意的是：不同利益主体各自财务管理目标对企业财务管理总体目标及财务管理业绩的影响各不相同，使股东、债权人和经营者之间的利益冲突与协调成为企业最重要的财务关系。股东和债权人作为企业财务资源的提供者，股东希望其财富最大化与债权人希望其债权保障最大化存在矛盾，两者的共同之处是将其投入资源的经营管理委托给企业经营者，其目标实现又都受制于经营者的态度，经营者所期望的是以其适当的劳动付出和风险承担换取理想的报酬与享受，但其一切收获必须依赖于企业这个载体。因此三个主体之间既存在矛盾又是利益共同体，各自在以自己的方式维护自身利益的同时必然做出一定的妥协，比如股东对经营者的监督与激励并用、经营者在充分发挥聪明才智的同时存在道德背离与逆向选择的可能、债权人以借款限制与提前收回降低风险等。监督成本、激励成本和偏离股东目标的损失之间此消彼长、相互制约。股东要权衡轻重，力求找出能使监督成本、激励成本和偏离股东目标的损失三者之和最小的解决办法。

第四节

财务管理的机构与组织

一、财务管理的主体

近年来,我国理论界对财务管理主体进行了积极探讨,形成了不同的观点,归纳起来包括:企业所有者主体论、企业经营者主体论、企业所有者与经营者二元主体论、企业主体论、企业财务经理或(财务部门)主体论等。本书认为,单纯就主体本身的概念而言,财务管理的主体不是固定的,因为主体应该是活动或业务及其指令的发出者,也是活动或业务所服务的对象,因此财务主体会随着财务活动及其指令发出者的变化而改变,比如任何一个有独立经济能力的人都有其理财活动,这时独立的经济人就是一个财务主体;就本书而言,所讨论的是企业组织的财务管理业务,因此财务管理主体应该是独立的企业组织。

据此本书给财务管理主体的定义为:财务管理主体是指具有独立财务能力,独立进行财务活动和开展财务管理业务的特定单位,是财务管理所服务的特定对象。这也是与企业财务管理目标(企业价值最大化)相统一的。

二、财务管理的机构设置

财务管理机构的设置决定于企业组织形式及其组织结构,因此这里首先对企业组织形式及其机构特征进行简要介绍。

(一) 企业组织形式及其特征

1. 个人独资企业

个人独资企业是由一个自然人投资,财产为投资人个人所有,投资人以其个人财产对企业债务承担无限责任的经营实体。其主要优点包括:(1)创立容易。例如,不需要与他人协商并取得一致,只需要很少的注册资金等;(2)维持个人独资企业的固定成本较低。例如,政府对其监管较少,对其规模也没有什么限制,企业内部协调比较容易;(3)不需要缴纳企业所得税。主要缺点表现为:(1)业主对企业债务承担无限责任,有时企业的损失会超过业主最初对企业的投资,需要用其他个人财产偿债;(2)企业的存续年限受限于业主的寿命;(3)难以从外部获得大量资金用于经营。

2. 合伙企业

合伙企业是由各合伙人订立合伙协议,共同出资、合伙经营、共享收益、共担风险,并对合伙债务承担无限连带责任的营利性组织。通常,合伙人是两个或两个以上的自然人,有时也包括法人或其他组织。其主要优点和缺点与个人独资企业类似,只是程度有些区别，表现在：(1) 合伙企业法规定每个合伙人对企业债务须承担无限连带责任（如果一个合伙人没有能力偿还其应分担的债务，其他合伙人须承担连带责任）；(2) 法律还规定合伙人转让其所有权时需要取得其他合伙人的同意，有时甚至还需要修改合伙协议，因此其所有权的转让比较困难。

3. 公司制企业

任何依据公司法登记的机构都被称为公司。各国的公司法存在差异，因此公司的具体形式并不完全相同。它们的共同特点是均为经政府注册的营利性法人组织，并且独立于所有者和经营者。其主要优点包括：(1) 无限存续。一个公司在最初的所有者和经营者退出后仍然可以继续存在；(2) 容易转让所有权。公司的所有者权益被划分为若干股权份额，每个份额可以单独转让，无须经过其他股东同意；(3) 有限债务责任。公司的债务是法人的债务，不是所有者的债务。所有者的债务责任以其出资额为限。其主要缺点为：(1) 双重课税。公司作为单独的法人，其利润被征收企业所得税，企业利润分配给股东后，股东还需缴纳个人所得税。(2) 组建公司的成本高。公司法对于建立公司的要求比建立独资或合伙企业高，并且需要提交一系列法律文件，通常花费的时间较长。公司成立后，政府对其监管比较严格，需要定期提交各种报告。(3) 存在代理问题。经营者和所有者分开以后，经营者成为代理人，所有者成为委托人，代理人可能为了自身利益而伤害委托人的利益。

在经济责任的承担上，独资和合伙制企业属于无限责任制，有限责任制和股份有限制属于有限责任制。从组织结构和财务权利行使的特征上看，独资和合伙制企业通常规模较小、机构简单而紧密，企业所有权与经营权合二为一，因而其财务管理权利直接由所有者掌握，并由所有者直接从事财务管理工作；有限责任公司和股份有限公司一般具有规模大、结构复杂而松散的特征，其所有者主体多而复杂，大多数所有者都不直接从事企业的日常经营管理活动，企业的所有权与经营权相分离，其组织结构有母子公司型、总分公司型和现代公司事业部制等多种形式。

【知识拓展】

个人独资企业与一人公司的差别

一人公司是指只有一个股东的有限责任形式的公司，即公司的投资人为一人，由投资人独资经营，但投资人对公司债务仅负有限责任。个人独资企业与一人公司的区别：①出资人不同。个人独资企业只能由自然人出资设立；一人公司既可以由自然人出资设立，也可以由法人出资设立，还可以由国家出资设立。②主体资格不同。个人独资企业属于非法人组织，不具有法人资格；一人公司作为公司的一种，属于企业法人。③责任承担不同。个人独资企业的投资人，对企业债务承担无限责任；一人公司的投资人，仅以出资额为限对公司债务承担有限责任。④设立法律依据不同。个人独资企业依据《中华人民共和国个人独资企业法》设立，一人公司则依照《中华人民共和国公司法》设立。⑤税收政策不同，个人独资企业缴纳个人所得税，一人公司缴纳企业所得税。

（二）财务管理机构类型

与上述企业组织形式及其机构特征相对应，形成了三种类型的财务管理机构。第一种，是以会计核算部门为核心的财务管理机构，这类机构的特征是兼具会计核算和财务管理的功能和职责，也被称为财会合一的财务管理机构，适应于机构简单而紧密的小型企业组织；第二种，是与会计核算部门并立的财务管理机构，也叫财会分立的财务管理机构，在这种结构下，财务管理与会计核算各行其权、各负其责，独力地开展业务但又就关联业务进行沟通，这种类型机构的设置适应于大中型企业组织；第三种，是公司型或事业部制的财务管理机构，这种机构通常本身就是一个独立的法人组织或具有财务和业务独立性的组织，主要在大型集团公司或跨国企业集团中设立，以便于对集团财务工作的总体筹划和管理以及在集团成员之间进行财务协调，至于集团下属的各企业或事业部，有的设有独立的财务管理机构，有的不设独立财务管理机构而只配置相关联络部门或人员。

（三）财务管理权限划分

企业财务管理的行为主体包括所有者和经营者两个不同性质的团体，经营者团体中的一个重要角色是财务经理，因此将企业的财务管理行为主体按其所拥有的权限划分为三个层次，并分别赋予不同的财务权限。所有者团体是企业的股东会或股东大会，其财务权限主要是对涉及企业长远发展的重大财务事项进行决策和监控，具体包括：与企业注册资本变动有关的股票或股权筹资活动、重大对外投资活动、年度财务计划或预算、企业利润分配方案、其他重大资本经营运作事项等的监控，还包括企业利润分配政策的制定，企业财务信息资料及其发布、使用的监控等；经营者团体的代表是董事会，是企业法人财产权的行使者，其财务权限主要是依据委托人的授权和决策，就企业的中长期财务战略及其决策方案进行决策和监控，具体包括：制订中长期财务发展计划、制订年度财务计划（或预算）、拟定利润分配方案、提出重大投融资决策方案、决定财务管理机构的设置及财务经理的聘任等；财务经理或财务负责人是企业财务管理工作主要实施者的代表，其职责是组织实施企业的各项具体财务活动，以及对基层财务部门及其人员的组织和管理。

三、财务管理制度体系

财务管理制度是规范财务行为的文件，也是实行财务监督的依据。我国的财务管理制度体系由三个层次构成：第一层次是《财务通则》，它对所有财务主体的具有共性的财务行为进行统一规范、提供政策性指引；第二层次是《行业财务制度》，它对同一行业财务主体具有共性的财务行为进行规范和提供政策指引；第三层次是企业内部财务管理制度，它是以《财务通则》和《行业财务制度》为依据，结合企业财务活动的特殊性而制定的，是对《财务通则》和《行业财务制度》的具体化，或者说是企业日常财务管理工作的具体实施方针，它不能违背《财务通则》和《行业财务制度》的基本精神和相关规定。

四、财务管理的工作程序和基本方法

财务管理工作程序，是指企业开展财务管理工作的具体步骤，在每一步骤中，财务管理都有其特殊的内容和技术方法。财务管理的工作程序具体包括以下五个步骤：

（一）财务预测及其方法

财务预测，是指财务管理人员根据有关资料、运用专门分析方法、对企业未来的财务活动及其成果进行科学预计和测算。财务预测既是财务决策的依据，又是财务计划的基础。

财务预测的工作程序包括：确定预测对象和目的、搜集和整理信息资料、实施预测、产生预测结果等。财务预测的方法分为定性预测和定量预测两种类型。定性预测，是指主要利用现实信息资料、依靠个人经验和分析判断能力进行预测；定量预测，是指主要利用现实和非现实信息资料、运用数学方法和模型进行预测。

（二）财务决策及其方法

财务决策，是指在财务预测基础上，编制决策方案和进行决策方案选优的相关工作。财务决策是决定企业财务管理成败的关键，并进而成为企业经营成败的关键。

财务决策的工作程序包括：提出决策问题和确定决策目标；拟定决策评价标准；编制决策备选方案；产生决策评价结果。财务决策的方法较多，最常用的是对比选优法。

（三）财务计划及其方法

财务计划也称为财务预算，是以货币形态表现的、企业未来一切经济活动的具体安排。财务计划既是财务预测和财务决策的具体化，又是财务控制与评价的依据。

财务计划的工作程序包括：计划指标体系的建立和计划指标数据的确定。财务计划的方法有平衡法、比例法、因素法、定额法等。

（四）财务控制及其方法

财务控制，是指依据相关财务制度和财务计划，利用有关信息和手段，对企业的财务活动施加影响或进行调节，确保财务计划实现的一系列工作，有效的财务控制还可弥补财务计划的不足。

一个有效的财务控制系统包括事前控制、过程控制（事中控制）、反馈控制（事后控制）三个步骤。财务控制的方法主要有：制度控制法、目标控制法、预算或计划控制法、限额控制法、平衡控制法等。

（五）财务分析与评价

财务分析与评价，是以财务报表和财务计划等信息资料为依据，运用专门的方法，对企业一定时期财务活动过程及结果进行分析研究和评价的一系列工作，目的在于找出差距及其原因、评价财务业绩，为改进和提高财务管理水平、提高企业经济效益指明方向。

财务分析与评价的工作程序包括：搜集和整理有关资料、计算评价指标及其差异、分析差异产生原因、明确财务业绩或责任、提出改进措施等。财务分析与评价的方法主要有比较分析法、比率分析法、因素分析法等。

第五节 财务管理的环境

财务管理环境是指对企业财务管理活动产生影响作用的企业内、外部条件，也称为"理财环境"，是企业财务管理赖以生存的土壤。财务管理环境涉及范围相当广泛，一般地，按照环境内容的不同划分为经济环境、法律环境和金融市场环境三个部分。

一、经济环境

财务管理的经济环境，是指对企业财务管理产生影响的各种经济因素的总和，又包括宏观经济环境和微观经济环境两部分。

（一）宏观经济环境

宏观经济环境是指来自于企业外部，对企业财务管理产生影响的各种经济因素的总和，包括社会经济发展状况、宏观经济政策、市场货币现象、市场利息率波动、市场竞争环境等。

1. 社会经济发展状况及其影响

社会经济发展状况通常以经济发展所处经济周期的不同阶段来反映。根据萨缪尔森的《经济学》，经济周期划分为复苏、高峰、衰退、谷底四个阶段，社会经济总是围绕着四个阶段依次循环波动，在衰退和谷底阶段社会总投入和总需求将减少，在复苏和高峰阶段社会总投入和总需求将增长，周期的变化直接带来的是企业经营规模的不适应，以及因此而形成的销售和现金流转不畅等现象，企业应把握好社会经济发展周期的波动趋向，及时调整财务战略和采取积极的财务措施，以保持企业在周期波动中的平稳发展。

2. 宏观经济政策及其影响

这里的宏观经济政策是指国内外政府的经济政策，包括财政货币政策、产业政策、国际贸易政策等。这些政策的变化将直接引起企业经营成本和成果的变化，甚至会导致企业调整经营内容的需求，如国家产业扶持政策的改变、外国政府增设贸易壁垒等，就有可能迫使企业转向其他产业行业的经营。

3. 市场货币现象及其影响

市场货币现象包括通货膨胀和紧缩，在通货膨胀条件下，企业的筹资成本和数量都将上升，而在通货紧缩条件下，由于市场资金供应的减少又使企业资金短缺更加严重。

4. 市场利息率波动及其影响

市场利息率是多种因素影响的结果，如财政货币政策、国际收支状况等，利息率变化直接引起企业筹资成本的变化，企业应在规划资本结构时充分考虑筹资弹性要求，以便于调整筹资结构和维持筹资成本的相对稳定。

5. 市场竞争环境及其影响

竞争是任何市场都不可避免的，一个和谐有序的竞争市场上挑战和机遇并存，它为企业的理财活动提供良好的环境；有效而公平的企业竞争又对市场的和谐有序起着维护和促进作用。影响竞争强度的因素主要包括，参与市场交易的供需双方的数量对比和市场商品的差异程度，只有不断推出具有有效差异的产品才能不断创造和扩大需求，并最终在竞争中取胜。

（二）微观经济环境

微观经济环境，是指来自于企业内部，对企业财务管理产生影响的各种经济因素的总和。包括健全的企业内部管理制度及其有效执行、个性而和谐的企业文化、优质的人力资源、先进的经营理念、广泛而和谐的社会经济关系网络、良好的企业市场形象、企业内部管理的整体水平等。

二、法律环境

财务管理的法律环境，是指对企业财务管理产生影响的各种法律法规的总称，或者说是企业开展财务管理工作应遵循和利用的法律规范的总和。主要包括企业组织相关法律规范，如《中华人民共和国公司法》《中华人民共和国中小企业促进法》《中华人民共和国外商投资企业法》《中华人民共和国合伙企业法》《中华人民共和国个人独资企业法》等；上述法律的行政规章如《中华人民共和国公司登记管理条例》《中华人民共和国法人登记管理条例》等；税务相关法律规范，如《企业所得税法》《流转税法》《税收管理条例》等；财务相关法律规范，如《会计准则》《财务通则》《行业财务制度》等；其他相关法规，如《证券法》《股票债券发行管理办法》等。

三、金融市场环境

金融市场是各种资金融通场所的总称。包括有形市场，如证券交易所、银行柜台等；无形市场，如网络、电话交易系统等。广义的金融市场，指一切资本流动的场所。包括实物资本和货币资本的流动，其交易对象包括货币借贷、票据承兑和贴现、有价证券的买卖、黄金和外汇买卖、办理国内外保险、生产资料的产权交换等。狭义的金融市场一般是指有价证券的发行和交易市场。金融市场的政策变化将改变市场利率和资金供应量，金融市场的发达程度则决定着资金融通方式和便利程度等，这些都将对企业的理财工作产生重要影响。

（一）金融市场的分类

一般地，根据市场交易内容的不同，将金融市场划分为资金市场、外汇市场、黄金市场。其中资金市场是企业投融资所必需的场所，本书以下介绍的是资金市场的几种主要分类。

1. 按偿还期限长短可分为长期市场和短期市场

长期市场又称为资本市场，是指期限在一年以上的资金交易市场，其交易对象主要有银行中长期信贷、中长期证券等；短期市场又称货币市场，是指期限不超过一年的资金交易市场，其交易对象主要有银行短期信贷、商业信用、短期证券等。

2. 按交易性质不同可分为发行市场和流通市场

发行市场又称为一级市场或初级市场，是指信用工具最初发行的市场，如股票债券的发行市场；流通市场又称为二级市场或次级市场，是指信用工具的交易市场，如股票债券的交易市场。

（二）我国的主要金融机构

金融机构是金融市场组成要素之一，是企业投融资理财业务的中介人，可按照所从事业务的主要内容，分为以下三种。

（1）银行——主要从事存贷款业务的金融机构。这类金融机构是最传统的金融机构，现阶段，我国的银行体系主要由三大国家政策性银行（国家开发银行[①]、中国进出口信贷银行、中国农业发展银行）、四大国有专业银行（中国银行、建设银行、工商银行、农业银行）、其他股份制银行（交通银行、招商银行、深圳发展银行、民生银行、光大银行等）构成，我国的中央银行是人民银行。

（2）证券公司——主要从事证券业务的金融机构。这类金融机构包括各证券公司和基金管理公司，其业务包括股票、债券、基金的发行销售和交易中介等。

（3）非银行金融机构——主要从事银行、证券业务以外的其他金融业务的金融机构。包括保险公司、资产管理公司、信托投资公司、金融租赁公司等。

（三）金融市场上的利率

萨缪尔森在其著名的《经济学》一书中写道："利率是在一段时期中借用货币所支付的价格"，由此可说，利率就是资金使用权的价格，是影响企业融资成本和投资效益的重要因素。由于通货膨胀的影响利率有名义利率和实际利率之分，实际利率等于名义利率减去通货膨胀率，一般所述的利率都是名义利率。

引起资金利率变动的因素主要包括：资金供求关系及其变化、经济周期及其变动、通货膨胀、货币政策、利率管制制度等；一般认为，资金利率构成要素包括基础利率、物价变动率（通货膨胀率）和其他风险因素三个部分，其中的风险因素主要是指违约风险、流动性（变现力）风险和期限性风险，资金利率的构成可用下式表示：

利率 = 基础利率 + 通货膨胀附加率 + 风险附加率

其中：风险附加率 = 违约风险附加率 + 流动性风险附加率 + 到期风险附加率

[①] 2008年12月16日，国家开发银行股份有限公司在京挂牌成立，成为第一家由政策性银行转型而来的商业银行，标志着我国政策性银行改革取得重大进展。

【本章小结】

财务管理是利用价值形态实行对企业经济活动的一系列管理活动,通过组织财务活动协调财务关系加以实施,财务管理的内容包括筹资、投资、资金运营,股东、债权人、经营者之间的关系是最重要的财务关系。财务管理总目标经历了不断优化的过程,从利润最大化到资本利润率最大化再到企业价值最大化,各有其优势与不足,理论上来说现代企业财务管理的总目标是企业价值最大化。企业财务管理的主体是独立的企业组织,财务管理机构因企业特征而异。财务管理方法包括预测、决策、计划、控制与分析评价。财务管理受宏观与微观环境的制约,最重要的外部环境是金融市场环境。财务管理学科发展的动力是社会经济的发展所提出的新要求。

【思考题】

1. 作为职业经理人,如果你感觉公司给你的报酬不满意,你会采取什么样的对策?请说明每一种对策的理由及其对公司的影响。
2. 谈谈你对"财务总监"岗位职责和知识结构的看法。

案例分析

金融危机下岌岌可危的迪拜世界

作为阿联酋第二大酋长国迪拜政府的旗舰控股公司迪拜世界(Dubai World),是一家业务横跨房地产和港口的企业集团,曾一直是迪拜经济王冠上的宝石,其经营的港口和运输集团业务遍及全球,它还在国内外开展了一系列雄心勃勃的房地产和基础设施项目。

2004年前后,迪拜雄心勃勃推进了象征性建筑如七星级酒店迪拜塔等大规模建设项目,试图变身为拥有"世界地标"最多的头牌国际大都会。4年多来总共推进了3 000亿美元的规模项目。这些大型项目,不仅吸引了海湾地区的多个产油国将通过高油价盈利积累的巨额外汇投入到了迪拜,而且也吸引了世界的游客前往迪拜参观。也正是这接近完工的、内外部装潢都极尽豪华的全球最高建筑"迪拜塔",使迪拜背上了800亿美元的外债。

但是随着世界金融危机的爆发,迪拜在海外的股权投资(如米高梅公司、德意志银行和渣打银行)大幅缩水。同时,迪拜实行的是本国货币与美元挂钩的政策,美元的贬值使迪拜的物价不断上涨,通货膨胀率数月高达10%,这使迪拜危机更加剧烈,进一步促进了迪拜经济的衰退。但最重要的还在于,仅仅依靠房地产和金融泡沫吹起来的虚假繁荣,根本就禁不起风吹雨打。一旦经济出现波动,房地产需求、旅游需求都会大幅萎缩。在这样的情况下,即使像迪拜世界这样的世界第10大主权公司,在进行资本运作时也面临着巨大的市场风险。

请根据本章知识点对案例资料展开分析,谈谈你的心得体会。

第二章 财务管理的基本工具

【学习目的与要求】

了解资金风险价值的相关原理及应用；理解时间价值与风险价值的基本含义、成本的习性特征、杠杆效应的原理；掌握名义利率与实际利率的换算及应用、复利终值与复利现值的计算以及各种形式的年金终值和年金现值的计算及应用、各种杠杆系数的计量及其应用。

【引导案例】

住房按揭等额本息法下的每月还款额是怎样计算出来的？实际支付总额又是多少？与相同金额的银行定期存款本利和是什么样的差别？

以贷款30万元、8年期（96个月）、年利率4%（月利率4%/12）为条件，利用商业银行网站的贷款计算器和Excel函数计算，每月还款额为3 656.78元。商业银行计算器显示的还款总额为351 051元（3 656.78×96），其中本金300 000元，利息51 051元。购房者如果有30万元现金作为年利率4%的8年期定期存款，到期本利和为396 000元（300 000＋300 000×4%×8）。购房者使用贷款而把现金存到银行赚取了利息差44 949元吗？

[分析] 银行存款的本利和396 000元是第8年期满时候的价值，按揭贷款还款总额351 051元是分散在96个月期间的，其中前95个月支付的房款也会产生利息。为方便比较，我们将30万元存款和96个3 656.78元都按照月利率4%/12（年利率4%）复利计算其在第8年末的本利和，结果是30万元存款的本利和是412 788元，96个3 656.78元的本利和是412 918元，几乎没有差别。因为96个3 656.78元的现时价值就是30万元（以月利率4%/12复利计算为条件）。

[分析说明] ①要对不同的资金量进行比较就必须先保证它们在时间上具有可比性；②购房者把30万元现金存到银行不仅没有赚到利息还损失了按复利计算的利息。

③30万元按揭贷款每月还款3 656.78元相当于第8年期满时候总额是412 918元（以月利率4%/12复利计算为条件）。

[理解] 时间价值在现实经济活动中应用广泛，如何利用现代化工具计算时间价值？

第一节

资金的时间价值

一、资金时间价值的含义与实质

资金时间价值是指资金在没有风险和通货膨胀环境下周转使用而发生的增值。我们现在将1元钱存入银行，假设存款利率为10%，1年后就可以得到1.1元，这1元钱经过1年时间的投资增加了0.1元，这就是资金时间价值（假设期间不存在通货膨胀）。资金时间价值可以用绝对数表示，也可以用相对数表示，即以利息额或利息率来表示。在实务中，人们习惯使用相对数字表示资金时间价值，如前述资金时间价值用年利率10%表示。

资金时间价值的实质是：在没有风险和通货膨胀情况下，资金的社会平均利润率，一般可以使用同期国债利息率作为参考标准。

二、资金时间价值的计算

资金时间价值的计算有单利和复利两种方式。单利是只对本金计息的方法，我国目前存、贷款利息一般都是按照单利或者约定方式计算的。复利不仅对本金计算利息，而且对利息也要计息，将本息一起作为下一期计算利息的基数，也就是通常所说的"利滚利"。

按照单利计算资金时间价值的方法比较简单，但它未考虑利息在周转使用中的时间价值因素，不便于不同的财务决策方案之间的比较与评价。在财务管理中通常采用复利计算资金时间价值。

（一）单一本金复利终值和现值

（1）单一本金终值，是指现在特定资金按照复利计算的将来一定时期的价值，或者说现在一定的本金在将来一定时期的本利和，也称普通复利终值。其计算式表述如下：

$$F = P \times (1+i)^n$$

式中：F为终值或本利和，P为本金，是个现时价值，i为期利率或报酬率，n为期数。

$(1+i)^n$ 称为普通复利终值系数,可写成 $(F/P, i, n)$。普通复利终值系数可以通过查阅"复利终值系数表"(见附表1)取得。

【例 2-1】现在投资 10 000 元,投资报酬率为年利率 12%,在五年投资期满时可收回的金额是多少?

$$F = 10\,000 \times (1+12\%)^5$$

或 $\quad F = 10\,000 \times (F/P, 12\%, 5)$

$\quad\quad = 10\,000 \times 1.762$

$\quad\quad = 17\,620$(元)

(2) 单一本金复利现值,是指未来某一时点的某一特定资金按复利计算的现时价值,是和复利终值对应的概念,也称普通复利现值。普通复利现值的计算公式如下:

$$P = F \times \frac{1}{(1+i)^n} = F \times (1+i)^{-n}$$

式中:P 是普通复利现值;$\frac{1}{(1+i)^n}$ 称为普通复利现值系数,它实际上是普通复利终值系数的倒数,可以写成 $(P/F, i, n)$。普通复利现值系数可以通过查阅"复利现值系数表"(见附表2)取得。只要已知若干期后收入或付出的资金额(一个未来值,也是现值计算式的本金 F),就可以按照上述公式计算普通复利现值。

【例 2-2】若 5 年期满时要获得 10 000 元,年利率 12%,现在应投入的金额是多少元?

$$P = 10\,000 \times (1+12\%)^{-5}$$

或 $\quad P = 10\,000 \times (P/F, 12\%, 5)$

$\quad\quad = 10\,000 \times 0.567$

$\quad\quad = 5\,670$(元)

(二) 普通年金终值和现值

年金是指本金具有等金额、等间隔特征的系列收付款项。例如,分期等额支付购货款、分期等额偿还贷款、发放等额养老金、直线法下计提的某固定资产折旧费等,都属于年金收付形式。年金按照其收付款项的时点不同可以分为:普通年金、即付年金、递延年金、永续年金。

1. 普通年金终值

普通年金又称后付年金,是指本金发生在每期期末的年金。普通年金终值是在若干时期内每期期末收付的款项,在最后一次收付款时的本利和,它是连续若干次等金额等间隔系列收支的复利终值之和。

若每期的收付金额为 A,期利率为 i,期数为 n,则按复利计算的年金终值 F 为:

$$F = A + A \cdot (1+i) + A \cdot (1+i)^2 + A \cdot (1+i)^3 + \cdots\cdots + A \cdot (1+i)^{n-1}$$

上式两边同时乘 $(1+i)$ 得:

$$(1+i) \cdot F = A \cdot (1+i) + A \cdot (1+i)^2 + A \cdot (1+i)^3 + \cdots\cdots + A \cdot (1+i)^n$$

后式减前式得:$(1+i) \cdot F - F = A \cdot (1+i)^n - A$

经整理得：$F = A \times \dfrac{(1+i)^n - 1}{i}$

式中的 $\dfrac{(1+i)^n - 1}{i}$ 是普通年金终值系数，指在 n 期内每期末的 1 元本金在期利率为 i 条件下的第 n 期末的本利和，记作 $(F/A, i, n)$。普通年金终值系数可以通过查阅"年金终值系数表"（见附表3）取得。

【例 2-3】某人在 5 年内于每年年末存入银行 10 000 元，年利息率 10%，5 年期满的终值（本利和）为：

$F = 10\,000 \times (F/A, 10\%, 5) = 10\,000 \times 6.1051 = 61\,050$（元）

2. 普通年金现值

普通年金现值是指在每期期末收付的相等金额的款项相当于现在的总金额。它是若干时期内每期期末收付款项的复利现值之和。

若每期的收付金额为 A，期利率为 i，期数为 n，则按复利计算的年金现值 P 为：

$P = A(1+i)^{-1} + A(1+i)^{-2} + A(1+i)^{-3} + \cdots + A(1+i)^{-n}$

上式两边同时乘 $(1+i)$ 得：

$P(1+i) = A + A(1+i)^{-1} + A(1+i)^{-2} + A(1+i)^{-3} + \cdots + A(1+i)^{-(n-1)}$

后式减前式得：$P(1+i) - P = A - A(1+i)^{-n}$

经整理得：

$P = A \times \dfrac{1 - (1+i)^{-n}}{i} = A \times \dfrac{(1+i)^n - 1}{i \times (1+i)^n}$

式中的 $\dfrac{1 - (1+i)^{-n}}{i}$ 和 $\dfrac{(1+i)^n - 1}{i \times (1+i)^n}$ 是普通年金现值系数，指在 n 期内每期末的 1 元本金在期利率为 i 条件下的现时价值，记作 $(P/A, i, n)$。年金现值系数可以通过查阅"年金现值系数表"（见附表4）取得。

将上式继续变形可得：

$P = A \times \dfrac{1 - \dfrac{1}{(1+i)^n}}{i} = A \times \dfrac{(1+i)^n - 1}{i} \times \dfrac{1}{(1+i)^n} = A \times (F/A, i, n) \times \dfrac{1}{(1+i)^n}$

也就是说，年金现值系数就是将年金终值系数再除以 $(1+i)^n$。

【例 2-4】租入某设备，每年年末要支付租金 10 000 元，租赁公司报酬率 10%，问这相当于现在一次性支付多少租金？

5 年中租金的现值 $P = 10\,000 \times (P/A, 10\%, 5) = 10\,000 \times 3.791 = 37\,910$（元）

（三）即付年金终值和现值

即付年金是在每期期初收付的年金，又称预付年金或先付年金。即付年金与普通年金的区别仅在于收付款的时点不同。

1. 即付年金终值的计算

即付年金终值是复利计息方法下，在若干时期内于每期期初等额收（付）款项的复利终值之和。n 期即付年金终值与 n 期普通年金终值之间的关系可以用图 2-1 加以说明。

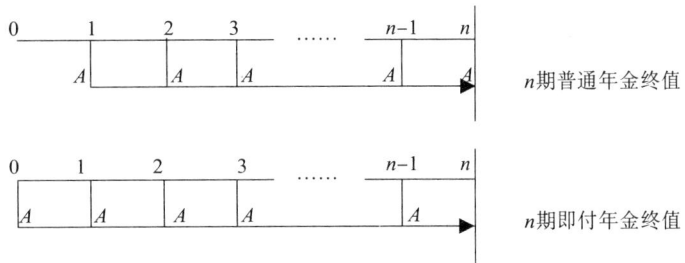

图 2-1 n 期即付年金终值与 n 期普通年金终值之间的关系

若每期期初收付金额为 A，期利率为 i，期数为 n，则按复利计算的即付年金终值 F 为：

$$F = A(1+i) + A(1+i)^2 + A(1+i)^3 + \cdots + A(1+i)^{n-1} + A(1+i)^n$$

上式两边同时乘 (1+i) 得：

$$F(1+i) = A(1+i)^2 + A(1+i)^3 + A(1+i)^4 + \cdots + A(1+i)^n + A(1+i)^{n+1}$$

后式减前式得：$(1+i) \cdot F - F = A \cdot (1+i)^{n+1} - A(1+i)$

经整理得：

$$F = A \times \frac{(1+i)^n - 1}{i} \times (1+i) = A \times (F/A, i, n) \times (1+i) \quad \text{①}$$

或

$$F = A \times \frac{(1+i)^{n+1} - (1+i)}{i} = A \times \left[\frac{(1+i)^{n+1} - 1}{i} - 1 \right] = A \times \{[F/A, i, (n+1)] - 1\} \quad \text{②}$$

从图 2-1 可以看出，n 期即付年金终值与 n 期普通年金终值的付款次数相同，但由于其付款时点不同，n 期即付年金终值比 n 期普通年金终值多计算了一期利息。n 期即付年金终值系数是在 n 期普通年金终值的基础上乘以 (1+i) 计算出来的，记作 (F/A, i, n) × (1+i)。或 n 期即付年金终值系数是在普通年金终值系数的基础上，期数加 1，系数减 1 所得的结果，通常记作 [F/A, i, (n+1)] - 1。这样，通过查阅"年金终值系数表"（见附表 3）得到 (n+1) 期的值，然后减去 1 便可得对应的即付年金终值系数的值。

【例 2-5】某公司决定连续 8 年于每年年初存入 4 000 元，年利息率 10%，第 8 年年末的终值为：

$$F = 4\,000 \times (F/A, 10\%, 8) \times (1 + 10\%)$$
$$= 4\,000 \times 11.436 \times 1.1 = 4\,000 \times 12.579 = 50\,316 \text{（元）}$$

或

$$F = 4\,000 \times [F/A, 10\%, (8+1)] - 1$$
$$= 4\,000 \times (13.579 - 1) = 50\,316 \text{（元）}$$

【思考题】

思考：公式② [F/A, i, (n+1)] - 1 中的 (n+1) 有什么特殊含义？

解读：普通年金终值点上必须有本金，要把即付年金变成普通年金进而利用普通年金终值系数，就要在终值点上添加一个本金。

2. 即付年金现值的计算

即付年金现值，是复利计息方法下，在若干时期内于每期期初等额收付款项的现值之和。n 期即付年金现值与 n 期普通年金现值之间的关系可以用图 2-2 加以说明。

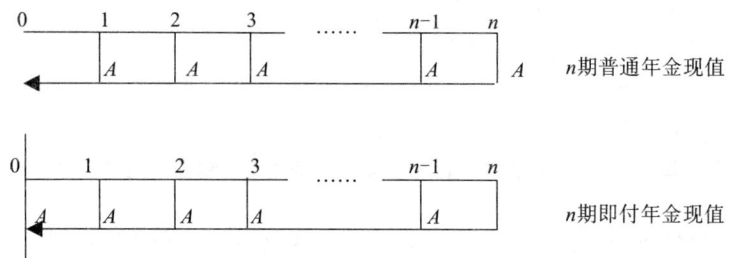

图 2-2 n 期即付年金现值与 n 期普通年金现值之间的关系

若每期期初收付金额为 A，期利率为 i，期数为 n，则按复利计算的即付年金现值 P 为：

$$P = A + A(1+i)^{-1} + A(1+i)^{-2} + \cdots + A(1+i)^{-(n-2)} + A(1+i)^{-(n-1)}$$

上式两边同时乘 $(1+i)$ 得：

$$P(1+i) = A(1+i) + A + A(1+i)^{-1} + \cdots + A(1+i)^{-(n-3)} + A(1+i)^{-(n-2)}$$

后式减前式得：$P(1+i) - P = A(1+i) - A(1+i)^{-(n-1)}$

经整理得：

$$P = A \times \frac{1-(1+i)^{-n}}{i}(1+i) = A(P/A, i, n)(1+i) \qquad ①$$

或

$$P = A \times \frac{(1+i) - (1+i)^{-(n-1)}}{i} = A \times \left[\frac{1-(1+i)^{-(n-1)}}{i} + 1\right]$$

$$= A \times [P/A, i, (n-1) + 1] \qquad ②$$

从图 2-2 可以看出，n 期即付年金现值与 n 期普通年金现值的付款次数（期限）相同，但由于其付款时点不同，n 期即付年金现值比 n 期普通年金现值少折现了一期利息。n 期即付年金现值系数是在 n 期普通年金现值的基础上乘以 $(1+i)$ 计算出来的，记作 $(P/A, i, n)(1+i)$。或 n 期即付年金现值系数是在普通年金现值系数的基础上，期数减 1，系数加 1 所得的结果，通常记作 $[P/A, i, (n-1) + 1]$。这样，通过查阅"年金现值系数表"（见附表 4）得 $(n-1)$ 期的值，然后加 1，便可得出对应的即付年金现值系数的值。

【例 2-6】6 年分期付款购物，每年初付 10 000 元，设银行利率为 10%，该项分期付款相当于一次现金支付的购价是多少？

$$P = 10\,000 \times [P/A, 10\%, (6-1) + 1]$$
$$= 10\,000 \times (3.791 + 1)$$
$$= 47\,910 \text{（元）}$$

或

$$P = 10\,000 \times (P/A, 10\%, 6) \times (1 + 10\%)$$
$$= 10\,000 \times 4.355 \times 1.1$$
$$= 47\,905 \text{（元）}$$

【思考题】
思考：公式②$[P/A, i, (n-1)+1]$中的$(n-1)$的特殊含义的理解：要把即付年金变成普通年金进而利用普通年金现值系数，就要将即付年金现值点上的本金先去掉，变为求$(n-1)$个本金的现值。故系数中的期数变成了$(n-1)$。

（四）递延年金终值和现值

递延年金是指第一次收付款发生时间不在第一期，而是在若干期以后才开始发生的系列等额收付款项。一般用m表示递延期数，用n表示收付款次数（其中$m \geq 1$，$n \geq 2$）。

1. 递延年金的终值

递延年金终值的计算方法与普通年金的终值计算方法类似，其递延年金的终值为：

$$F = A \times (F/A, i, n)$$

例如第一次支付款发生在第四期期末，连续支付5次，每次支付金额为1 000元，年利率为10%，这就是典型的递延年金，$m=3$，$n=5$，则递延年金的终值为：

$$F = 1\,000 \times (F/A, 10\%, 5) = 1\,000 \times 6.105\,1 = 6\,105.1（元）$$

2. 递延年金的现值

递延年金的现值是自若干期后开始的每期款项的现值之和，其计算方法有两种：

第一种方法，是把递延年金视为n期普通年金，求出第m期期末的现值，然后再用普通复利现值系数将此现值调整至0处。具体计算方法可如图2-3所示。

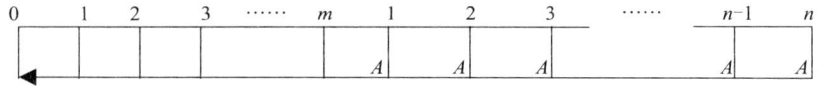

图2-3

$$P = A \times (P/A, i, n) \times (P/F, i, m)$$

第二种方法，是先计算出$m+n$期的普通年金现值，然后减去实际并未收付款项的递延期（m期）的普通年金现值。具体计算方法可如图2-4所示。

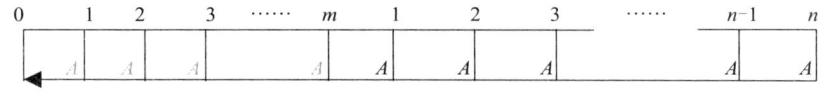

图2-4

$$P = A[P/A, i, (n+m) - P/A, i, m]$$

【例2-7】某人拟在年初存入一笔资金，以便能在第6年年末起每年取出50 000元，至第10年末取完。在利率为10%的情况下，此人应在最初一次存入银行多少钱？

$$P = 50\,000 \times (P/A, 10\%, 5) \times (P/F, 10\%, 5)$$
$$= 50\,000 \times 3.791 \times 0.621 = 117\,711（元）$$

或 $$P = 50\,000 \times [(P/A, 10\%, 10) - (P/A, 10\%, 5)] = 50\,000 \times (6.145 - 3.791)$$
$$= 117\,700（元）$$

【例2-8】有一种养老保险产品，要求现在一次性支付保费，资金时间价值为8%，从第11年至第20年每年年初获得10 000元养老金补贴，问最多花多少钱买这种保险？

解法一：

$$P = 10\,000 \times (P/A, 8\%, 10) \times (P/F, 8\%, 9)$$
$$= 10\,000 \times 6.71 \times 0.500 = 33\,550\ （元）$$

或　　$P = 10\,000 \times [(P/A, 8\%, 19) - (P/A, 8\%, 9)]$
$$= 10\,000 \times (9.604 - 6.247)$$
$$= 33\,570\ （元）$$

解法二：

$$P = 10\,000 \times (P/A, 8\%, 10) \times (1 + 8\%) \times (P/F, 8\%, 10)$$
$$= 10\,000 \times 6.71 \times 1.08 \times 0.463 = 33\,553\ （元）$$

或　　$P = 10\,000 \times [(P/A, 8\%, 9) + 1] \times (P/F, 8\%, 10)$
$$= 10\,000 \times (6.247 + 1) \times 0.463 = 33\,554\ （元）$$

也就是说，现在一次性花费3万多元，就可以在十年后连续十年每年获得1万元养老金回报。

（五）永续年金的现值

永续年金是指无限期等额收付款项的年金。现实中的优先股股利、存本取息都可视为永续年金。

永续年金没有终止的时间，因此没有终值。永续年金的现值可以通过普通年金现值的计算公式导出：

$$P = A \times \frac{(1+i)^n - 1}{i \times (1+i)^n}，当 n \to \infty 时，\frac{(1+i)^n - 1}{(1+i)^n} 趋近于1，故上式可写成：$$

$$P = \frac{A}{i}$$

【例2-9】某单位拟建立一项永久性的奖学金，每年计划颁发10 000元，若年利率为5%，现在应存入多少钱？

$$P = \frac{A}{i} = 10\,000 \times \frac{1}{5\%} = 200\,000\ （元）$$

（六）偿债基金和投资回收额

1. 偿债基金

偿债基金是指为了在约定的未来某一时点清偿某笔债务或积聚一定数额的资金而必须分次等额准备的资金。偿债基金的计算实际上是年金终值的逆运算。

【例2-10】某人拟在5年后还清10 000元债务，从现在起每年等额存入银行一笔款项，假设银行存款利率10%，每年需要存入银行多少元？

根据普通年金终值的计算公式：$F = A \times \dfrac{(1+i)^n - 1}{i}$

可知：$A = F \times \dfrac{i}{(1+i)^n - 1}$，式中的 $\dfrac{i}{(1+i)^n - 1}$ 是普通年金终值系数的倒数，称为偿债基金系数，记作 $(A/F, i, n)$。它可以把普通年金终值折算为每期需要支付的金额。偿债基金系数可以制成表格备查，也可根据普通年金终值系数求倒数确定。

在【例 2-10】中：

$$A = 10\,000 \times \dfrac{10\%}{(1+10\%)^5 - 1} = 10\,000 \div (F/A, 10\%, 5) = 10\,000 \div 6.105 = 1\,638\ (元)$$

或 $A = 10\,000 \times (A/F, 10\%, 5) = 1\,638\ (元)$

2. 投资回收额

投资回收额是指在给定的年限内等额回收或清偿初始投入的资本或所欠的债务。投资回收额是年金现值的逆运算。

根据普通年金现值的计算公式：$P = A \times \dfrac{(1+i)^n - 1}{i \times (1+i)^n}$

可知：$A = P \times \dfrac{i \times (1+i)^n}{(1+i)^n - 1}$

式中的 $\dfrac{i \times (1+i)^n}{(1+i)^n - 1}$ 是普通年金现值系数的倒数，称投资回收系数，记作 $(A/P, i, n)$。它可以把普通年金现值折算为每期回收的金额。投资回收系数可直接利用年金现值系数的倒数求得。

【例 2-11】假设以 10% 的利率借款 20 000 元，投资于某个寿命为 10 年的项目，每年至少要收回多少才是盈利的？

根据投资回收额的计算公式：

$$A = 20\,000 \times \dfrac{10\%}{1 - (1+10\%)^{-10}} = 20\,000 \div (P/A, 10\%, 10)$$
$$= 20\,000 \div 6.145$$
$$= 3\,255\ (元)$$

或 $A = 20\,000 \times (A/P, 10\%, 10) = 3\,255\ (元)$

因此，每年至少要收回现金 3 255 元，才能按年收益率 10% 收回当初的投资。回顾本章引导案例中的住房按揭贷款，在等额本息法下的每月还款额，就是这个投资回收额。大家还可以根据在这章里学习到的知识，找到引导案例分析中计算出的各项数据。

三、资金时间价值计算中的几个特殊问题

以上讨论的资金时间价值问题，是就一般情况而言的，如系列收付款项各期是等额的，利息率和贴现率是事先给定的等等。下面就资金时间价值的某些特殊问题进行说明。

（一）系列不规则收付款的终值与现值

前述普通复利终值和现值的计算是涉及一次性的收付款项的，而年金终值和现值的计算则是针对在相同的时间间隔内系列等额的收付款项的。在现实生活中，往往会发生每次

收付款项金额不等或者每两次收付款时间间隔不同的事项,这就涉及系列不规则收付款项的计算问题。系列不规则收付款项终值与现值的计算实际上是将每次收付款项分别按普通复利折算为终值或现值,然后相加得出总和的方法。这类不规则收付款的终值与现值计算不能用统一的计算公式来表达,需要计算者灵活运用之前的相关计算原理来解决。

【例2-12】某投资集团投资于一大型建设项目,5年内各年现金流出金额如表2-1所示,已知该投资集团采用8%作为贴现率,该集团这一建设项目的现金流出相当于竣工和开工时的总投资额为多少?

表2-1   单位:万元

年	0	1	2	3	4	5
现金流出	0	1 500	2 500	3 000	2 000	5 000

此项投资属于系列不等额付款事项,该项投资相当于竣工和开工时的总投资额可按照相关公式分别计算如下:

$$F = 1\,500 \times (F/P, 8\%, 4) + 2\,500 \times (F/P, 8\%, 3) + 3\,000 \times (F/P, 8\%, 2)$$
$$\quad + 2\,000 \times (F/A, 8\%, 1) + 5\,000$$
$$= 1\,500 \times 1.360 + 2\,500 \times 1.260 + 3\,000 \times 1.166 + 2\,000 \times 1.080 + 5\,000 = 15\,848\,(万元)$$

$$P = 1\,500 \times (P/F, 8\%, 1) + 2\,500 \times (P/F, 8\%, 2) + 3\,000 \times (P/F, 8\%, 3)$$
$$\quad + 2\,000 \times (P/F, 8\%, 4) + 5\,000 \times (P/F, 8\%, 5)$$
$$= 1\,500 \times 0.926 + 2\,500 \times 0.857 + 3\,000 \times 0.794 + 2\,000 \times 0.735 + 5\,000 \times 0.681$$
$$= 10\,788.5\,(万元)$$

如果在一组不等额的系列收付款项中,有一部分现金流量为连续等额的收付款项,则可分段计算其年金终值(或现值)与复利终值(或现值),然后相加得出总和。

【例2-13】某项目各年末现金流量如表2-2所示,贴现率为10%,试计算该项目现金流入的终值与现值。

表2-2   单位:万元

年	0	1	2	3	4	5	6	7	8	9	10
现金流入					80	70	150	180	180	180	180

解:在这个例子中,1~3年没有现金流入,4~6年年末为不等额的系列现金流入,7~10年年末为等额的系列现金流入。因此解决此问题的方法可以分段计算其终值与现值,然后按复利折算到最后一期期末或(第一期期初),最后加总即可。

$$F = [80 \times (F/P, 10\%, 6) + 70 \times (F/P, 10\%, 5) + 150 \times (F/P, 10\%, 4)$$
$$\quad + 180 \times (F/A, 10\%, 4)$$
$$= 80 \times 1.772 + 70 \times 1.610 + 150 \times 1.464 + 180 \times 4.641$$
$$= 1\,309.44\,(万元)$$

$$P = [80 \times (P/F, 10\%, 4) + 70 \times (P/F, 10\%, 5) + 150 \times (P/F, 10\%, 6)$$
$$\quad + 180 \times (P/A, 10\%, 4) \times (P/F, 10\%, 6)]$$

$$= [80 \times 0.683 + 70 \times 0.621 + 150 \times 0.565 + 180 \times 3.17 \times 0.565]$$
$$= 505.25 \text{（万元）}$$

或 $P = [80 \times (P/F, 10\%, 1) + 70 \times (P/F, 10\%, 2) + 150 \times (P/F, 10\%, 3)$
$\qquad + 180 \times (P/A, 10\%, 4) \times (P/F, 10\%, 3)] \times (P/F, 10\%, 3)$
$\qquad = [80 \times 0.909 + 70 \times 0.826 + 150 \times 0.751 + 180 \times 3.17 \times 0.751] \times 0.751$
$\qquad = 504.45$（万元）

（二）贴现率 i 的计算

1. 利用时间价值系数表求贴现率的近似值

通常我们可以利用经济事件的相关条件直接计算出时间价值系数，并据此到对应的时间价值系数表里面找到符合条件的贴现率的近似值。

【例 2-14】某人现有 5 万元，希望 5 年期满时得到 10 万元，年收益率应达到多高？

根据该事件的经济含义可得出如下时间价值计算式：
$$10 = 5 \times (F/P, i, 5), \quad 并得到 (F/P, i, 5) = 2$$

查"复利终值系数表"（见附表 1）可知：$i \approx 15\%$

2. 线性单内插法求计贴现率

线性单内插法，简称内插法，是插值法的一种，是指利用数学上的等比关系，用某未知函数的一组已知自变量的值和与它对应的函数值，来求出该未知函数其他值的近似计算方法，是一种未知函数数值逼近求法。由于时间价值系数（终值或现值系数）是随着期利率 i（或期数 n）的变动有规律变动的，这个变动规律吻合相似三角形对应边与对应面积之间的关系，因此我们可以借助内插法求计贴现率。

【例 2-15】仍以【例 2-14】资料为例，其收益率 i 用内插法求计过程如下：

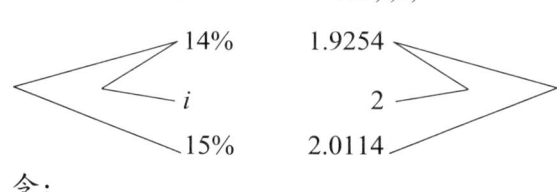

令：
$$\frac{i - 14\%}{15\% - 14\%} = \frac{2 - 1.9254}{2.0114 - 1.9254}$$

得：$i = 14.84\%$

对于与年金相关的利率 i 的推算，同样可遵照上述方法。先求出 $[F/A, i, (n+1) - 1]$ 的值 F/A 或 $[P/A, i, (n-1) + 1]$ 的值 P/A，应用内插法进一步求出利率 i。

【例 2-16】某公司决定采用分期付款购物方式，每年初付 100 万元，而连续 5 年分期付款相当于一次现金支付的购价 400 万元，则其贴现率为多少？

解：$100 [P/A, i, (5-1) + 1] = 400$
$\qquad P/A, i, (5-1) + 1 = 4$
$\qquad P/A, i, 4 = 3$

查普通年金现值系数表，沿着 $n = 4$ 这一横行查找，与系数 3 相临近的两个系数值为

$T_1 = 3.037$，$T_2 = 2.914$，同时它们对应的贴现率分别为 $i_1 = 12\%$，$i_2 = 14\%$。于是：

$$i = 12\% + \frac{3 - 3.037}{2.914 - 3.037}(14\% - 12\%)$$
$$= 12.60\%$$

（三）期数 n 的求计

期数 n 求计的方法与期利率 i 求计的方法完全相同，此处不再赘述。

【例2-17】某人于第一年年初借款 80 000 元，每年年末还本付息额均为 20 000 元，若借款利率为 8%，问连续几年可以还清？

根据题意，则有：

　　80 000 = 20 000 × (P/A，n，8%)

即 (P/A，n，8%) = 4

查"年金现值系数表"（见附表4），沿着 $i = 8\%$ 的线索查找，无法直接找到系数值为 4 的期数，于是可以找大于和小于 4 的临界系数值及其期数，列示如下：

n	P/A，8%，n
5	3.992 7
n	4
6	4.622 9

由此可以得到 n 的近似值是 5 年。如果使用内插法，求计过程如下：

$$\frac{n - 5}{6 - 5} = \frac{4 - 3.992\ 7}{4.622\ 9 - 3.992\ 7}$$

得 $n = 5.01$（年）

（四）期数、期利率不是整数情况下时间价值系数的推算

在现实经济活动中，更常见的情形是期数、期利率不是整数，这时我们也可以利用内插法求得。

【例2-18】推算期利率 12.6%，5 期的普通复利终值系数如下：

首先到复利终值系数表中（见附表1）查找与 12.6% 相邻近的两个利率条件下的系数列示如下：

i	F/P，i，5
12%	1.762 3
12.6%	F/P，12.6%，5
14%	1.925 4

$$\frac{(F/P, 12.6\%, 5) - 1.762\ 3}{1.925\ 4 - 1.762\ 3} = \frac{12.6\% - 12\%}{14\% - 12\%}$$

得到 (F/P，12.6%，5) = 1.811 2

（五）名义利率与实际利率

在复利计算中，并不一定都是以 1 年为一个计算期，也有可能是半年、季度、月或

日。如果按年复利计息，一年就是一个计息期，如果按季复利计息，一季就是一个计息期。当利息在一年内要复利几次时，给出的年利率称为名义利率（也称报价利率），按复利次数换算出来的年利率才是实际利率（也称有效利率）。计息期越短，一年中按复利计息的次数越多，利息额就会越大，其实际利率就越高。

实际利率与名义利率的换算关系如下：

$$r = (1 + i/m)^m - 1$$

式中：r 为实际利率；i 为名义利率；m 为每年复利次数。

【例 2-19】某企业于年初存入 50 000 元，年利率为 12%，按季复利计算，到第 5 年年末，该企业能得到的本利和为多少？

解法一：$r = (1 + 12\%/4)^4 - 1 = (1 + 3\%)^4 - 1 = 1.126 - 1 = 12.6\%$

$F = 50\ 000 \times (F/P, 12.6\%, 5) = 50\ 000 \times 1.811\ 2 = 90\ 560$（元）

其中，用内插法求得 $(F/P, 12.6\%, 5) = 1.811\ 2$。

这种方法的缺点是调整后的实际利率往往带有小数点，不能直接查表求得，而是要利用内插法求解，计算比较烦琐。

解法二：不计算实际利率，而是相应调整有关指标，即期利率变为 i/m，期数相应变为 $m \times n$。

$F = 50\ 000 \times (F/P, 3\%, 20) = 50\ 000 \times 1.806\ 1 = 90\ 305$（元）

【例 2-20】某奖励基金每隔四年发放一次，每次奖金数额 8 万元，问当初设立这项奖金时有多少资金（假设该基金投资可以获得年利率 10% 的复利收益）？

解法一：根据题意有：$A \times (F/P, 10\%, 4) = 8 + A$

则 $A = \dfrac{8}{F/P, 10\%, 4 - 1} = \dfrac{8}{1.464\ 1 - 1} = 17.24$（万元）

解法二：以四年为一期，则期利率 $= (1 + 10\%)^4 - 1 = 46.4\%$（4 年的总收益率）

$P = \dfrac{8}{i} = \dfrac{8}{46.41\%} = 17.24$（万元）

同理，上述实际年利率的计算方法也适用于对多年付息一次的年实际利率进行推算。比如，某债券年利率 10%、4 年期、到期一次还本付息。这就相当于一年为 1/4 期，用上述实际利率计算式计算可得，年实际利率为 8.77%，说明该债券仅相当于年利率 8.77% 的每年付息一次的债券。计算过程如下：

$$\text{年实际利率} = (1 + \dfrac{10\%}{\frac{1}{4}})^{\frac{1}{4}} - 1 = \sqrt[4]{1.4} - 1 = 8.77\%$$

据此可得出多年付息一次条件下的年实际利率计算式如下：

$r = \sqrt[m]{1 + m \cdot i} - 1$，其中的 i 为名义年利率、m 表示付息间隔，如本例 4 年付息一次的债券，其 m 即为 4。

该结果表明，4 年期单利年利率 10% 的投资，与复利年利率 8.77% 的投资的投资收益水平是相同的。

【思考题】

这种实际利率也可以通过前面讲述的内插法求利率 i 的方法求得,过程如下:

依资料有:面值 $\times F/P$, 4, i = 面值 + 面值 $\times 10\% \times 4$

得:F/P, 4, $i = 1.4$

用内插法即可求得 i 为 8.77%

(六) 期数超过系数表条件下的系数的推算

由于教材或其他大多数工具所提供的时间价值系数表都只有有限期数的,如 30 期或 50 期,当所需要的时间价值系数的期数超出的时候,我们可以采用分段计算的方法推算更长期限下的时间价值系数。比如要使用 70 期年利率 8% 条件下的终值或现值系数,可以将 70 期划分为 30 期和 40 期两段进行计算,推算方法如下:

F/A, 8%, 70 = F/A, 8%, 30 + F/A, 8%, 40 $\times F/P$, 8%, 30 = 2 720.200 8

P/A, 8%, 70 = P/A, 8%, 40 + P/A, 8%, 30 $\times P/F$, 8%, 40 = 12.431 2

F/P, 8%, 70 = F/P, 8%, 40 $\times F/P$, 8%, 30 = 218.618 7

P/F, 8%, 70 = P/F, 8%, 40 $\times P/F$, 8%, 30 = 0.004 6

第二节 成本习性与本量利关系分析

一、成本习性

(一) 成本习性含义

所谓成本习性,亦称成本特性或成本性态,是指成本总额对业务量(如产量、销售量和劳务量等)的依存关系,即业务量变动与相应的成本总额之间的内在联系。这种依存关系是客观存在的,是成本固有的特性,故称"习性"。

(二) 成本按成本习性的分类

按照成本习性,通常可将成本划分为变动成本、固定成本和混合成本三大类:

1. 变动成本

变动成本是指在一定业务量范围内其总额随业务量的增减变动而成正比例变动的成本,如产品生产耗费的直接材料等。变动成本的基本特点是:成本总额随业务量变动而呈正比例变动,但若就单位变动成本来看,它又是固定的。

【例 2-21】某公司生产 A 产品需用甲材料,每件产品需要甲材料 1 千克,每千克甲材料价格为5元。当A产品产量在0~5 000件之间变化时，甲材料费用的变动如图2-5、图2-6所示。

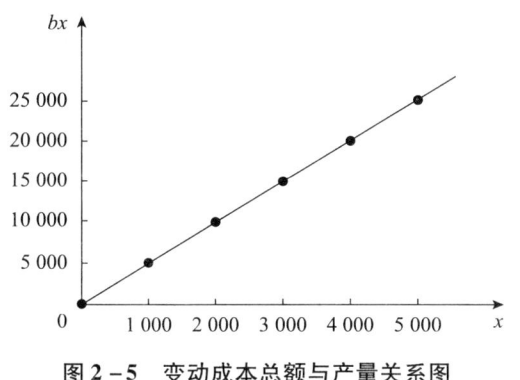

图2-5 变动成本总额与产量关系图

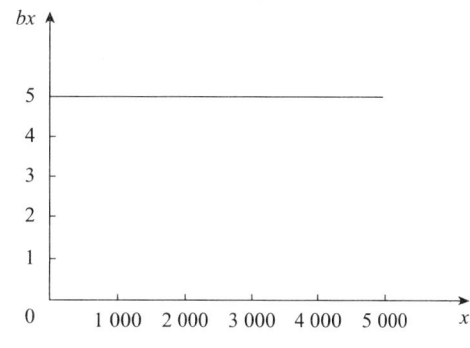

图2-6 单位变动成本与产量关系图

通过观察分析，可以发现，当A产品产量在0~5 000件之间变化时，变动成本总额随着产量的变动，呈直线上升状态，且业务量与成本的变动比例固定为1:5；而单位变动成本无论产量怎样变动，始终保持不变。

2. 固定成本

固定成本是指在一定时期和一定业务量范围内，业务量增减变动，而成本总额保持不变的成本，如管理人员薪金，按使用年限法计提的固定资产折旧等。固定成本的基本特征是：在一定的业务量范围内，固定成本总额不随业务量变动而变动，但就单位固定成本而言，它又是变动的，即单位固定成本是随业务量的增减而呈反向变动。

【例2-22】某公司用乙设备生产B产品，乙设备的年生产能力在10 000台以内，乙设备的年折旧额为8 000元。当B产品产量在0~10 000台之间变化时，设备折旧费用的变动如图2-7、图2-8所示。

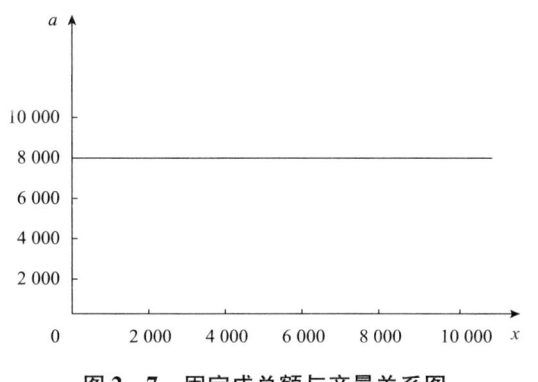

图2-7 固定成总额与产量关系图

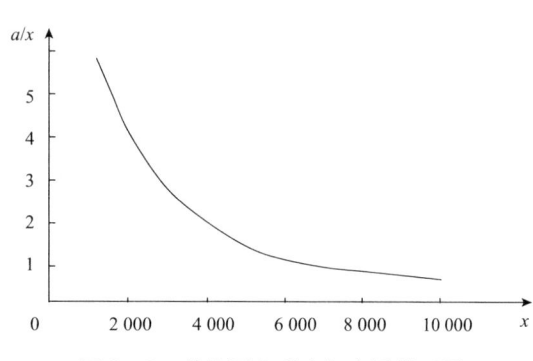

图2-8 单位固定成本与产量关系图

通过观察分析，可以发现，当B产品产量在0~10 000台之间变化时，固定成本总额无论产量怎样变动，始终保持不变；而单位固定成本随着产量的增长，呈下降状态。

3. 混合成本

混合成本是指介于固定成本与变动成本之间的各项成本，是兼有变动成本和固定成本双重成本习性的成本。其基本特征是：成本总额随业务量变动而变动，但其变动幅度并不保持严格的比例关系。混合成本一般需要采用适当的方法将其分解为变动成本和固定成本两部分。

最终，企业的全部成本可以分解为变动成本和固定成本两部分。并可以通过以下数学模型来表达：

$$总成本 = 变动成本 + 固定成本$$
$$= 业务量 \times 单位变动成本 + 固定成本$$

这里我们设总成本为 TC，变动成本总额为 VC，固定成本总额为 F，业务量为 Q，单位变动成本为 V，则这些变量之间可以用下式表达：

$$TC = VC + F = QV + F$$

二、本量利关系分析

本量利是指成本、业务量和利润三者之间的依存关系。本量利分析是在成本习性分析的基础上，运用数学模型对成本、业务量、单价与利润等因素之间的依存关系进行分析，研究其变动的规律性，是成本、业务量和利润三者依存关系分析的简称，也称为 CVP 分析（Cost – Volume – Profit Analysis），它是企业进行经营决策和目标控制的一种方法。基本关系式表述如下：

$$利润 = 销售收入 - 总成本$$
$$= 销售收入 - 变动成本 - 固定成本$$
$$= 业务量 \times 单价 - 业务量 \times 单位变动成本 - 固定成本$$

分析发现，单价和业务量与利润呈正相关关系，单位变动成本和固定成本与利润呈负相关关系。式中的利润可以有多个不同层次，分别是贡献毛益、息税前利润、税前利润、净利润，在分析中还将用到每股收益、盈亏平衡点。

（1）贡献毛益（Contribution Margin，CM）。是指销售收入扣除变动成本后的剩余，也称边际贡献，就单位产品而言就是其销售单价与单位变动成本的差额（一般以 CM 表示）。

设销售收入为 S，变动成本总额为 VC，销售单价为 P，销售量为 Q，单位变动成本为 V，贡献毛益可用以下公式计算：

$$CM = S - VC = Q \times (p - v)$$
$$CM = p - v$$

贡献毛益与销售收入的比值被称为"贡献毛益率"，一般记作 R_{CM}，计算公式如下：

$$R_{CM} = \frac{CM}{p} \times 100\% = \frac{p-v}{p} = 1 - \frac{v}{p} \times 100\% = 1 - R_V$$
$$= \frac{CM}{S} \times 100\%$$

式中的 R_V 为变动成本率。

（2）息税前利润（Earnings Before Interest and Tax，EBIT）。从字面意思可知是扣除利息、企业所得税之前的利润。

沿用前述参数设定，若不含利息的固定成本总额为 F，则息税前利润计算式如下：
$$EBIT = S - VC - F = QP - QV - F = CM - F$$

（3）税前利润（Pre-Tax Profits），指息税前利润扣除债务利息后的余额，又称利润总额。设债务利息为 I，则：
$$税前利润 = 息税前利润 - 债务利息 = EBIT - I$$

（4）净利润（Net Profit），又称税后利润，指税前利润扣除企业所得税后的余额。设所得税税率为 T，则：
$$税后利润 = 税前利润 - 所得税 = 税前利润 \times (1 - 所得税税率)$$
$$= (EBIT - I) \times (1 - T)$$

（5）每股收益（Earnings Per Share，EPS），是指普通股每股税后利润，即税后利润扣除优先股股利后与流通在外普通股股数的比率。设优先股股利为 D_p，企业流通在外的普通股股数为 N，则：
$$每股收益 = \frac{税后利润 - 优先股股利}{流通在外的普通股股数} = \frac{(EBIT - I) \times (1 - T) - D_p}{N}$$

（6）盈亏平衡点（Break Even Point，BEP），又称保本点、盈亏临界点、损益分界点，是指全部销售收入等于全部成本时（销售收入线与总成本线相交点）的产销量或销售额。销售量（额）高于盈亏平衡点时企业盈利，反之企业就亏损。

利用前述相关参数，设企业全部固定成本为 a，盈亏平衡点可以用下式计算：
$$盈亏平衡点的销售量 = \frac{a}{P - v} = \frac{a}{CM}$$
$$盈亏平衡点的销售额 = \frac{a}{R_{CM}} = \frac{a}{1 - R_V}$$

【例2-23】某公司生产系列产品，平均每件价格100元，单位变动成本55元/件，固定成本70万元（其中利息费用10万元）。公司普通股10万股，所得税率25%。则当产销量为2万件时：

单位产品 CM = 100 - 55 = 45（元/件）；　　CM 总额 = 45 × 2 = 90（万元）
R_{CM} = 45/100 = 45%；　　　　　　R_V = 55/100 = 55% = 1 - 45%
EBIT = 2 × 100 - 2 × 55 - 60 = 30（万元）
税前利润 = 30 - 10 = 20（万元）
净利润 = 20 × (1 - 25%) = 15（万元）
EPS = 15 ÷ 10 = 1.5（元/股）
BEP = 70/45 = 1.56（万件）
或　　　= 70/45% = 155.56（万元）

第三节

资金的风险价值与杠杆效应

一、资金的风险及风险价值估算

(一) 风险的含义

风险是指某一行动的执行可能会产生多种不同结果,究竟最终是哪种结果出现事先不容易确定,因此通常将风险通俗地定义为不确定性。风险具有多样性和不确定性的特点,人们可以事先估计采取某种行动可能导致的各种结果,以及每种结果出现的可能性大小,但无法确定最终结果是什么。

(二) 风险的类型

根据风险来源的不同,可以将风险划分为系统风险和非系统风险。

1. 系统风险

系统风险是指来自于市场会对所有企业产生影响的风险。它由企业的外部因素引起,涉及所有的投资对象,企业无法控制、无法规避或分散,又称不可分散风险或市场风险,如战争、自然灾害、利率的变化、经济周期的变化等。

2. 非系统风险

非系统风险是指个别企业的特有事件造成的风险。它是随机发生的,只与个别企业和个别投资项目有关,不涉及所有企业和所有项目,可以通过投资者的决策行为加以规避或分散,又称可分散风险或企业特有风险,是企业自身可以控制的一种风险。根据其产生原因的不同分为经营风险(利用经营杠杆带来的风险)与财务风险(利用财务杠杆带来的风险)。如产品开发失败、销售份额减少、无力偿还债务等。

(三) 风险程度的估计

利用概率分布、期望值和标准差来计算与衡量风险的大小,是一种最常用的方法。

1. 概率

在完全相同的条件下,某一事件可能发生也可能不发生,可能出现这种结果也可能出现另外一种结果,这类事件称为随机事件。概率就是用来反映随机事件发生的可能性大小的数值,一般用 X 表示随机事件,X_i 表示随机事件的第 i 种结果,P_i 表示第 i 种结果出现的概率。一般随机事件的概率在 0 与 1 之间,即 $0 \leq P_i \leq 1$,P_i 越大表示该事件发生的可能性越大,P_i 越小表示该事件发生的可能性越小,肯定发生的事件的概率为 1,肯定不发生的事件的概率为 0。所有可能的结果出现的概率之和一定为 1,即 $\sum_{i=1}^{n} P_i = 1$。

在这里,我们假设随机事件的各种结果均符合正态分布(也叫钟型分布,如图2-9)的特征,这样我们就可以使用标准差和变异系数来计量事件的风险大小。

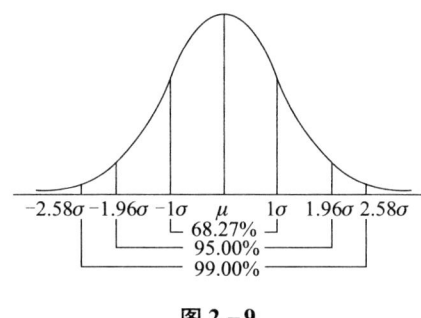

图2-9

2. 期望值

期望值是指可能发生的结果与各自概率之积的加权平均值,通常用E表示,一个随机变量的期望值为:

$$E = \sum_{i=1}^{n} X_i P_i$$

【例2-24】某企业投资生产了一种新产品,在不同市场情况下,各种可能收益及概率如表2-3:

表2-3

市场情况	年收益 X_i(万元)	概率 P_i
繁荣	200	0.3
正常	100	0.5
疲软	50	0.2

要求:计算预期年收益的期望值。

解:$E = 200 \times 0.3 + 100 \times 0.5 + 50 \times 0.2 = 120$(万元)

3. 标准差

标准差是用来衡量概率分布中各种可能值对期望值的偏离程度,反映风险的大小,标准差用σ表示。

标准差的计算公式为:

$$\sigma = \sqrt{\sum_{i=1}^{n}(X_i - E)^2 \times P_i}$$

标准差用来反映决策方案的风险,是一个绝对数。若期望值相同,标准差越大,表明各种可能值偏离期望值的幅度越大,结果的不确定性越大,风险也越大;反之,标准差越小,表明各种可能值偏离期望值的幅度越小,结果的不确定越小,风险也越小。

【例2-25】利用【例2-24】的数据,计算标准差。

解:$\sigma = \sqrt{(200-120)^2 \times 0.3 + (100-120)^2 \times 0.5 + (50-120)^2 \times 0.2}$
$= 55.68$

新产品的年收益与期望收益的标准差为 55.68。

4. 变异系数

标准差作为反映可能值与期望值偏离程度的一个指标，可用来衡量风险，但它只适用于在期望值相同条件下风险程度的比较，对于期望值不同的决策方案，则不适用。对于期望值不同的方案，可以通过引入变异系数进行比较。

变异系数是指标准差与期望值的比值，也称标准离差率、离散系数或标准差系数，用 q 表示，计算公式如下：

$$q = \frac{\sigma}{E}$$

变异系数是一个相对数，在期望值不同时，变异系数越大，表明可能值与期望值偏离程度越大，结果的不确定性越大，风险也越大；反之，变异系数越小，表明可能值与期望值偏离程度越小，结果的不确定性越小，风险也越小。

【例 2-26】利用【例 2-24】和【例 2-25】的数据，计算变异系数。

解：$q = \dfrac{55.68}{120} = 0.464$

有了期望值和变异系数，我们可利用这两个指标来确定方案风险的大小，选择决策方案。对单个方案，可将变异系数与设定的可接受的此项指标最高限值比较；对于多个方案，选择标准差低、期望值高的方案，这时通常是变异系数最低的方案，当然具体情况还要具体分析。

（四）资金风险价值的估算

风险是客观的、普遍的，广泛地存在于企业的经营活动中。由于企业的财务活动经常是在有风险的情况下进行的，各种难以预料和无法控制的原因，可能使企业遭受风险蒙受损失，如果只有损失没人会去冒风险，风险带来的可能是损失也可能是收益。投资者冒着风险投资，就是为了获得更多的报酬，因此冒的风险越大，要求的报酬就越高。风险和报酬之间存在密切的对应关系，高风险的项目只要成功必然有高报酬（如果失败其损失必然也大），低风险的项目即使成功也只有较低的报酬（失败时候的损失当然也小些）。

资金的风险价值是指投资者冒着风险进行投资而获得的超过资金时间价值的那部分额外收益，是对人们所承担的风险的一种价值补偿，也称风险报酬，在实务中一般以风险报酬率来表示，最常用的估计模型是资本资产定价模型（CAPM）。

如果不考虑通货膨胀，投资者冒着风险进行投资所希望得到的投资报酬率是无风险报酬率与风险报酬率之和。即：

投资报酬率 = 无风险报酬率 + 风险报酬率

= 无风险报酬率 + 风险报酬斜率 × 风险程度

无风险报酬率就是资金时间价值，是在没有风险状态下的投资报酬率，是投资者投资某一项目，能够肯定得到的报酬，具有预期报酬的确定性，并且与投资时间的长短有关，可用政府债券利率或存款利率表示。风险报酬率是风险价值，是超过资金时间价值的额外报酬，具有预期报酬的不确定性，与风险程度和风险报酬斜率的大小有关，并成正比关系。风险报酬斜率可根据历史资料用高低点法、直线回归法或由企业管理人员会同专家根据经验确定,风险程度用期望值、标准差来确定,如图 2-10 所示:

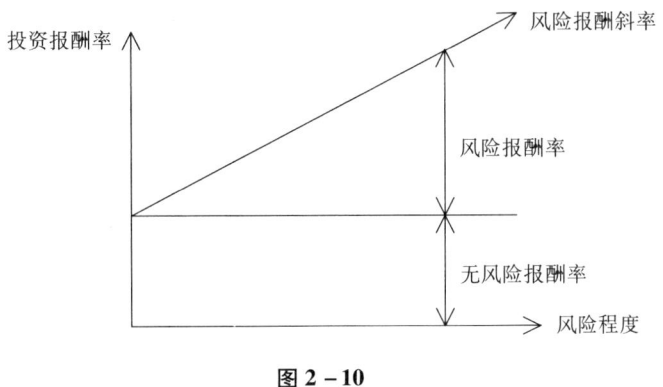

图 2-10

【例 2-27】资金的时间价值为 4%,某项投资的风险报酬率为 10%。则在不考虑通货膨胀时,预期投资报酬率如下计算:

预期投资报酬率 = 无风险报酬率 + 风险报酬率
= 4% + 10% = 14%

二、杠杆效应

财务管理中存在着类似于物理学中的杠杆效应,由于特定固定支出的存在,当某一财务变量以较小幅度变动时,另一相关变量表现出较大幅度变动。财务管理中的杠杆效应,包括经营杠杆和财务杠杆,两者相辅相成相互作用形成总杠杆效应。杠杆效应既可以产生杠杆利益,也会带来杠杆风险。

(一) 经营杠杆与经营风险

1. 经营杠杆原理

经营杠杆,是由于固定性经营成本(不包括债务利息费用)的存在,使小幅度的产销量变动可以带来大幅度息税前利润变动的作用,人们将这种息税前利润变动率大于产销量变动率的现象称为经营杠杆效应。具体表现在:当不存在固定性经营成本时,所有成本都是变动性经营成本,此时息税前利润变动率与产销业务量的变动率完全一致。当产品成本中存在固定成本时,如果其他条件不变,一定范围内产销业务量的增加虽然不会改变固定成本总额,但会降低单位产品分摊的固定成本,从而提高单位产品利润,使息税前利润的增长率大于产销业务量的增长率,进而产生经营杠杆效应,即经营杠杆放大了市场和生产等因素变化对利润波动的影响。

2. 经营风险

固定性经营成本投资不可避免要发生,而且其中有相当一部分具有不可逆转性和长期影响的特征,一旦失败会因杠杆效应而更加放大损失,利用经营杠杆就必然会产生经营风险。

经营风险，是指企业由于固定性经营成本投资不恰当，即经营杠杆利用不当而导致的资产报酬（息税前利润）波动的风险。杠杆作用越强经营风险就越大，反之经营风险就越小。影响息税前利润的因素主要是产品售价、产品需求、产品成本等因素，引起企业经营风险的主要原因并不是经营杠杆本身，是市场需求和生产成本等因素的不确定性导致固定性经营成本投资不当所致。

3. 经营杠杆系数的计算

（1）定义计算式。经营杠杆作用的程度用经营杠杆系数（Degree of Operating Leverage，DOL）表示，根据前述经营杠杆原理，它是息税前利润变动率与产销量变动率的比率。经营杠杆系数越高，表明资产报酬等利润波动程度越大，经营风险也就越大。其计算公式为：

$$DOL = \frac{\frac{\Delta EBIT}{EBIT}}{\frac{\Delta Q}{Q}}$$

式中：DOL 为经营杠杆系数；$\Delta EBIT$ 为息税前利润变动额；EBIT 为变动前息税前利润；ΔQ 为销售量变动额；Q 为变动前销售量。

【例 2-28】设西湖、麓山两家公司有关资料如表 2-4 所示。

表 2-4　　　　　　　　西湖、麓山公司有关销售资料

项目	西湖公司		麓山公司	
	第1年	第2年	第1年	第2年
销售量（件）	100 000	120 000	100 000	120 000
固定成本（元）	30 000		60 000	
单位变动成本（元）	1.5		1.2	
单位售价（元）	2		2	

根据上述资料，可计算出西湖、麓山两家公司在不同销售量下的息税前利润如表 2-5 所示。

表 2-5　　　　西湖、麓山两家公司在不同销售量下的息税前利润

项目	西湖公司		麓山公司	
	第1年	第2年	第1年	第2年
销售收入（元）	200 000	240 000	200 000	240 000
固定成本总额（元）	30 000	30 000	60 000	60 000
变动成本总额（元）	150 000	180 000	120 000	144 000
息税前利润（元）	20 000	30 000	20 000	36 000

西湖公司：

$$\frac{\Delta \text{EBIT}}{\text{EBIT}} = \frac{30\ 000 - 20\ 000}{20\ 000} = 50\%$$

$$\frac{\Delta Q}{Q} = \frac{120\ 000 - 100\ 000}{100\ 000} = 20\%$$

$$\text{DOL} = \frac{50\%}{20\%} = 2.5$$

麓山公司：

$$\frac{\Delta \text{EBIT}}{\text{EBIT}} = \frac{36\ 000 - 20\ 000}{20\ 000} = 80\%$$

$$\frac{\Delta Q}{Q} = \frac{120\ 000 - 100\ 000}{100\ 000} = 20\%$$

$$\text{DOL} = \frac{80\%}{20\%} = 4$$

计算结果表明，两家公司销售量同样增长20%，西湖公司的息税前利润变动率是销售量变动率的2.5倍；麓山公司的息税前利润变动率是销售量变动率的4倍。与此相应，麓山公司的经营风险比西湖公司的高。

（2）派生计算式。假定企业的成本—销量—利润保持线性关系，变动成本在销售收入中所占的比例不变，单位变动成本、固定成本总额也保持稳定，根据定义计算式及下述息税前利润与相关指标参数之间的关系，经营杠杆系数便可用其他参数指标来计算。

由于：

$$\text{EBIT} = QP - QV - F = S - \text{VC} - F$$

可推导出以下计算公式：

$$\text{DOL} = \frac{Q(P-V)}{Q(P-V) - F}$$

$$\text{DOL} = \frac{S - \text{VC}}{S - \text{VC} - F}$$

$$\text{DOL} = \frac{\text{EBIT} + F}{\text{EBIT}}$$

式中：P 为产品单位销售价格；V 为产品单位变动成本；S 为销售额；VC 为变动成本总额；F 为不含利息的总固定成本。

我们仍以【例2-28】的资料代入上述计算式，计算结果如下：

$$\text{DOL}_{\text{西湖}} = \frac{200\ 000 - 150\ 000}{200\ 000 - 150\ 000 - 30\ 000} = 2.5$$

$$\text{DOL}_{\text{麓山}} = \frac{200\ 000 - 120\ 000}{200\ 000 - 120\ 000 - 60\ 000} = 4$$

【例2-29】某企业生产产品，固定成本为60万元，变动成本率为40%，当企业的销售额分别为400万元、200万元、100万元时，经营杠杆系数分别为：

$$\text{DOL}_1 = \frac{400 - 400 \times 40\%}{400 - 400 \times 40\% - 60} = 1.33$$

$$\text{DOL}_2 = \frac{200 - 200 \times 40\%}{200 - 200 \times 40\% - 60} = 2$$

$$\text{DOL}_3 = \frac{100 - 100 \times 40\%}{100 - 100 \times 40\% - 60} = \infty$$

以上计算结果说明这样一些问题：

（1）在固定成本不变的情况下，经营杠杆系数说明了销售额增长（减少）所引起息税前利润增长（减少）的幅度。比如，DOL_1 说明在销售额为 400 万元时，销售额的增长（减少）会引起息税前利润 1.33 倍的增长（减少）；DOL_2 说明在销售额为 200 万元时，销售额的增长（减少）将引起息税前利润 2 倍的增长（减少）。

（2）在固定成本不变的情况下，销售额越大，经营杠杆系数越小，经营风险也就越小；反之，销售额越小，经营杠杆系数越大，经营风险也就越大。比如，销售额为 400 万元时，DOL_1 为 1.33；当销售额为 200 万元时，DOL_2 为 2。显然后者利润的不稳定性大于前者，故而后者的经营风险大于前者。

（3）在销售额处于盈亏临界点前的阶段，经营杠杆系数随销售额的增加而递增；在销售额处于盈亏临界点后的阶段，经营杠杆系数随销售额的增加而递减；当销售额达到盈亏临界点时，经营杠杆系数趋近于无穷大。如 DOL_3 的情况，此时企业经营只能保本，若销售额稍有增加便可出现盈利，若销售额稍有减少便发生亏损。这个分析可从下面计算式得到体现：

$$\text{DOL} = \frac{S - VC}{S - VC - F} = \frac{CM}{EBIT}$$
$$= \frac{(p - v) \times Q}{(p - v) \times Q - F} = \frac{Q}{Q - BEP}$$

4. 经营杠杆系数的用途

在公司财务管理中，经营杠杆系数主要有以下四种用途：

（1）能帮助公司管理层掌握和降低经营风险。虽然经营杠杆本身不是产生利润不稳定性的根源，但其系数的大小能够反映市场、生产、成本等不确定性因素对利润变动的影响程度。经营杠杆系数越大，表明利润的变动越剧烈，经营风险也就越大。所以，经营杠杆系数的大小，能够反映经营风险的大小。公司管理层根据经营杠杆系数的大小，就能够掌握本公司经营风险的大小。

从上述计算经营杠杆系数的公式可以看出，影响经营杠杆系数大小的因素，有固定成本、变动成本、销售量和销售价格等，其中最根本的原因是固定性经营成本的存在。固定性经营成本的内容主要是固定资产折旧费和管理费用，是企业生产规模的决定因素，其中的固定资产费用又是有着长期影响的项目，一旦固定资产配置完成而销售量达不到预计要求，势必造成生产能力较长时期的闲置，进而增加产品的固定成本负担降低盈利。因此，充分利用现有生产能力，努力扩大销售量，降低单位产品消耗和变动成本，以及在销售量的相关范围内，降低固定成本，不但可以增加利润，而且还可以降低经营风险。

（2）能帮助公司管理层进行科学的经营预测。根据已知的经营杠杆系数及其他有关资料，可以预测出目标营业利润以及保证此目标实现的预期销售变动率等预期指标。如：

目标营业利润 = 基期营业利润 × （1 + 销售变动率 × DOL）

$$\text{保证目标营业利润实现的预期销售变动率} = \frac{\text{目标营业利润} - \text{基期营业利润}}{\text{基期营业利润} \times \text{DOL}}$$

（3）能帮助公司管理层做出正确的投资决策。购置新设备、采用先进技术，虽可提高产品的数量和质量，降低单位变动成本，提高毛利率，但也会使固定成本总额增加，经营杠杆系数加大。因此，只有在公司经营处于景气时期，产品在市场上畅销，销售额呈持续增长的情况下，才适宜做出扩大投资规模的决策，从而随着产销量的增加，就可充分发挥经营杠杆的效应，使利润迅速增长；否则，就会使经营风险加大、利润滑坡。

（4）能帮助公司管理层正确分析经营成果。例如，某公司年计划产销产品10万件、利润10万元，该年实际产销产品12万件、利润12万元，利润和产销量均增长20%。对该公司的这种情况，假设该公司经营杠杆系数为1.5，您满意吗？按照一般的观念，产销量和利润均超额完成计划20%，似乎是令人满意的。但按照上述经营杠杆原理，产销量增加到12万件时，利润应大于12万元，而实际只有12万元，这说明在某些环节上多花了成本，因而是不满意的。

一般而言，生产规模确定之后，一个企业的固定成本也就大致确定下来了，这时企业管理当局对经营杠杆的影响力就有限了。企业生产规模是取决于固定资产投资规模的。因此，企业管理当局在进行固定资产投资时就需要谨慎考虑经营杠杆的作用。此外，企业管理当局可以通过提高产品价格或降低变动成本来影响经营杠杆。

（二）财务杠杆与财务风险

1. 财务杠杆原理

财务杠杆，又称融资杠杆，是一种利用债务资本和优先股资本开展经营活动，提高普通股资本的报酬水平的作用。具体表现为在一定条件下，企业的资本总量中债务和优先股资本比例小幅度提高，普通股资本的收益水平就会更大幅度提高。由于这种影响并不是增加固定资产投资扩大生产经营规模等经营因素所致，而是由于改变资本结构所引起的，因而将这种作用称之为财务杠杆作用。

以负债为例，当负债为零时，没有利息，息税前利润就是利润总额，此时利润总额变动率与息税前利润变动率完全一致。当负债大于零时，就有固定利息费用，如果其他条件不变，息税前利润的增加虽然不改变固定利息费用总额，但会降低每一元息税前利润分摊的利息费用，从而提高每股收益，使普通股收益的增长率大于息税前利润的增长率，进而产生财务杠杆效应。在投资项目总资产报酬率（息税前投资利润率）一定的情况下，当负债的成本低于息税前投资利润率时，普通股股本收益率高于息税前投资利润率。提高负债的比例，会提高普通股股本收益率，这就是财务杠杆的"正"作用。相反，如果负债的成本高于息税前投资利润率，普通股股本收益率就会低于息税前投资利润率，这时，提高负债的比例，反而会降低普通股股本收益率，这就是财务杠杆的"负"作用。这种作用可以从下面案例得到体现。

【例2-30】枫林、金星、望岳三家经营业务相同的公司，其长期资本总额相等都是1 000万元，债务利息率水平相同都是6%，息税前利润都是100万元，企业所得税税率均为25%。但是三家公司的资本结构（负债比率）不同，普通股股本收益率也不同

（见表 2-6）：

表 2-6　　　　　　　　　　　三家公司的资料

项目	枫林公司	金星公司	望岳公司
资本总额（万元）	1 000	1 000	1 000
其中：债务资本（万元）	—	250	600
利息（万元）	0	15	36
EBIT（万元）	100	100	100
税前利润（万元）	100	85	64
所得税（万元）	25	21.25	16
净利润（万元）	75	63.75	48
普通股股数（万股）	20	15	8
股权资本（万元）	1 000	750	400
每股收益（元/股）	3.75	4.25	6
股权资本净利率（%）	7.5	8.5	12

此例中企业均没有优先股，优先股的杠杆作用没有体现。由于债务利息是在缴纳企业所得税前扣除，属于免税费用；而优先股股利是在缴纳企业所得税后支付，属于非免税支出，所以两者发挥的财务杠杆作用稍有差别。

2. 财务风险

财务风险，主要是由于企业筹集债务资本所产生的固定性利息费用负担而形成的风险。企业如果有充足的权益资本不需负债，则企业只有经营风险而无财务风险；如果企业由于资本不足或其他原因而借入资本时，由于借入资本无论企业是盈利还是亏损都必须支付固定利息，到期时都要归还本金，这样就产生了财务风险。财务风险就是指财务杠杆导致企业所有者收益变动，甚至可能导致企业破产的风险。

财务风险受资本供求的变化、利率水平的变动、获利能力的变化、资本结构的变化（财务杠杆的利用程度）等因素影响。其中，资本结构的变化对财务风险的影响最为直接。企业负债比例越高，财务风险越高；反之，财务风险越低。企业所有者欲获取财务杠杆利益，就要承担由此引起的财务风险。因此，必须在财务杠杆利益与财务风险之间做出合理的权衡。

3. 财务杠杆系数的计算

（1）定义计算式。财务杠杆作用的大小通常用财务杠杆系数（Degree of Financial Leverage，DFL）表示，根据前述杠杆原理，它是每股收益变动率与息税前利润变动率的比率。财务杠杆放大了资产报酬（息税前利润）变化对普通股收益的影响，财务杠杆系数越高，表示财务杠杆作用越大，财务风险也就越大；财务杠杆系数越低，表明财务杠杆作用越小，财务风险也就越小。财务杠杆系数的计算公式为：

$$DFL = \frac{\frac{\Delta EPS}{EPS}}{\frac{\Delta EBIT}{EBIT}}$$

式中：DFL 为财务杠杆系数；ΔEPS 为普通股每股收益变动额；EPS 为变动前的普通股每股收益；ΔEBIT 为息前税前利润变动额；EBIT 为变动前的息前税前利润。

（2）派生计算式。财务杠杆作用是因为固定的利息费用和优先股股利的存在而产生的。由于：

$$EPS = \frac{(EBIT - I) \times (1 - T) - D_p}{N}$$

那么：

$$\Delta EPS = \frac{\Delta EBIT \times (1 - T)}{N}$$

可推导出计算公式：

$$DFL = \frac{EBIT}{EBIT - I - \frac{D_p}{1 - T}}$$

又因：

$$EBIT = S - VC - F = QP - QV - F$$

又可如下表达：

$$DFL = \frac{S - VC - F}{S - VC - F - I - \frac{D_p}{1 - T}}$$

$$DFL = \frac{Q(P - V) - F}{Q(P - V) - F - I - \frac{D_p}{1 - T}}$$

上述公式中，EBIT 表示息税前利润；S 表示销售收入；VC 表示变动成本总额；F 表示不含利息的固定成本总额；P 表示销售单价；Q 表示销售量；V 表示单位变动成本；I 表示负债的利息；D_p 表示优先股股息；N 表示普通股股数；T 表示所得税税率。

【例 2-31】以【例 2-30】资料带入计算，可得枫林、金星、望岳三家公司的 DFL 如表 2-7 所示：

表 2-7 三家公司的 DFL

项目	枫林公司	金星公司	望岳公司
EBIT（万元）	100	100	100
I（万元）	0	15	36
税前利润（万元）	100	85	64
DFL	1	1.18	1.56

上述计算可见，三家公司的息税前利润虽然相同，但是由于资本结构不同，它们的股权资本收益水平、财务杠杆系数也不同；企业的负债程度越高，其财务杠杆的作用也就越大，股权资本收益也就越高。从本例可以看出，企业负债经营中利用财务杠杆，有其积极的作用，但同时也增加了企业的财务风险，这也符合高报酬、高风险的原则。

但是，一旦企业的经营环境发生变化，企业的资本利润率（也就是息税前投资利润率，本例为10%）低于债务的利息率，企业的负债程度越高，利息负担也就越重，企业因此破产的可能性也就越大，也就是说企业的财务风险也就越高。

> 【思考：获得有效财务杠杆作用的必要条件是什么？】
> 请将【例2-30】中的债务利息率设为10%以上，重新计算每股收益、股权资本净利率，看看会是什么结果，你会得到什么启示。

【例2-32】延续【例2-30】，假设三家公司的息税前利润可能增加20%，这三家公司的普通股资本收益水平和DFL将怎样变化？计算分析结果，列示于表2-8。

表2-8　　　　　　　　EBIT增长20%的股权资本净利率与DFL

项目	枫林公司	金星公司	望岳公司
EBIT（万元）	120	120	120
I（万元）	0	15	36
税前利润（万元）	120	105	84
所得税（万元）	30	26.25	21
净利润（万元）	90	78.75	63
股权资本净利率	9%	10.5%	15.75%
EPS（元/股）	4.5	5.25	7.875
DFL$\left(\dfrac{EBIT}{EBIT-I}\right)$	1	1.14	1.43

计算结果说明：

（1）在资本总额、债务利息不变的条件下，EBIT越大股权资本报酬水平也越高，增加息税前利润也可以提高股东报酬水平。

（2）在资本总额、债务利息不变的条件下，EBIT越大财务杠杆系数值越小，财务风险越低，增加息税前利润是降低财务风险的有效措施。

4. 财务杠杆系数的用途

在公司财务管理中，财务杠杆系数主要有以下几种用途：

（1）能帮助公司管理当局掌握财务风险的大小。财务杠杆系数反映了资本结构中债务的运用对每股利润（税后利润）变动的影响程度，因而其大小反映了财务风险的大小。财务杠杆系数越大，表明公司偿债压力越大，从而财务风险也就越大；否则，财务风险也就越小。所以，公司管理层可以利用财务杠杆系数的大小，来判断财务风险的大小。

（2）能帮助公司管理层做出正确的举债决策。在息税前利润一定的情况下，财务杠杆的作用会使公司权益资本净利润率的变动幅度大于全部资本息税前利润率的变动幅度。这种数量关系，可用下列公式表述：

$$\text{权益资本净利润率} = \left[\text{全部资本息税前利润率} + \left(\text{全部资本息税前利润率} - \text{债务利息率}\right) \times \dfrac{\text{债务资本}}{\text{权益资本}}\right] \times (1-T)$$

权益资本净利润率与全部资本息税前利润率的差距，被资本构成比例（债务资本/权益资本）所放大。这种放大效应，就是财务杠杆效应。当全部资本息税前利润率大于债务利息率时，适当提高资本结构中的负债比重，会使权益资本净利润率大于全部资本息税前利润率；反之，就会使权益资本净利润率小于全部资本息税前利润率。所以，财务杠杆能帮助公司管理层做出正确的举债决策，提高权益资本净利润率。

（3）增加 EBIT 是降低财务风险最有效的途径。

（三）总杠杆与企业风险管理

1. 总杠杆原理

从上述分析可知，经营杠杆和财务杠杆可以独自发挥作用，也可以综合发挥作用。总杠杆是用来反映两种杠杆的连锁作用，即每股收益与产销业务量之间的变动关系。由于固定性经营成本的存在，产生经营杠杆效应，导致产销业务量变动对息税前利润变动有放大作用；同样，由于固定性资本成本（债务利息和优先股股利）的存在，产生财务杠杆效应，导致息税前利润变动对普通股每股收益有放大作用。两种杠杆共同作用，将导致产销业务量的变动引起普通股每股收益更大的变动。

总杠杆（或称复合杠杆、联合杠杆、合并杠杆、综合杠杆），是指由于固定经营成本和固定资本成本的存在，导致普通股每股收益变动率大于产销业务量的变动率的现象。

2. 总杠杆系数的计算

（1）定义计算式。对总杠杆进行计量的常用指标是总杠杆系数（Degree of Total Leverage，DTL），也称联合杠杆系数（Degree of Combined Leverage，DCL）。它是普通股每股收益变动率与销售量变动率的比率。其计算公式为：

$$DTL = \frac{\frac{\Delta EPS}{EPS}}{\frac{\Delta Q}{Q}}$$

还可推导出以下计算公式：

$$DTL = \frac{\frac{\Delta EPS}{EPS}}{\frac{\Delta Q}{Q}} \times \frac{\frac{\Delta EBIT}{EBIT}}{\frac{\Delta EBIT}{EBIT}} = \frac{\frac{\Delta EBIT}{EBIT}}{\frac{\Delta Q}{Q}} \times \frac{\frac{\Delta EPS}{EPS}}{\frac{\Delta EBIT}{EBIT}} = DOL \times DFL$$

（2）派生计算式。根据前述经营杠杆系数和财务杠杆系数的派生计算式，进而可得总杠杆的派生计算式如下：

$$DTL = \frac{S - VC}{S - VC - F - I - \frac{D_p}{1 - T}}$$

$$DTL = \frac{Q(P - V)}{Q(P - V) - F - I - \frac{D_p}{1 - T}}$$

$$DTL = \frac{EBIT + F}{EBIT - I - \frac{D_p}{1 - T}}$$

【例 2 - 33】格林公司产销量为 80 000 件，单位产品售价为 100 元，单位产品变动成本为 50 元。固定成本总额为 3 750 000 元，利息费用为 200 000 元，普通股股数为

100 000 股,没有优先股,所得税税率为 25%。若销售量增加 1%,普通股每股收益将怎样变动?若销售量减少 1%,普通股每股收益又将如何变动?

$$EBIT = 80\,000 \times (100 - 50) - 3\,750\,000 = 250\,000(元)$$

$$EPS = \frac{(250\,000 - 200\,000) \times (1 - 25\%)}{100\,000} = 0.375(元/股)$$

$$DOL = \frac{80\,000 \times (100 - 50)}{80\,000 \times (100 - 50) - 3\,750\,000} = 16$$

$$DFL = \frac{250\,000}{250\,000 - 200\,000} = 5$$

该公司的总杠杆系数为:DTL = 16 × 5 = 80

若销售增加 1%,则其普通股每股收益的变动率为:

$$80 = \frac{\frac{\Delta EPS}{EPS}}{1\%} \rightarrow \frac{\Delta EPS}{EPS} = 80 \times 1\% = 80\%$$

若销售减少 1%,则其普通股每股收益的变动率为:

$$80 = \frac{\frac{\Delta EPS}{EPS}}{-1\%} \rightarrow \frac{\Delta EPS}{EPS} = 80 \times (-1\%) = -80\%$$

详细计算结果,可见表 2-9。

表 2-9　　　　　　　　　格林公司每股收益变动计算表

项目	销售变动前	销售增加 1%	销售减少 1%
销售额(元)	8 000 000	8 080 000	7 920 000
变动成本(元)	4 000 000	4 040 000	3 960 000
固定成本(元)	3 750 000	3 750 000	3 750 000
EBIT(元)	250 000	290 000	210 000
利息费用(元)	200 000	200 000	200 000
税前收益(元)	50 000	90 000	10 000
所得税(25%)(元)	12 500	22 500	2 500
税后收益(元)	37 500	67 500	7 500
EPS(元/股)	3.75	6.75	0.75
销售变动率		1%	-1%
EBIT 变动率		16%	-16%
EPS 变动率		80%	-80%
DOL	16		
DFL	5		
DTL	80		

3. 总杠杆系数的用途

总杠杆作用的意义,首先在于能够估计出销售额变动对每股收益造成的影响。比如,上例中销售额每增长(或减少)1 倍,就会造成每股收益增长(减少)80 倍。其次,它使我们看到了经营杠杆与财务杠杆之间的相互关系,即为了达到某一总杠杆系数,经营杠杆和财务杠杆可以有很多不同的组合，比如经营杠杆较低时扩大财务杠杆等。这有待公司在考虑了各有关的具体因素之后做出选择。

一般来说，固定资产比重较大的资本密集型企业，经营杠杆系数高，经营风险大，企业筹资主要优先考虑权益资本，以保持较小的财务杠杆系数和财务风险；变动成本比重较大的劳动密集型企业，经营杠杆系数低，经营风险小，企业筹资则应主要依靠债务资本，保持较大的财务杠杆系数和财务风险。

一般来说，在企业初创阶段，产品市场占有率低，产销业务量小，经营杠杆系数大，此时企业筹资主要依靠权益资本，在较低程序上使用财务杠杆；在企业扩张成熟期，产品市场占有率高，产销业务量大。经营杠杆系数小，此时，企业资本结构中可扩大债务资本，在较高程度上使用财务杠杆。

4. 企业风险管理

现代企业生产必须保持一定的固定资产规模，面临的市场竞争又异常激烈，同时大多数企业还是负债经营，因此企业不仅面临经营风险，还面临财务风险。对企业而言，树立风险意识，加强风险管理就显得尤其重要。企业一般可从以下方面来进行管理：

①进行科学的财务预测，预知财务需求，提前安排融资计划，再据以安排企业生产经营和投资，提高企业对未来的不确定事件的反应能力，从而减少了不利事件出现带来的损失。②建立风险监控机制，使企业具备风险自动预警功能，制定相应的对策和控制手段，把不确定事件带给企业的风险降低到最低程度。③加强筹资管理，合理确定权益资本和负债的比例关系，长期负债和短期负债的比例关系，各种债务到期时间的安排，选择多种筹资渠道。④加强投资管理，进行科学周密的可行性研究和风险评价，进行组合投资，分散风险。⑤加强资本回收管理，做好资本来源、资本占用、资本分配和资本回收的测算和平衡，保证资本的安全性、效益性和流动性。⑥加强收益分配管理，根据企业发展的需要，制定合理的收益留存和利润分配政策，采取适当的利润和现金分配方式，保障现金流入与流出的相互配合、协调。⑦密切关注和把握利率的变动，及时调整企业的筹资方案，以保持较低资本成本。⑧进行国际筹资投资和从事进出口贸易的企业，密切关注汇率变动，尽量避免汇率变动带来的不利影响。⑨当公司出现严重经营亏损，并处于破产清理边界时，通过与债权人协商，实施债务重整，将部分债务转化为普通股、豁免部分债务、降低利率等，建立新的资本结构。

【本章小结】

1. 资金时间价值是指资金在周转使用中发生的增值，资金时间价值的实质是在没有风险和通货膨胀情况下的社会资金平均利润率。计算资金的时间价值涉及终值和现值两个概念，它们是资金在不同时点上的价值，终值是指现在特定资金在将来一定时期的价值，或者说现在一定的本金在将来一定时期的本利和；现值是指未来一定时间的某一特定资金的现在价值。根据利息计算方法的不同，时间价值分别按照单利和复利方法计算。在复利条件下，有名义利率与实际利率之分。根据收付款项特征的情况不同，分为单一本金终现值和年金终现值。

年金是指本金具有等金额、等间隔特征的系列收付款项。年金按照其收付款项的时点不同可以分为：普通年金、即付年金、递延年金、永续年金。其中，普通年金发生在每期期末；即付年金是指在每期期初收付的年金；递延年金是指第一次收付款发生时间不在第一期，而是在若干期以后才开始发生的系列等额收付款项；永续年金是指无限期等额收付款项的年金。

2. 风险是指一定条件下、一定时期内，某一项行动具有多种可能但结果不确定。企业面临的风险有系统风险和非系统风险两种。投资者冒着风险投资，是为了获得更多的报酬，所冒的风险越大，要求的报酬就越高。

投资风险价值是指投资者冒着风险进行投资而获得的超过货币时间价值的那部分额外收益。如果不考虑通货膨胀，投资者冒着风险进行投资所希望得到的投资报酬率是无风险报酬率与风险报酬率之和。

3. 企业的生产经营成本可根据其性态特征划分为变动成本与固定成本，固定成本将产生杠杆效应。企业由于固定性经营成本的存在，就产生了经营杠杆效应。由于固定性资本成本（利息费用）的存在，就产生了财务杠杆效应。二者综合发挥作用，进而出现了总杠杆效应。杠杆有正面效应和负面效应，一般用杠杆系数来表示杠杆效应的程度和风险的高低。

【技能训练题】

1. 某公司拟进行一项投资，投资额为 5 000 元，该项投资每半年可以给投资者带来 150 元的收益，则该项投资的年实际回报率为多少？

2. 某人于第一年年初借款 60 000 元，每年年初还本付息额均为 5 000 元，连续 20 年还清。问借款利率是多少？若已知借款利率为 8%，则还款期限为多少？

3. 某公司连续 5 年每年年初存入 500 万元作为住房基金，银行存款利率为 10%，如该公司从第 6 年开始每年取出相同数额的住房基金发给职工，每年可以取出的住房基金金额是多少？

4. 某人在 20×2 年 1 月 1 日存入银行 1 000 元，年利率为 8%。要求计算：

（1）每年复利一次，20×5 年 1 月 1 日存款账户余额是多少？

（2）每季度复利一次，20×5 年 1 月 1 日存款账户余额是多少？

（3）若分别在 20×2 年、20×3 年、20×4 年和 20×5 年 1 月 1 日存入 250 元，仍按 8% 的年利率每年复利一次，求 20×5 年 1 月 1 日余额是多少？

（4）假定分别在 20×2 年、20×3 年、20×4 年和 20×5 年 1 月 1 日存入相等金额，为了达到（1）所得到的账户余额，每次要存入多少金额？

(5) 假定（3）为每季度复利一次，20×5年1月1日账户余额是多少？

(6) 假定（4）改为每季度复利一次，每次应存入多少金额？

5. 有甲、乙两个企业，某年销售量均为30万件。甲企业固定成本总额100万元，产品单位售价20元，单位产品变动成本15元。乙企业固定成本总额250万元，产品单位售价20元，单位变动成本10元。要求：

(1) 计算两个企业的息税前利润。

(2) 如果下年两个企业的销售量均增长20%，两个企业的息税前利润率将如何变动？两个企业的息税前利润将达到多少？

6. 甲、乙两家公司的息税前利润相同，都为200万元，但资本结构不同。它们的资产、负债状况见表2－10。

表2－10　　　　　　甲、乙公司的资产、负债状况　　　　　　单位：万元

项目	甲公司	乙公司
资产合计	2 000	2 000
负债合计	400	1 200
股东权益	1 600	800
负债和股东权益合计	2 000	2 000
负债比率（财务杠杆程度）	20%	60%

再假设甲、乙公司的股东权益全部为普通股，每股面值100元，甲公司流通在外的股份为16万股，乙公司为8万股。所得税税率均为20%，负债利率均为9%。要求：

(1) 计算甲、乙公司的财务杠杆系数和每股收益。

(2) 如果下年度甲、乙公司的息税前利润都增加20%，普通股每股收益各为多少？

7. 某股份公司产销甲产品，其生产经营情况：产销量10 000件，单位售价为50元，单位变动成本为25元，固定成本总额150 000元。资金构成情况：普通股股本500 000元；优先股股本144 000元，年股利率10%；长期债券300 000元，年利率12%，所得税税率25%。要求：计算该股份公司的经营杠杆系数、财务杠杆系数、综合杠杆系数。

8. 某公司资本总额2 000万元，资产负债率50%，负债平均利率10%，普通股数50万股，所得税税率25%，20×6年和20×7年DFL分别为2和1.5。要求：

(1) 计算企业20×6年EBIT和EPS。

(2) 预计20×7年EBIT增长20%，则EPS为多少？

第三章　股权筹资管理

【学习目的与要求】

了解股权筹资的概念、特点与具体方式；对于吸收直接投资这种方式，要熟悉其投资人主体和出资方式并掌握其主要优缺点，对于股票筹资方式，要了解基本概念、主要种类、股票发行的相关法律规范，熟悉股票发行价格估算方法和价格确定的方法；重点理解普通股与优先股的差别及股票筹资的优缺点；对于留存收益筹资方式，要熟悉其具体来源，理解股利政策的内容、类型以及该筹资方式的主要优缺点，掌握股利支付方式与程序、股票股利及其影响。

【引导案例】

太阳能项目高回报率吸引巴菲特等投资者

美国太阳能开发商正在以创下历史记录的惊人速度吸纳现金，其投资者包括伯克希尔哈撒韦董事长、"股神"沃伦·巴菲特，谷歌及私募股权投资基金KKR等，原因是太阳能项目的回报率达到了15%，相当于美国国债回报率的四倍，也远高于收费公路和管道等基础设施建设项目的盈利表现。

仅2001年这一年时间，伯克希尔哈撒韦、谷歌、KKR以及保险商大都会人寿保险公司和约翰·汉考克人寿保险公司已经向可再生能源行业投入了5亿美元以上的资金。据彭博新能源财经统计的数据显示，这一数字创下银行及专门贷款商以外公司对可再生能源行业投资规模的历史最高纪录。

巴菲特麾下的中美能源控股公司已经在2011年12月7日收购了加利福尼亚州的太阳能公司Topaz Solar Farm，这个项目的开发预算预计为24亿美元，可通过一项为期25年的合同以每兆瓦时150美元左右的价格向PG&E Corp出售电力能源，并以此生成16.3%的投资回报率。这个项目预计将拥有550兆瓦的发电能力，从2015年开始启动运营，成为全球最大的光伏发电厂之一。

思考： 什么样的企业更容易获得股东投资？

第一节 股权筹资概述

一、股权筹资的概念与特征

股权资金是指企业投资者投入并拥有所有权的那部分资金。企业为生产经营、扩大规模、降低风险等需要，通过一定的渠道采用一定的方式获得股权资金的过程称为股权筹资。投资者凭其所有权参与企业的经营管理和股利分配，并对企业的经营状况承担相应责任，企业对自有资金则依法享有经营权。根据我国财务制度，股权资金包括资本金、资本公积、盈余公积和未分配利润。按照国际惯例，股权资金一般包括实收资本（或股本）和留存收益两部分。根据资本金保全制度要求，企业筹集的资本金在企业存续期内，投资者除依法转让外，不得以任何方式抽回。因此股权资金具有数额稳定、使用期长和无须还本等特征。

二、股权筹资方式的选择

目前企业可以利用的股权筹资方式主要有以下几种：

（一）吸收直接投资

吸收直接投资是企业以协议等形式吸收国家、其他法人单位、个人等直接投入资金，形成企业资本金的一种筹资方式。吸收直接投资不以股票为媒介，是企业筹集自有资金的一种基本方式。

（二）发行股票

股票是股份有限公司为筹集自有资金而发行的有价证券，是持股人在公司投资股份数额的凭证，它代表持股人在公司拥有的所有权。发行股票是股份有限公司筹措自有资金的一种主要方式。

（三）企业留存收益

企业留存收益是指企业从税后利润中提取和留用的盈余公积和未分配利润。企业通过留存收益的方式筹集资金，手续简便易行，既有利于满足企业扩大生产经营规模的资金需要，又能够减少企业的财务风险。留存收益是各企业长期采用的筹资方式。

【知识拓展】

注册资本登记管理的最新变革

原《中华人民共和国公司法》、国家工商行政管理总局《公司注册资本登记管理规定》关于公司注册资本金限额的规定：有限责任公司注册资本金最低限额为人民币3万元，其中一人有限责任公司注册资本金最低限额为人民币10万元；股份有限公司注册资本金最低限额为人民币500万元，公开发行股票的股份有限公司注册资本金最低限额为人民币3 000万元。但在2013年10月25日，国务院召开常务会，改革注册资本登记制度，放宽市场主体准入，进一步简政放权。会议明确了改革的主要内容之一是放宽注册资本登记条件。除法律、法规另有规定外，取消有限责任公司最低注册资本3万元、一人有限责任公司最低注册资本10万元、股份有限公司最低注册资本500万元的限制；不再限制公司设立时股东（发起人）的首次出资比例和缴足出资的期限。公司实收资本不再作为工商登记事项。2013年12月28日，十二届全国人大常委会第六次会议审议并通过了公司法修正案，《中华人民共和国公司法》实现了自1993年通过以来的又一次修改。修正案自2014年3月1日起施行，正式取消公司注册资本的最低限制。

【查一查】
1. 《中华人民共和国公司法》
2. 《公司注册资本登记管理规定》

第二节

来自于外部的股权筹资

一、吸收直接投资

吸收直接投资，指企业按照"共同投资、共同经营、共担风险、共享利润"的原则，直接吸收国家、法人、个人投入资金的一种筹资方式。吸收直接投资是企业筹集权益资本的基本方式，采用吸收直接投资的企业，资本可以不分为等额股份、无须公开发行股票。吸收直接投资实际出资额中注册资本部分形成实收资本，超过注册资本的部分属于资本溢价，形成资本公积。吸收直接投资中的出资者都是企业的所有者也即股东，他们对企业具有经营决策权。企业经营状况好，盈利多，各方可按出资额的比例或投资协议分享利润，但如果企业经营状况差，连年亏损，甚至被迫破产清算，则各方要在其出资的限额内按出资比例或投资协议承担损失，有的还可能要承担无限连带责任。

【知识拓展】

个人独资企业、合伙企业以及公司制企业的主要差别

典型的企业组织形式有三种：个人独资企业、合伙企业以及公司制企业。①个人独资企业：个人独资企业是依据《中华人民共和国个人独资企业法》，由一个自然人投资设立，全部资产为投资人个人所有，全部债务由投资者个人承担的经营实体。个人独资企业具有创立容易、经营管理灵活自由、不需要缴纳企业所得税等优点。需要业主对企业债务承担无限责任。②合伙企业：合伙企业是自然人、法人和其他组织依照《中华人民共和国合伙企业法》设立的普通合伙企业和有限合伙企业。通常由各合伙人订立合伙协议，共同出资、合伙经营、共享收益、共担风险。普通合伙企业由普通合伙人组成，合伙人对合伙企业债务承担无限连带责任；有限合伙企业由普通合伙人和有限合伙人组成，普通合伙人对合伙企业债务承担无限连带责任，有限合伙人以其认缴的出资额为限对合伙企业债务承担责任。合伙企业的经营所得由合伙人分别缴纳所得税。③公司制企业：是指依照《中华人民共和国公司法》在中国境内设立的有限责任公司和股份有限公司。公司（包括一人有限责任公司）是企业法人，有独立的法人财产，享有法人财产权，以其全部财产对公司的债务承担责任。有限责任公司的股东以其认缴的出资额为限对公司承担责任，股份有限公司的股东以其认购的股份为限对公司承担责任。

（一）投资人主体

1. 国家

国家投资指有权代表国家投资的部门或机构以国有资产投入企业，这种情况下形成的资本称为国有资本。吸收国家投资是国有企业筹集自有资金的主要方式之一。根据《企业国有资本与财务管理暂行办法》的规定，国家对企业注册的国有资本实行保全原则。企业在持续经营期间，对注册的国有资本除依法转让外，不得抽回，并且以出资额为限承担责任。吸收国家投资一般具有以下特点：①产权归属国家；②资金的运用和处置受国家约束较大；③在国有企业中采用比较广泛。

2. 法人

法人投资是指法人单位以其依法可以支配的资产投入企业形成的资本。吸收法人投资一般具有以下特点：①发生在法人单位之间；②以参与企业利润分配为目的；③出资方式灵活多样。

3. 个人

个人投资是指社会个人或企业内部职工以个人合法财产投入企业形成的资本。吸收个人投资一般具有以下特点：①参加投资的人员较多；②每人投资的数额较少；③以参与企业利润分配为目的。

（二）投资人的出资方式

1. 现金出资

以现金出资是吸收投资中一种最重要的出资方式。有了现金，便可获取其他物质资源。因此，企业应尽量动员投资者采用现金方式出资。吸收投资中所需投入现金的数额，取决于投入的实物、工业产权之外尚需多少资金来满足建厂的开支和日常周转的需要。

2. 实物出资

以实物出资就是投资者以厂房、建筑物、设备等固定资产和原材料、商品等流动资产所进行的投资。一般来说，企业吸收的实物应符合如下条件：①确为企业科研、生产、经营所需；②技术性能比较好；③作价公平合理。

实物出资中实物的作价，可以由出资各方协商确定，也可以聘请专业资产评估机构评估确定。国有及国有控股企业接受其他企业的非货币资产出资，需要委托有资格的资产评估机构进行资产评估。

3. 工业产权出资

以工业产权出资是指投资者以专有技术、商标权、专利权等无形资产所进行的投资。一般来说，企业吸收的工业产权应符合以下条件：①能帮助研究和开发出新的高科技产品；②能帮助生产出适销对路的高科技产品；③能帮助改进产品质量、提高生产效率；④能帮助大幅度降低各种消耗；⑤作价比较合理。

吸收工业产权等无形资产出资的风险较大。因为以工业产权投资，实际上是把技术转化为资本，使技术的价值固定化。而技术具有强烈的时效性，会因其不断老化落后而导致实际价值不断减少甚至完全丧失。

此外，对无形资产出资方式的限制，在《中华人民共和国公司法》（以下简称《公司法》）中明确规定，股东或发起人不得以劳务、信用、自然人姓名、商誉、特许经营权或者设定担保的财产等作价出资。对于非货币资产出资，需要满足三个条件：可以用货币估价；可以依法转让；法律不禁止。

《公司法》对无形资产出资的比例要求没有明确限制，但《中华人民共和国外资企业法实施细则》另有规定，外资企业的工业产权、专有技术的作价应与国际上通常的作价原则相一致，且作价金额不得超过注册资本的20%。

4. 土地使用权出资

土地使用权是按有关法规和合同的规定使用土地的权利。企业吸收土地使用权投资应符合以下条件：①企业科研、生产、销售活动所需要的；②交通、地理条件比较适宜；③作价公平合理。

除现金出资之外，以其他方式出资的要对资产进行作价。双方可以按公平合理原则协商作价，也可以请资产评估机构进行资产评估，以评估后的价格确认出资。

（三）吸收直接投资的程序

1. 确定筹资数量

企业新建或扩大经营时，首先确定资金的需要量。资金的需要量应根据企业的生产经营规模和供销条件等来核定，确保筹资数量与资金需要量相适应。

2. 寻找投资单位

企业既要广泛了解有关投资者的资信、财力和投资意向，又要通过信息交流和宣传，使出资方了解企业的经营能力、财务状况以及未来预期，以便于公司从中寻找最合适的合作伙伴。

3. 协商和签署投资协议

找到合适的投资伙伴后，双方进行具体协商，确定出资数额、出资方式和出资时间。企业应尽可能吸收货币投资，如果投资方确有先进且适合需要的固定资产和无形资产，亦可采取非货币投资方式。对实物投资、工业产权投资、土地使用权投资等非货币资产，双方应按公平合理的原则协商定价。当出资数额、资产作价确定后，双方须签署投资的协议或合同，以明确双方的权利和责任。

4. 取得所筹集的资金

签署投资协议后，企业应按规定或计划取得资金。如果采取现金投资方式，通常还要编制拨款计划，确定拨款期限、每期数额及划拨方式，有时投资者还要规定拨款的用途，如把拨款区分为固定资产投资拨款、流动资金拨款、专项拨款等。如为实物、工业产权、非专利技术、土地使用权投资，一个重要的问题就是核实财产。财产数量是否准确，特别是价格有无高估低估的情况，关系到投资各方的经济利益，必须认真处理，必要时可聘请专业资产评估机构来评定，然后办理产权的转移手续取得资产。

（四）吸收直接投资的优缺点

1. 吸收直接投资的优点

（1）有利于增强企业信誉。吸收投资所筹集的资金属于自有资金，能增强企业的信誉和借款能力，对扩大企业经营规模、壮大企业实力具有重要作用。

（2）有利于尽快形成生产能力。吸收投资可以直接获取投资者的先进设备和技术，有利于尽快形成生产能力、尽快开拓市场。

（3）有利于降低财务风险。吸收投资可以根据企业的经营情况向投资者支付报酬，比较灵活，所以财务风险较小。

2. 吸收直接投资的缺点

（1）资本成本较高。因为向投资者支付的报酬是根据其出资的数额和企业实现利润的多寡来计算的。

（2）企业控制权容易分散。投资者在投资的同时，一般都要求获得与投资数量相适应的经营管理的权利，这是外来投资的代价。

（3）吸收直接投资未能以股票为媒介，产权关系有时不够明晰，也不便于进行产权交易，所筹集资本的规模通常也比发行股票筹资要小得多，比较适合于中小型企业筹集资本金。

二、公开发行股票

发行股票筹资是现代企业筹集股权资本的主要方式。股票发行按照是否需要政府监管部门审核批准，可分为公开间接发行和非公开直接发行两种。

公开间接发行：指通过中介机构，公开向社会公众发行股票，简称公开发行或公募发行。我国股份有限公司采用募集设立方式向社会公开发行新股时，须由证券经营机构承销的做法，就属于股票的公开间接发行。这种发行方式的发行范围广、发行对象多，易于足额募集资本；股票的变现性强、流通性好；股票的公开发行还有助于提高发行公司的知名度和扩大其影响力。但这种发行方式也有不足，主要是手续繁杂，发行成本高。

非公开直接发行：指不公开对社会公众而只向少数特定的对象直接发行股票，因而不需经中介机构承销也不需要政府监管部门审批（上市公司非公开增发股票除外），简称非公开发行或私募发行。我国股份有限公司采用发起设立方式和以不向社会公开募集的方式发行新股的做法，即属于股票的不公开直接发行。这种发行方式弹性较大，发行成本低；但发行范围小，股票变现性差。

本书仅讨论公开发行。

（一）股票的概念

股份有限公司的资本金称为股本，是通过发行股票方式筹集的。股票是指股份有限公司发行的、用以证明投资者的股东身份和权益并据以获得股利的一种可转让的书面证明。股票的具体形式是股票证书，公开发行的股票具有以下性质特征：

（1）法定性。股票是经过国家主管部门核准发行的，具有法定性。

（2）收益性。投资者凭所持有的股票，有权按公司章程从公司领取股息和分享公司的经营红利，股票持有者还可以利用股票获取差价和进行保值。

（3）风险性。认购股票必须承担一定的风险，因为股票的价值要随着股份有限公司的经营状况和赢利水平上下浮动，并且受到股票交易市场行情的影响。

（二）股票的种类

根据不同标准，可以对股票进行不同的分类。

1. 按股东享受权利和承担义务的不同分类

（1）普通股。普通股，是随着企业利润变动而变动的一种股份，是股份公司股权资本中最基本的构成部分。普通股的基本特点是其投资收益（股息和分红）不是在购买时约定，而是事后根据股票发行公司的经营业绩及分配政策来确定。公司的经营业绩好，普通股的收益就高；反之，若经营业绩差，普通股的收益就低。普通股是股份公司资本构成中最重要、最基本的股份，亦是风险最大的一种股份，但又是股票中最基本、最常见的一种。截至2015年，在我国上交所与深交所上市的股票都是普通股。持有普通股股份者为普通股股东。依照我国《公司法》的规定，普通股股东主要有如下权利：

①经营管理权。普通股股东依法出席或委托代理人出席股东大会，并依公司章程规定行使表决权。这是普通股股东参与公司经营管理的基本方式。

②股利分配请求权。分享盈余也是普通股股东的一项基本权利。盈余的分配方案由股东大会决定，每一个会计年度由董事会根据企业的盈利数额和财务状况来决定分发股利的多少并经股东大会批准通过。

③公司剩余财产分配权。当公司解散、清算时，普通股股东有分配公司剩余财产的权利。但是，公司破产清算时，财产的变价收入，首先要用来清偿债务，然后支付给优先股股东，最后才能分配给普通股股东。所以，在破产清算时，普通股股东实际上很少能分到

剩余财产。

④股份转让权。股东持有的股份可以自由转让，但必须符合相关法规和公司章程规定的条件和程序。

⑤优先认购权。公司增发新股时，普通股股东具有优先认购权，可以优先认购公司所发行的股票。

⑥对公司账目和股东大会决议的审查权和对公司事务的质询权。

⑦公司章程规定的其他权利。同时，普通股股东也基于其资格，对公司负有义务。我国《公司法》中规定了股东具有遵守公司章程、缴纳股款、对公司负有限责任、不得退股等义务。

（2）优先股。优先股是相对普通股而言的，是较普通股具有某些优先权利，同时也受到一定限制的股票。优先股的含义主要体现在"优先权利"上，包括优先分配股利和优先分配公司剩余财产。具体的优先条件须由公司章程予以明确规定。

优先股与普通股具有某些共性，如优先股亦无到期日，公司运用优先股所筹资本亦属股权资本。但是，优先股又具有如股利比较固定等公司债券的某些特征。因此，优先股被视为一种混合性证券。与普通股相比，优先股主要具有如下特点：

①优先分配固定的股利。优先股股东通常优先于普通股股东分配股利，且其股利一般是固定的，受公司经营状况和盈利水平的影响较小。所以，优先股类似固定利息的债券。

②优先分配公司的剩余财产。当公司因解散、破产等进行清算时，优先股股东将优先于普通股股东分配公司的剩余财产。

③有限表决权。在公司股东大会上，优先股股东一般只对与优先股权益有关的事项拥有表决权。因此，优先股股东不大可能控制整个公司，通常也无权参与公司的经营管理。但优先股股东一样具有查询公司账目和股东大会决议的权利。

【知识拓展】

优先股的进一步分类

（1）优先股按股利是否累积支付，可分为累积优先股和非累积优先股。累积优先股是指公司过去年度未支付股利可以累积计算由以后年度的利润补足付清，非累积优先股则没有这种权利。累积优先股比非累积优先股具有更大的吸引力，其发行也较为广泛。

（2）优先股按是否分配额外股利，可分为参与优先股和非参与优先股。当公司利润在按规定分配给优先股和普通股后仍有剩余利润可供分配股利时，能够与普通股一起参与分配额外股利的优先股，即为参与优先股，否则为非参与优先股。参与优先股的持有人可按规定的条件和比例将其转换为公司的普通股或公司债券。这种参与优先股能够增加筹资和投资双方的灵活性，在国外比较流行。不具有这种转换权的优先股，则属于非参与优先股。

（3）优先股按公司可否赎回，可分为可赎回优先股和不可赎回优先股。可赎回优先股是指股份有限公司出于减轻股利负担的目的，可按规定以原价购回的优先股。公司不能购回的优先股，则属于不可赎回优先股。

2. 按票面有无记名分类

（1）记名股票。记名股票是在股票票面上记载股东的姓名或者名称的股票，股东姓名或名称要记入公司的股东名册。我国《公司法》规定，公司向发起人、国家授权投资的机构、法人发行的股票，应为记名股票；向社会公众发行的股票，可以为记名股票，也可以为无记名股票。记名股票一律用股东本名，其转让、继承要办理过户手续。

（2）无记名股票。无记名股票是在股票票面上不记载股东的姓名或名称的股票，股东姓名或名称也不记入公司的股东名册，公司只记载股票数量、编号及发行日期。公司对社会公众发行的股票可以为无记名股票。无记名股票的转让、继承无须办理过户手续即实现股权的转移。

3. 按票面是否标明金额分类

（1）有面值股票。有面值股票是公司发行的票面标有一定金额的股票。持有这种股票的股东，对公司享有权利和承担义务的大小，依其所持有的全部股票的票面金额之和占公司发行在外股票总面值的比例而定。

（2）无面值股票。无面值股票是不在票面上标出金额，只在股票上载明所占公司股本总额的比例或股份数，故也称"分权股份"或"比例股"。其之所以采用无面值股票，是因为股票价值实际上是随公司财产的增减而变动的，而股东对公司享有的权利和承担义务的大小，直接依股票标明的比例而定。发行无面额股票，有利于促使投资者在购买股票时，注意计算股票的实际价值。我国《公司法》不承认无面值股票，规定股票应记载股票的面额，并且其发行价格不得低于票面金额。

4. 按投资主体的不同分类

（1）国家股。国家股是有权代表国家投资的部门或机构以国有资产向公司投入而形成的股份。国家股由国务院授权的部门或机构持有，并向公司委派股权代表。

（2）法人股。法人股是指企业法人依法以其可支配的资产向公司投入而形成的股份，或具有法人资格的事业单位和社会团体以国家允许用于经营的资产向公司投入而形成的股份。

（3）个人股。个人股是社会个人或本公司职工以个人合法财产投入公司而形成的股份。

（4）外资股。外资股是指外国和我国港澳台地区投资者购买的我国上市公司股票。

5. 按发行时间的先后顺序分类

（1）始发股。始发股是设立时发行的股票。

（2）增发股。增发股是公司增资时发行的股票。

始发股和增发股的发行具体条件、目的、发行价格不尽相同，但是股东的权利、义务却是一致的。

6. 按发行对象和上市地区的不同分类

（1）A股。A股是指供我国个人或法人，以及合格的境外机构投资者（Qualified Foreign Institutional Investors，QFII，2003年7月起开放）买卖的，以人民币标明票面价值并以人民币认购和交易的股票。

（2）B股。B股是指供外国和我国港澳台地区的投资者以及我国境内个人投资者买卖的，以人民币标明面值但以外币认购和交易的股票（2001年2月起开放）。

A股、B股在上海、深圳证券交易所上市。

（3）H股、N股和S股。H股、N股、S股是指公司注册地在中国大陆，但上市地分别是我国香港联交所、美国纽约证券交易所和新加坡交易所的股票。

（三）股票公开发行的要求

股份有限公司发行股票，通常分为设立发行和增资发行。根据《中华人民共和国公司法》《中华人民共和国证券法》等法规的规定，必须遵循相应的要求。具体条文请自行上网查询阅读。

> 【查一查】
> 1.《中华人民共和国证券法》
> 2.《上市公司证券发行管理办法》

（四）股票公开发行的条件与程序

各国对股票的发行条件和程序都有严格的法律规定，未经法定程序发行的股票无效。根据我国《证券法》和《上市公司证券发行管理办法》的规定，上市公司申请发行股票以及可转换债券，应当符合规定条件与程序。具体条文请上网查阅上述法规条文阅读。

（五）股票公开发行的销售方式与发行价格

公司公开发行股票筹资，应当选择适宜的销售方式，并恰当地制定发行价格，以便及时募足资本。

1. 股票的销售方式

股票的销售方式是指股份有限公司向社会公开发行股票时所采取的股票销售方法，有自销和承销两种方式。股票的发行是否成功，最终取决于能否成功地将股票全部销售出去。根据我国《上市公司证券发行管理办法》的规定，上市公司公开发行股票，应当由证券公司承销；非公开发行股票，发行对象均属于原前十名股东的，可以由上市公司自行销售。

（1）自销方式。股票发行的自销方式，是指发行公司自己直接将股票销售给认购股东，而不经过证券经营机构承销。这种销售方式可由发行公司直接控制发行过程，实现发行意图，并可以节省发行费用；缺点是筹资时间长，发行公司要承担全部发行风险，并需要发行公司有较高的知名度、信誉和实力。

（2）承销方式。股票发行的承销方式，是指发行公司将股票销售业务委托给证券经营机构代理。证券承销机构是指专门从事证券买卖业务的金融中介机构，在我国主要为证券公司、信托投资公司等，在美国一般是投资银行，在日本则是被称为"干事公司"的证券公司。承销方式是发行股票所普遍采用的推销方式。我国《上市公司证券发行管理办法》规定，公司向社会公开发行股票，应由依法设立的证券经营机构承销。

相关法律规范的具体条文请上网查阅前述法律法规文件。

【知识拓展】

股票承销的包销和代销

股票发行的包销,是由发行公司与证券经营机构签订承销协议,全权委托证券承销机构代理股票的发售业务。采用这种办法,一般由证券承销机构买进股份公司公开发行的全部股票,然后将所购股票转销给社会上的投资者。在规定的募股期限内,若实际招募股份数达不到预定发行股份数,剩余部分由证券承销机构全部承购下来。发行公司选择包销办法,可促进股票顺利出售,及时筹足资本,还可免于承担发行风险;不利之处是要将股票以略低的价格出售给承销商,且实际付出的发行费用较高。

股票发行的代销,是由证券经营机构代理股票发售业务,若实际募股份数达不到预定发行股份数,承销机构不负承购剩余股份的责任,而是将未售出的股份归还给发行公司,发行风险由发行公司自己承担。

2. 普通股发行价格的估算

股票发行价格是股份公司发行股票时,将股票出售给认购者所采用的价格,也就是投资者认购股票时所支付的价格。股票发行价格对于发行公司和新老股东以及承销机构具有重要意义。它关系到发行公司与投资者之间、新股东与老股东之间以及发行公司与承销机构之间的利益关系。股票发行价格如果过低,可能难以满足发行公司的筹资需求,甚至会损害老股东的利益;股票发行价格如果太高,可能加大投资者的风险,增大承销机构的发行风险和发行难度,抑制投资者的认购热情。因此,发行公司及承销机构需要对公司经营业绩、净资产、发展潜力、发行数量、行业特点、股市状态等有关因素进行综合考虑,合理确定股票的发行价格。常用的新股发行价格估算方法有市盈率法、净资产倍率法、现金流量折现法等。

(1)市盈率法。市盈率又称本益比(P/E),是指公司股票市场价格与公司盈利的比率。计算公式为:

$$市盈率 = \frac{每股市价}{每股净收益}$$

市盈率法是以公司股票的市盈率为依据确定发行价格的一种方法。采用市盈率法确定股票发行价格的步骤如下:

第一步,根据注册会计师审核后的盈利预测计算出发行公司的每股收益。

$$每股收益 = \frac{发行当年预测净利润}{发行前总股数 + 本次公开发行股数 \times \frac{12 - 发行时月份数}{12}}$$

或者

$$每股收益 = \frac{净利润}{发行前总股数}$$

第二步,根据二级市场的平均市盈率、发行公司所处行业的情况、同类行业公司股票的市盈率、发行公司的经营状况及其成长性等拟定发行市盈率。

第三步,依发行市盈率与每股收益之乘积决定发行价。

$$发行价格 = 每股收益 \times 发行市盈率$$

(2)净资产倍率法。净资产倍率法又称资产净值法,是指通过资产评估和相关会计手段确定发行公司拟募股资产的每股净资产值,然后根据证券市场的状况将每股净资产值乘以一定的倍率,以此确定股票发行价格的方法。计算公式是:

发行价格 = 每股净资产值 × 溢价倍数

净资产倍率法在国外常用于房地产公司、资产现值要重于商业利益公司的股票发行,以此种方式确定每股发行价格不仅应考虑公平市值,还须考虑市场所能接受的溢价倍数。

(3)现金流量折现法。现金流量折现法是通过预测公司未来的盈利能力,据此计算出公司净现值,并按一定的折让率折算,从而确定股票发行价格的方法。

其基本要点是:首先是用市场接受的会计手段预测公司每个项目若干年内每年的净现金流量,再按照市场公允的折现率,分别计算出每个项目未来的净现金流量的净现值。公司的净现值除以公司股份数,即为每股净现值。采用此法应注意两点:第一,由于未来收益存在不确定性,发行价格通常要对上述每股净现值折让20%~30%;第二,用现金流量折现法定价的公司,其市盈率往往远高于市场平均水平,但这类公司发行上市时套算出来的市盈率与一般公司发行股票的市盈率之间不具可比性。这一方法在国际主要股票市场上主要用于对新上市公路、港口、桥梁、电厂等基础设施公司的估值发行的定价。这类公司的特点是前期投资大,初期回报不高,上市时的利润一般偏低,如果采用市盈率法定价则会低估其真实价值,而对公司未来收益(现金流量)的分析和预测能比较准确地反映公司的整体和长远价值。具体估算方法请查阅本书第七章第二节股票投资财务评价相关内容。

3. 股票发行价格的确定

股票发行价格通常有等价、时价和中间价三种。等价是指以股票面额为发行价格,即股票的发行价格与其面额等价,也称平价发行或面值发行。时价是以公司原发行同种股票的现行市场价格为基准来选择增发新股的发行价格,也称市价发行。中间价是取股票市场价格与面额的中间值作为股票的发行价格。以中间价和时价发行都可能是溢价发行,也可能是折价发行。值得注意的是,我国《公司法》规定公司发行股票不准折价发行,即不准以低于股票面额的价格发行。

根据我国现行《证券法》的规定,股票发行采取溢价发行的,其发行价格由发行人与承销的证券公司协商确定。

【知识拓展】

我国股票发行定价的历史变迁

我国上市公司股票的发行定价方式经历了行政定价向市场化定价演变的过程。市场化定价的发展历经了上网竞价、上网定价、预缴配售、机构配售、市场配售、IPO定价等方式,体现了我国股票发行定价与发行方式不断发展完善的进程。

(六)股票上市

1. 股票上市的目的

股票上市,指的是股份有限公司公开发行的股票经批准在证券交易所进行挂牌交易。经批准在交易所上市交易的股票则称为上市股票。股票上市的股份有限公司称为上市公司。按照国际通行的做法，非公开募集发行的股票或未向证券交易所申请上市的非上市证券，应在证券交易所外的店头市场（Over the Counter Market，OTC Market）上流通转让；只有公开募集发行并经批准上市的股票才能进入证券交易所流通转让。股份公司申请股票上市，一般出于以下目的：

（1）资本大众化、分散风险。股票上市后，会有更多的投资者认购公司股份，公司则可将部分股份转售给这些投资者，再将得到的资金用于其他方面，这就分散了公司的风险。

（2）提高股票的变现力。股票上市后便于投资者购买，自然提高了股票的流动性和变现力。

（3）便于筹措新资金。股票上市必须经有关机构审查批准并接受相应的管理，执行各种信息披露和股票上市的规定，这就大大增强了社会公众对公司的信赖，使之乐于购买公司的股票。同时，由于一般人认为上市公司实力雄厚，也便于公司采用其他方式（如负债）筹措资金。

（4）提高公司知名度，吸引更多顾客。上市公司为社会所知，并被认为经营优良，会带来良好声誉，吸引更多的顾客，从而扩大销售量。

（5）便于确定公司价值。股票上市后，公司股价有市价可循，便于确定公司的价值，有利于促进公司财富最大化。

2. 股票上市的条件

股票上市条件也称股票上市标准，是指对申请上市公司所作的规定或要求。按照国际惯例，股票上市的条件一般有开业时间、资产规模、股本总额、持续盈利能力、股权分散程度、每股市价等。各国对股票上市条件都规定了具体的标准。我国的具体规定请查阅《中华人民共和国证券法》的相关规定。

（七）普通股融资的主要优缺点

1. 普通股筹资的优点

（1）没有固定利息负担。公司有盈余，并认为适合分配股利，就可以分给股东；公司盈余较少，或虽有盈余但资金短缺或有更有利的投资机会，就可少支付或不支付股利。

（2）没有固定到期日。利用普通股筹集的是永久性的资金，除非公司清算才需偿还。它对保证企业最低的资金需求有重要意义。

（3）筹资风险小。由于普通股没有固定到期日，不用支付固定的利息，因此风险小。

（4）能增加公司的信誉。普通股本与留存收益构成公司所借入一切债务的基础。有了较多的自有资金，就可为债权人提供较大的损失保障。因而，普通股筹资既可以提高公司的信用价值，同时也为使用更多的债务资金提供了强有力的支持。

（5）筹资限制较少。利用优先股或债券筹资，通常有许多限制，这些限制往往会影响公司经营的灵活性，而利用普通股筹资则没有这种限制。

另外，由于普通股的预期收益较高并可在一定程度上抵消通货膨胀的影响（通常在通货膨胀期间，不动产升值时普通股也随之升值），因此普通股筹资容易吸收资金。

2. 普通股筹资的缺点

（1）普通股的资本成本较高。首先，从投资者的角度讲，投资于普通股风险较高，相应地要求有较高的投资报酬率。其次，对于筹资公司来讲，普通股股利从净利润中支付，不像债券利息那样作为费用从税前支付，因而不具有抵税作用。此外，普通股的发行费用一般也高于其他证券。

（2）以普通股筹资会增加新股东，这可能会分散公司的控制权、削弱原有股东对公司的控制。

（3）如果公司股票上市，需要履行严格的信息披露制度，接受公众对股东的监督，会带来较大的信息披露成本，也增加了公司保护商业秘密的难度。

（4）股票上市会增加公司被收购的风险。公司股票上市后，其经营状况会受到社会的广泛关注，一旦公司经营或是财务方面出现问题，可能面临被收购的风险。此外，新股东分享公司为发行新股前积累的盈余，会降低普通股的每股收益，从而可能引起股价的下跌。

第三节 来自于内部的股权筹资——留存收益筹资

一、留存收益筹资概述

留存收益是企业资产负债表所有者权益里的盈余公积和未分配利润的总称。留存收益筹资是指企业将留存收益转化为股东投资的过程，将企业生产经营所实现的净收益留在企业，而不作为股利分配给股东，其实质为原股东对企业追加投资。所以它已成为企业非常重要的一项内源资金的来源，为企业的发展提供有力的资金保障。该项筹资来源的多寡取决于公司经营业绩与股利分配政策。

留存收益筹资的主要优点：①资金成本较普通股成本低。用留存收益筹资，不用考虑筹资费用，资金成本较普通股低。②保持普通股东的控制权。用留存收益筹资，不用对外发行股票，由此增加的权益资本不会改变企业的股权结构，不会稀释原有股东的控制权。③增强企业的信誉。留存收益筹资能够使企业保持较大的可支配现金流，既可解决企业经营发展的资金需要，又能提高企业的举债能力。

留存收益筹资的主要缺点：①筹资数额有限制。留存收益筹资最大可能的数额是企业当期的税后利润。如果企业经营亏损，则不存在这一渠道的资金来源。此外，留存收益的比例常常受到某些股东的限制。他们可能从消费需求、风险偏好等因素出发，要求股利支付比率要维持在一定水平上。留存收益过多，股利支付过少，可能会影响到今后的外部筹资。②资金使用受限制。留存收益中某些项目的使用，如法定盈余公积金等，要受到国家相关规定的制约。

二、股利分配原则与相关规定

（一）股利分配原则

股利分配是企业按照国家有关法律、法规以及企业章程的规定，在兼顾国家、所有者和其他利益相关者的利益基础上,将实现的收益在企业和企业所有者之间、企业内部有关项目之间进行分配的活动。股利分配决策是企业所有者当前利益与企业未来发展之间权衡的结果,将引起企业资金存量与所有者权益规模及结构的变化,也将对企业的筹资活动和投资活动产生影响。企业股利分配主要应遵循下列原则:

1. 依法分配原则

国家对企业股利分配的内容、一般顺序和相关比例都做了较为明确的规定,其目的是为了保障企业股利分配的有序进行,维护企业和所有者、债权人以及职工的合法权益,促进企业增加积累、增强风险防范能力。企业在股利分配中必须切实执行国家法律法规的要求,合理确定税后收益的分配项目、分配程序和分配比例,以确保国家财政收入的稳定增长和企业生产经营的有序发展。

2. 资本保全原则

资本保全是现代企业制度的基础性原则之一,企业资本不得侵蚀。企业收益的分配是对经营中资本增值额的分配,不是资本金的返还。为此,企业如果有尚未弥补的亏损,应首先弥补亏损,再进行其他分配。

3. 合理积累、适当分配原则

企业的股利分配应兼顾眼前利益和长远利益,处理好内部积累和分配的比例关系。一方面要为满足扩大再生产的需要积累必要的资金。企业的积累从最终产权归属看,仍为企业的投资者所有。在市场竞争规律的要求下,企业为提高自我发展和抗风险能力必须进行必要的积累,以避免因缺乏应付经营风险的能力而最终损害投资者的利益;另一方面还应满足投资者的要求,向投资者分配收益,以维持企业良好的形象和信誉。

4. 企业的投资者、经营者和职工等各方利益兼顾原则

股利分配涉及投资者、经营者和职工等多方面的利益,企业必须兼顾,并尽可能保持稳定的股利分配,以充分调动有关各方面的积极性,为企业正常的生产经营活动和未来的发展创造有利条件。

(二) 股利分配的相关规定

按照我国《公司法》的规定,企业的收益首先应按国家规定作相应的调整,增减有关收支项目,然后依法缴纳所得税。税后收益除国家另有规定外,应按下列顺序分配:

1. 弥补以前年度亏损

根据现行法律法规的规定,企业发生年度亏损,可用下一年度的税前收益弥补,下一年度税前收益不足弥补时,可以在5年内延续弥补,5年内仍未弥补完的,可用税后收益弥补。弥补亏损后,如果有可供分配收益,则进行后续分配。

2. 提取盈余公积

盈余公积包括法定盈余公积和任意盈余公积。我国现行《公司法》规定,企业按税后收益扣除弥补亏损额后的10%提取法定盈余公积金,如果法定盈余公积金累计额超过注册资本的50%,可不再提取。法定公积金从净收益中提取形成,用于弥补企业亏损、扩大企业生产经营或转增资本。法定公积金转为资本时,所留存的该项公积金不得少于转增前公司注册资本的百分之二十五。公司从税后利润中提取法定公积金后,经股东会或者股东大会决议，还可以从税后利润中提取任意公积金。提取比例由企业自己决定。

3. 向股东支付股利

企业提取法定公积金后，可以按照合同或章程向股东支付股利。

三、股利理论

股利理论是研究股利分配与股票价格、公司价值之间的关系，探索公司应如何制定股利政策的基本理论。股利支付率的大小对股票价格或公司价值是否会产生影响，以及产生怎样的影响，目前还是一个不解之谜。许多西方财务学家就股利分配展开了激烈的讨论，主要形成了两大流派，即股利无关论和股利相关论，但至今尚无定论。

（一）股利无关论

股利无关论是美国学者米勒（Miller）和莫迪格莱尼（Modigliani，MM）在1961年首次提出的。该理论认为在完善的资本市场条件下，股利政策不会影响公司价值，即公司价值取决于公司投资项目自身的获利能力和风险水平，与公司股利分配政策无关。因而股利无关论又被称为完全市场理论。

大多数研究人员认为MM理论是正确的，但现实生活中完美的资本市场假设并不存在。如发行股票要支付发行费用，股票交易要支付交易费用和印花税，政府对公司和个人都要征收所得税等。因此，股利无关论在现实条件下会出现偏差。

（二）股利相关论

股利无关论是建立在完善的资本市场、没有所得税等理想的假设基础之上的，而这些假设条件与现实世界有一定距离。因此，有些学者如戈登、杜莱特和林特纳等人对股利无关论提出了质疑，并提出了股利相关论。

股利相关论认为公司股利政策与公司的价值并非无关，股利发放的多少直接影响股票价格和公司价值，公司应从股东的愿望出发来考虑股利分配政策，而不应根据公司的投资机会和投资收益来作决策。股利相关论的代表性观点包括"在手之鸟"理论、税收差别理论、客户效应理论、信号传递理论、代理理论等。

我国现行税法规定，股东获得的股利收入按照持有时间长短征收5%~20%的个人所得税，由公司在支付股利时代扣代缴，对转让股票的资本利得暂免缴纳个人所得税，只需按照出售价格的千分之一缴纳印花税。我国的税收政策明显鼓励投资者延长股票持有时间，我国公司向股东分派高额现金股利对股票持有时间很短的投资者是不利的。

四、股利政策

（一）股利政策的内容

股利政策是确定公司的净利润如何分配的方针和策略。股利分配既决定股东分配红利的多少,也决定有多少净利留在企业。减少股利分配,会增加保留盈余,相当于股东以其投资报酬对企业作再投资,可以减少外部筹资需求,因此股利决策也是内部筹资决策。在实践中,公司的股利政策一般包括四项内容:

(1) 股利分配形式,即采用现金股利、股票股利还是其他形式支付股利;

(2) 股利支付率,即每期实际分配的股利与当期净利润的比例;

(3) 股利政策类型;

(4) 股利支付程序,确定股利宣告日、股权登记日、除权除息日和股利支付日等具体事项。

(二) 股利政策的类型

实务中,股份公司经常采取的股利政策主要有以下几种:

1. 剩余股利政策

剩余股利政策主张在公司有着良好的投资机会时,根据一定的目标资本结构(最佳资本结构)测算出投资所需的权益资本,先从盈余当中留用,然后将剩余的盈余作为股利予以分配。这种政策主要考虑未来投资机会的影响,其根本目的是为了降低企业的资本成本。

采用剩余股利政策时,应遵循四个步骤:①设定目标资本结构,即确定权益资本与债务资本的比率,在此资本结构下,加权平均资本成本将达到最低水平;②确定目标资本结构下投资所需的股东权益数额;③最大限度地使用保留盈余来满足投资方案所需的权益资本数额;④投资方案所需权益资本已经满足后若有剩余盈余,再将其作为股利发放给股东。

【例3-1】某公司预计本年的净利润为800万元,下年的新增投资计划所需资金为1 000万元,公司的目标资本结构为权益资本占70%,债务资本占30%。公司采用剩余股利政策。那么,按照目标资本结构的要求,公司可以用于分配股利的盈余是多少?若该公司当年流通在外的只有普通股200万股,那么每股股利是多少?

解:按照目标资本结构的要求,投资方案所需的权益资本数额为:

$$1\ 000 \times 70\% = 700 (万元)$$

公司当年可用于分配股利的剩余盈余为:$800 - 700 = 100$(万元)

公司当年每股股利为:$100 \div 200 = 0.5$(元)

采用剩余股利政策的理由:奉行剩余股利政策意味着公司只将剩余的盈余用于发放股利。这样做的根本理由是保持理想的资本结构,使加权资本成本最低,从而公司价值最大。如【例3-1】,公司如果将可向股东分配的800万元全部作为股利发放给股东(这样当年每股股利将达40元),新增投资需要再去筹措外部资金,这样就可能破坏目标资本结构,不利于提升公司的价值(股票价格)。

【知识拓展】

剩余股利政策的应用效果

剩余股利政策在一些著名的大公司应用颇见成效。例如，IBM 公司的股利很少，但公司业务发展很快。因此，投资者虽然领取很少的股利，但对公司的发展还是满意的。但是，剩余股利政策是在满足了最佳资本结构后将剩余的资金全部以股利的形式发放给股东，而公司盈余和未来投资计划的不确定性又会使股东未来可获得的收益具有很大的随意性及不确定性，进而影响公司股票价格。因此，剩余股利政策也是一种消极的、被动的股利政策。

2. 固定或持续增长的股利政策

固定或持续增长的股利政策，是将每年发放的股利固定在一个不变的水平（绝对额或增长率固定）上并在较长时期内保持不变，只有当公司认为未来盈余将会显著地、不可逆转地增长时，才提高股利发放额。其主要目的是避免出现由于经营不善而削减股利的情况。不过，在通货膨胀的情况下，大多数公司的盈余会随之提高，且大多数投资者也希望公司能提供足以抵消通货膨胀不利影响的股利。因此，在长期通货膨胀的年代也应提高股利发放额。这种股利政策的基本特征如图 3-1 所示。

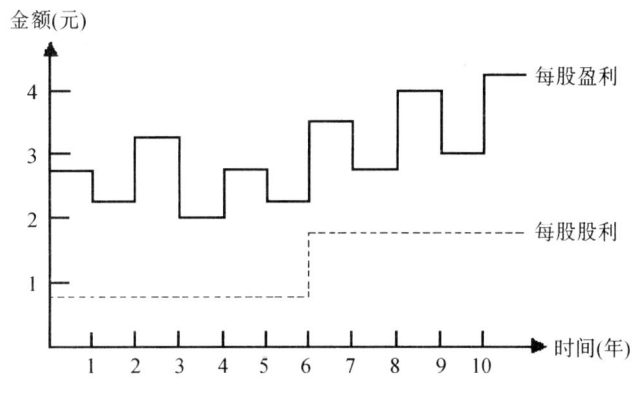

图 3-1　固定或持续增长的股利政策

采用固定或持续增长的股利政策的理由在于：（1）稳定的股利向市场传递着公司正常发展的信息，有利于树立公司良好形象，增强投资者对公司的信心，稳定股票价格；（2）稳定的股利额有利于投资者安排股利收入和支出，特别是那些对股利有较高依赖性的股东更是如此。而股利忽高忽低的股票，则不会受这些股东的欢迎，股票价格会因此而下降；（3）稳定的股利政策可能会不符合剩余股利理论，但考虑到股票市场会受到多种因素的影响，其中包括股东的心理状态和其他要求。因此为了使股利维持在稳定的水平上，即使推迟某些投资方案或者暂时偏离目标资本结构，也可能要比降低股利增长率更为有利。

该股利政策的缺点在于股利的支付与盈余相脱节。当盈余较低时仍要支付固定的股利，这可能导致资本短缺，公司财务状况恶化；同时不能像剩余股利政策那样保持较低的资本成本。

3. 固定股利支付率政策

固定股利支付率政策亦称变动股利政策，是公司确定一个股利占盈余的比率，长期按此比率支付股利的政策。在这一股利政策下，公司每年发放的股利会随着公司收益的变动而变动，获得较多盈余的年份股利额高，获得盈余少的年份股利额低，其基本特征如图3-2所示。

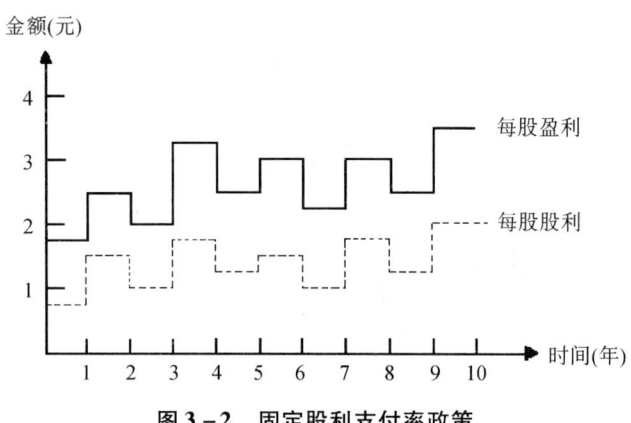

图3-2　固定股利支付率政策

采用这种股利政策的理由在于：这样做能保证股利支付与公司盈利状况之间的稳定，体现多盈多分、少盈少分、无盈不分的原则。股利额随盈利额变动而"水涨船高"，才算真正公平地对待了每一位股东。此外，固定股利支付率政策能使股利分配与公司的现金流量相适应。一般来说，公司的现金流入量与公司的盈利成正比，这种分配政策也正好使股利与公司本年的盈利成正比，因而分配股利所需的现金较有保障。但是，在这种政策下由于每年股利随盈利频繁变动，公司的股利支付极不稳定，由此将导致股票市价上下波动，很难使公司的价值达到最大，不利于树立良好的公司形象。因此很少企业采用这种股利政策。

4. 低正常股利加额外股利政策

低正常股利加额外股利政策，是指公司一般情况下每年只支付固定的、金额较低的正常股利；在盈余多的年份，再根据实际情况向股东发放额外股利。但额外股利并不固定化，不意味公司永久地提高了规定的股利率。这种政策灵活性大，尤其是对那些收益水平各年之间浮动较大的企业，提供了一种较为理想的股利分配政策。这种股利政策的基本特征如图3-3所示。

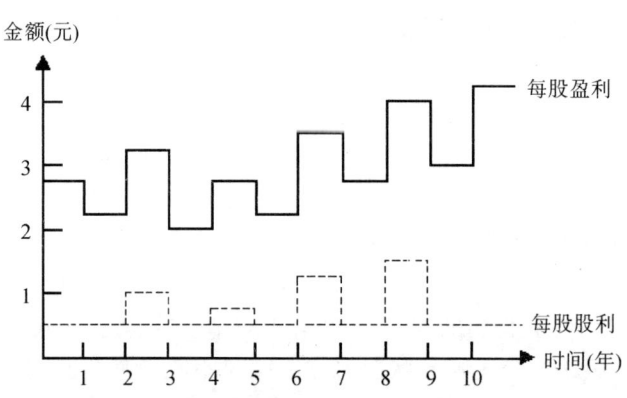

图3-3　低正常股利加额外股利政策

采用这种股利政策的理由在于：①这种股利政策使公司具有较大的灵活性。当公司盈余较少或投资需要较多资金时，可维持设定的较低但正常的股利，股东不会有股利跌落感；当盈余有较大幅度增加时，则可适当增发股利，把经济繁荣的部分利益分配给股东，增强他们对公司的信心，这有利于稳定股票的价格；②这种股利政策可使那些依靠股利度日的股东每年至少可以得到虽然较低但比较稳定的股利收入，从而吸引住这部分股东。因此，在企业的利润与现金流量很不稳定时，采用这种股利政策是最有利的。

但必须注意的是，采用这种股利政策时，如果连续频繁地发放额外红利，也会使股东产生误解。股东可能将额外发放的红利视作常规股利的一部分，那么一旦某年因盈利下降而取消额外红利，股东可能就会认为公司经营和财务上出现了问题，对股票价格产生不利影响，进而影响到公司的筹资能力。采用此种股利政策时，应避免这种不利情况的发生。

总之，以上各种股利政策各有所长，公司在分配股利时应借鉴其基本决策思想，在综合分析、权衡利弊的基础上选择或确定适合自己具体情况的股利政策。

（三）影响股利政策的因素

公司股利政策的形成受多种主观与客观因素的影响，公司不可能摆脱这些因素的制约。制定股利政策应考虑的主要因素有以下几个方面：

1. 法律因素

一般来说，《公司法》《证券法》和《税法》中关于股利分配方面的规定都对公司股利政策起着限制作用。这种法律因素的限制主要包括：

（1）资本保全约束，即股利的支付不能减少资本总额。目的在于使公司能有足够的资本来保护债权人的权益。股利分配的只能是公司当期收益或留存收益，而不能侵蚀公司的股本。

（2）公司积累的约束。股利的发放必须以保留必要的积累为前提，公司应该严格按照法定程序，在分配股利之前，先提取法定盈余公积金、增强公司抵御风险的能力、维护投资者的利益。

（3）偿债能力的约束。这是规定公司在分配股利时，必须保持充分的偿债能力。如果公司已经无力偿还债务或因发放现金股利将极大地影响公司的偿债能力，则不允许发放股利。

（4）净利润的约束。即规定公司年度累积净利润必须是正数时才可以发放股利，以前年度的亏损必须足额弥补。

（5）超额累积利润的约束。即规定如果公司的留存收益超过法律认可的合理水平，将被加征额外的税款。这是因为股东获得的股利收益的税率一般都高于资本利得的税率，公司可通过少发股利，以累积利润使股价上涨以帮助股东合理避税。

2. 股东因素

股东从自身经济利益出发，对公司的股利政策会产生一定程度的影响：

（1）股东对股利和资本收益的偏好。一些依靠股利维持生活或回避风险的股东，往往要求公司支付稳定且较高的股利。而另一些高收入的股东和短期持有股票的股东出于避税的目的，往往反对公司发放较多的股利。

（2）股东对公司控制权的期望。公司支付较多的股利，留存收益将相应减少，很可能导致将来发放新股筹资，如果原有股东不能认购新股，则其对公司的控制权就会削弱。因此，不愿失去控制权的股东为避免自己的控制权被稀释，会支持较低的股利政策，有时宁愿公司不分配收益，进而反对公司追加投资、增发新股。

3. 公司自身因素

公司的经营情况和经营能力等因素影响公司的股利政策。

（1）盈利的稳定性。稳定的盈利是分配股利的基础，公司的股利政策在很大程度上受其盈利稳定性的影响。公司盈利能力强且盈余稳定，可以较准确地预测未来利润，在支付股利时就有更大的灵活性，常支付较高的股利；盈利不稳定的公司一般只能采取低股利政策，以避免因盈利下降而造成的无法支付股利、股价急剧下跌的风险。

（2）资产的流动性或现金的可得性。主要是指公司资产的变现能力。如果公司的流动性较高，即持有大量的货币资金和其他流动资产，变现能力强，就可以支付较高的现金股利。但较多地支付现金股利，会降低公司资产的流动性，而保持一定的流动性又是公司经营所必需。因此，资金流动性低或现金不足的企业即使有较多的盈利也不可能支付较高的现金股利。

（3）投资机会。如果公司未来有较多良好的投资机会，筹资需求大，则宜采用低股利政策，而将大部分盈余用于投资。因为这种筹资方式不仅能及时满足投资机会的需求，而且还具有隐蔽性好、节省筹资费用以及财务风险低等优点。相反，缺少良好投资机会的公司，应考虑向股东支付较多的股利，以便股东将收到的股利进行其他投资，获取更高的收益。因此，处于成长中的公司多采用低股利政策，而处于成熟期或经营收缩的公司多采用高股利政策。

（4）筹资能力和偿债需要。筹资能力特别是举债能力强的公司，往往能及时筹措所需的资金，有可能采取较宽松的股利政策；反之，公司将不得不采取紧缩的股利政策，留存较多的收益满足未来投资机会的需要。另外，企业偿还债务不外乎采用两种形式：一是用企业现有货币资金偿付；二是用发行债券等取得的资金偿还到期债务。企业若采取第一种形式，就应尽量减少股利的分配金额。

（5）资本成本。资本成本的高低是企业选择筹资渠道的基本依据。利用留存收益筹集资金具有比股票筹资成本低、隐蔽性好等优点。因此，从财务管理的角度考虑，通过合理的股利政策，充分利用内部融资来筹集资金，可以降低筹资成本，是最佳的筹资方式。如果企业有良好的投资机会，减少股利支付，将大部分留用收益用于再投资，加速公司发展，这样往往能被投资者所接受，也是股利分配合理化的标志。

4. 其他因素

（1）债务合同约束。合同的制约因素是指公司在与外部签订各种经济业务合同时，对方为了保障自己的权益或降低经营风险而在合同条款中提出对公司股利分配的限制。

（2）股利政策惯性。要考虑公司历年股利政策的连续性和稳定性，一旦决定作重大调整，就应充分估计到这些调整对公司声誉、股票价格、负债能力、信用等方面的影响。股利分配的这种特性也称"股票黏性"。所以，一般情况下，公司不宜经常改变其股利政策。

（3）公司信用等级。具有良好信誉的大公司很容易获得新资金，因而不需要保留收益即可扩充规模,故股利发放的数额可以较多。相反,规模较小或信誉较差的公司,由于筹措资金困难,就必须依靠收益的保障来扩充业务。

(4) 通货膨胀。通货膨胀一方面会导致公司资金紧张,采取偏紧的股利政策;另一方面会降低股东的实际收益水平,对此应予权衡和协调。

(5) 同业竞争。公司制定股利政策,还应考虑经济环境和同业竞争,特别是竞争对手的股利政策。

由此可见,确定股利政策要考虑许多因素,这些因素不可能完全用定量的方法来测定,决定股利政策主要是依靠定性判断。

(四) 股利支付方式及其选择

公司选择股利政策,除了要确定股利政策类型及股利支付比率,还要确定股利的支付方式。常见的股利支付方式有以下几种:

1. 现金股利

现金股利是以现金支付的股利,也称红利或股息。它是股利支付中最常见、最主要的方式。现金股利形式可以满足大多数投资者希望得到一定数额的现金的投资收益需求。但公司支付现金股利除了要有累积盈余外,还要有足够的现金,因此公司在支付现金股利前需筹集充足的现金。

2. 股票股利

股票股利是公司以增发的股票作为股利支付给股东的方式。以股票作为股利来发放,一般都是按现有股东持有股份的比例来分派的。对于不满一股的股利,仍采用现金来分派。股票股利可以节约现金支出,常被现金短缺的公司所采用。

3. 负债股利

负债股利是公司以负债支付的股利,通常以公司的应付票据支付给股东,在不得已的情况下也有发行公司用债券抵付股利的。由于票据和债券一般都是带息的,对公司来说,利息支付压力会增大。因此,它只是企业已宣布并须立即发放股利而现金不足时采用的一种权宜之计。

4. 财产股利

财产股利是指以现金以外的资产支付的股利,主要是以公司所拥有的其他企业的有价证券,如债券、股票,作为股利支付给股东。

上述各种股利形式各有利弊,企业应根据自身情况做出合理选择。目前我国上市公司普遍使用的是现金股利和股票股利,财产股利和负债股利很少使用,但并非法律所禁止。

(五) 股利支付程序

股份有限公司分配股利必须遵循法定的程序,一般是先由董事会提出股利分配预案,然后提交股东大会决议通过才能进行分配。股东大会决议通过分配预案之后,要向股东宣布发放股利的方案,并确定股利宣告日、股权登记日、除息日和股利支付日,这几个日期对分配股利非常重要。

1. 股利宣告日

宣告日就是公司董事会将股利支付情况予以公告的日期。董事会一般应根据发放股利的周期（每年一次或多次）举行董事会会议，拟定股利分配预案，在提交股东大会决议通过后宣布将要进行的股利分派。公告中将宣布每股支付的股利、股权登记期限、除息日和股利支付日期等事项。

2. 股权登记日

股权登记日即有权领取股利的股东资格登记截止日期。只有在股权登记日当天在公司股东名册上登记有名的股东，才有权分享股利。在信息技术环境下，股权登记极其方便快捷，一般在股权登记日交易结束当天即可打印出股东名册。

3. 除息日

除息日，也称除权日，是指股利所有权与股票本身分离的日期，将股票中含有的股利分配权利予以解除，即在除息日当日及以后买入的股票不再享有本次股利分配的权利。我国上司公司的除息日通常是在登记日的下一个交易日。由于除息日之前的股票价格中包含了本次派发的股利，而自除息日起的股票价格中不包含本次的股利，通常上市公司股票的市场价格在除权前后会有一些波动。

4. 股利支付日

股利支付日即将股利正式支付给股东的日期，亦称付息日。在这一天开始的几天内，公司应通过各种手段（如银行转账划款、邮寄支票、汇款等）将股利支付给股东，同时冲销股利负债。

例如S公司某年2月5日宣布，将于该年3月10日按每10股派发5元股利，给已在该年2月24日（星期五）登记为本公司股东的人士。

上例中，某年2月5日为S公司的股利宣告日；该年2月24日（星期五）为股权登记日；该年2月27日（星期一）为除权日；该年3月10日为股利支付日。

（六）股票股利及其影响

1. 股票股利的意义

发放股票股利又称送红股，是公司以发放股票的方式支付股利，这时股东不需要支付任何费用就可增加持股数量，是现金股利的一种替代形式。股票股利只是资本在股东权益账户之间的转移，并未改变每位股东的股权比例，也不增加公司资产。但是它会使公司的股本规模扩大，还可不动用现金完成股利分配。如果结合配股融资，就可获得新的股权资金来源，成为一种上市公司筹集股权资本、优化资本结构的常用方式。

【例3-2】A公司在发放股票股利之前，股东权益情况如表3-1所示：

表3-1　　　　　　　　　　股东权益情况表　　　　　　　　　　单位：万元

项　　目	金　　额
普通股（面额1元，已发行200 000股）	200 000
资本公积	400 000
未分配利润	2 000 000
股东权益合计	2 600 000

假定A公司宣布发放10%的股票股利，即发放20 000股普通股股票，并规定现有股东每持有10股可得1股新发行股票。若该股票当时市价为20元，随着股票股利的发放，

需从"未分配利润"项目划转出的资金为:

20×200 000×10% = 400 000(元)

由于股票面值(1元)不变,发放20 000股,普通股只应增加"普通股"项目20 000元,其余的380 000元(400 000 – 20 000)应作股本溢价转至"资本公积"项目,而公司股东权益总额保持不变。发放股票股利后,公司股东权益各项目如表3 – 2所示。

表3 – 2　　　　　　　　发放股利后,公司股东权益情况表　　　　　　　　单位:万元

项　　目	金　　额
普通股(面额1元,已发行220 000股)	220 000
资本公积	780 000
未分配利润	1 600 000
股东权益合计	2 600 000

可见,发放股票股利,不会对公司股东权益总额产生影响,但会发生资金在各股东权益项目间的再分配。

2. 股票股利的影响

(1)股票股利对每股收益和每股市价的影响。发放股票股利后,如果盈利总额与市盈率不变,会由于普通股股数增加而引起每股收益和每股市价的下降;但由于股东所持股份的比例不变,每位股东所持股票的市场价值总额仍保持不变。因此,发放股票股利对每股收益和每股市价的影响,可以通过对每股收益、每股市价的调整直接算出:

发放股票股利前的每股收益(E_0) = 本年净收益÷年末普通股股份总数

发放股票股利后的每股收益 = $\dfrac{E_0}{1+D_s}$

式中:E_0为发放股票股利前的每股收益;D_s为股票股利发放率。

发放股票股利后的每股市价 = $\dfrac{M}{1+D_s}$

式中:M为发放股票股利前的每股市价(股权登记日的每股市价);D_s为股票股利发放率。

【例3 – 3】假定A公司某年盈余为440 000元,流通在外的普通股为200 000股,每股市价20元,某股东持有20 000股普通股,发放股票股利10%对该股东的影响见表3 – 3。

表3 – 3　　　　　　　　　　　　　　　　　　　　　　　　　　　　单位:万元

项　目	发放前	发放后
持股数量	20 000	20 000×(1 + 10%) = 22 000
每股收益(EPS)	440 000÷200 000 = 2.2	440 000÷220 000 = 2
每股市价	20	20÷(1 + 10%)≈18.18
持股比例	(20 000÷200 000)×100% = 10%	(22 000÷220 000)×100% = 10%
所持股票总价值	20×20 000 = 400 000	22 000×20÷(1 + 10%) = 400 000 18.18×22 000≈400 000

表中数据计算如下：

$$发放股票股利后的每股收益 = \frac{2.2}{1+10\%} = 2（元）$$

$$发放股票股利后的每股市价 = \frac{20}{1+10\%} = 18.18（元）$$

尽管股票股利不会直接增加股东的财富，也不会增加公司的价值，但股票股利对股票市场、股东和公司仍具有重要意义。

（2）股票股利对股票市场的影响。①在股票市场上，股票股利比同等数额的现金股利对市盈率技术调整的幅度更大。②股票股利有利于投资者抵御通货膨胀风险。统计数据表明，1900—1987 年，美国标准普尔 500 种股票价格指数上升了 53.3 倍，平均每年增长 4.7%，而同期的消费品价格指数只上升了 13.6 倍，平均每年增长 3.0%。中国也有同样的情况。上海证券交易所的股价指数从 1990 年 12 月 19 日的 100 点涨到 1999 年末的近 1 500 点，平均每年增长超过 150%，而同期零售物价指数最高的年份也没有超过 25%。与股票相比，现金及固定收益证券对通货膨胀的免疫力要差得多。因此，就抵御通货膨胀来说，股票股利不失为一种明智的选择。

（3）股票股利对上市公司的影响。其一，发放股票股利可使股东分享公司的盈余而无须分配现金，这既不会伤害股东的心理，又使公司留存了大量现金进行再投资，有利于保持公司的流动性；其二，发放股票股利对上市公司的外部筹资能起到杠杆作用。我国的《贷款通则》规定借款人应当符合贷款人对其资产负债比例的要求。中国各家国有商业银行一般也都规定了在具备其他条件的前提下，自有资金比例越高，借款人可获取的贷款量越大，即一定量的自有资金可获取加倍的贷款。上市公司采取股票股利的分配方式将股利转化为资本金，为取得加倍的信贷支持创造了条件。这就在相当程度上消除了资金瓶颈约束，进而有利于公司营运的顺利进行；其三，能以较低的成本向市场传达利好信号。通常管理者在公司前景看好时才会发放股票股利。管理者拥有比外部人更多的信息，外部人把股票股利的发放视为利好信号。因此，平均说来发放股票股利后股价会在短时间内上升。不过，如果未来几个月内市场没有见到股利或盈余真的增加，股价就会回到原来水平。但在某种情况下，发放股票股利也会被认为是公司资金周转不灵的征兆，从而降低投资者对公司的信心，加剧股价的下跌。

（4）股票股利对股东的影响。其一，对股东来说，公司发放股票股利后股价并不会成比例下降，一般在发放少量股票股利（如 2%~3%）后，大体不会引起股价的立即变化。这能使股东得到股票价值相对上升的好处；其二，发放股票股利通常为成长中公司所为，因此股东往往对公司未来的成长抱有信心，足以抵销增发股票带来的消极影响，这种心理有利于稳定股价甚至会导致股价略有上升。但如果公司长期不发现金股利，仅靠发放股票股利也不能令股东信服，若股东收益达不到预期水平，也会影响公司股价；其三，在股东需要现金时，还可以将分得的股票股利出售，有些国家税法规定出售股票所需缴纳的资本利得（价值增值部分）税率比收到现金股利所需缴纳的所得税税率低，这使股东可以从中获得纳税上的好处。

【本章小结】

股权资金是指企业投资者投入并拥有所有权的那部分资金，其筹集方式包括吸收直接投资、发行股票、利用留存收益三种。企业筹集股权资金需要遵循相关法律规范的约束，也要根据自身发展的需要与可能合理安排。

吸收直接投资是新设企业股权资本筹集的首选方式。公开发行股票有着严格的条件要求，股票发行价格、上市时机等都需要周密筹划。

留存收益作为一种内部资金来源，与分给股东的股利是一种此消彼长的关系，一方面关系到企业的自我发展能力；另一方面关系到股东的投资积极性，还会对股票市场价值产生影响，是股利政策的主要内容。常用的股利政策主要有剩余股利政策、固定或持续增长的股利政策、固定股利支付率政策和低正常股利加额外股利政策。股利支付方式有现金股利、股票股利、负债股利和财产股利。股东大会决议通过分配预案之后，要向股东宣布发放股利的方案，告知股东股权登记日、除息日和股利发放日。股票股利将带来公司股价的波动也可为公司节约现金支出。

【技能训练题】

1. 某股份公司总股本数为普通股 1 000 万股，为扩大生产规模准备在某年 6 月 25 日增发普通股 500 万股，预计该年净利润为 2 500 万元，根据二级市场的平均市盈率，发行人的行业情况，发行人的经营状况及其成长性，拟定发行市盈率为 30 倍，则该公司按市盈率定价法确定的发行底价（每股收益按加权平均法计算）应为多少元？

2. 某公司准备增发 1 000 万股普通股，采用竞价确定法确定发行底价，通过交易所交易系统累计到如下有效认购数量：申购价格 50 元、数量 100 万股；申购价格 45 元、数量 400 万股；申购价格 43 元、数量 600 万股；申购价格 42 元、数量 800 万股。则该公司确定的股票发行底价应为多少元？

3. 某公司上年提取盈余公积金后的税后净利润为 3 000 万元，发放现金股利 900 万元。本年预计利润增长 10%，且预计下一年度没有新增投资项目。试计算：

（1）剩余股利政策下，该公司本年应分配的现金股利；

（2）固定股利政策下，该公司本年应分配的现金股利；

（3）固定股利支付率政策下，该公司本年应分配的现金股利；

（4）若公司决定将增长利润的一半作为固定股利的额外股利，则在正常股利加额外股利政策下，该公司本年应分配的现金股利是多少？

4. M 公司年终利润分配前的所有者权益各项目如表 3-4 所示：

表 3-4

项目	年终分配前	股票股利后	现金股利后
股本（面值2元，1 000万股）	2 000万元	2 400万元	2 400万元
资本公积	800万元	2 900万元	2 900万元
盈余公积	600万元	920万元	920万元
未分配利润（其中年初未分配利润2 000万元）	3 600万元	780万元	480万元
合　　计	7 000万元	7 000万元	6 700万元

公司股利分配方案为：计提20%的盈余公积，按每10股送2股发放股票股利（股票股利按现行市价12.5元计算），按发放股票股利后的股份数发放每股0.25元的现金股利。

请计算股利分配后所有者权益各项目的数额并填入表3-4中（写出计算过程）。

第四章 长期负债筹资管理

【学习目的与要求】

了解各种筹资方式的种类、特征、优缺点，熟悉长期借款筹资的条件和利率、掌握公司债券发行价格的确定、融资租赁筹资的应付租金。

【引导案例】

默多克的债务危机

默多克出生于澳洲，加入美国国籍后，他的企业总部仍设在澳大利亚，在全世界有100多个新闻单位，包括闻名于世的英国《泰晤士报》。默多克从事的新闻出版业继承于父亲。老默多克在墨尔本创办了导报公司，取得成功。在子承父业时，年收入已达400万美元了。默多克经营导报公司以后，筹划经营，多有建树，最终建成了一个年营业收入达60亿美元的报业王国。它控制了澳大利亚70%的新闻业，45%的英国报业，又把美国相当一部分电视网络置于其王国统治之下。默多克报业背了多少债呢？24亿美元。他的债务遍布于全世界，美国、英国、瑞士、荷兰、印度和中国香港等国家和地区，共有146家债主。正因为债务大、债主多，默多克对付起来也实在不容易，牵一发动全身，风险很高。若是碰到一个财务管理上的失误，或是一种始料未及的灾难，就可能像多米诺骨牌一样，把整个事业搞垮。但多年来默多克经营得法，一路顺风。殊不知，1990年西方经济衰退刚露苗头，默多克报业王国就遇上了债务危机，而且仅仅因为1 000万美元的一笔小债务。起因是美国匹兹堡一家小银行认为默多克的支付能力不佳而要求到期收回该贷款，而且规定必须全额偿付现金。为此默多克调用了他的全部信用融资渠道却未能找到按期偿还该笔贷款的资金。若是还不了这笔债而引起连锁反应，就还有145家银行都会像狼群一般成群结队来索还贷款。最终是花旗银行组成贷款团帮助默多克渡过了这一关，但他在支付能力上的弱点已暴露在资金市场上。此后半年，他仍然处在生死攸关的困境之中。由于得到了花旗银行牵头146家银行都不退出贷款团的保证,他有了充分时间调整与改善报业集团的支付能力,半年后,他终于摆脱了财务的困境。

[思考] 请查阅默多克帝国财务危机案例详细资料,分析默多克经历的是什么风险?花旗银行为什么支持默多克?如果你是默多克,在以后理财时应该注意什么问题?企业如何规避银行借款所带来的风险?

第一节 长期负债筹资概述

一、长期负债筹资的特点

(一) 长期负债筹资的含义

负债筹资是指企业通过举借债务的方式取得资金。负债是企业一项重要的资金来源,也是企业主权资本筹资以外的一种外部筹资形式。根据债务偿还期限的长短,将偿还期限在1年以上的负债划分为长期负债。

(二) 长期负债筹资的特点

长期负债筹资是与权益筹资性质不同的筹资方式。与权益筹资相比,长期负债筹资的特点表现为:筹集的资金需要到期偿还,不论企业是否盈利都要支付债务利息,从而形成了企业固定财务负担,但其筹资成本一般比普通股等权益筹资的成本低,并且不会分散投资者对企业的控制权。与短期债务资金相比,长期负债的归还期长,债务人可对债务的归还作长期安排,还债压力或风险相对较小。但长期负债的利率一般会高于短期负债利率,负债的限制较多,债权人经常会向债务人提出一些限制性的条件以保证其能够及时、足额偿还债务本金和支付利息,从而形成对债务人的种种约束。

二、长期负债筹资的种类

根据负债取得方式的不同,长期负债筹资包括长期借款、公司债券、融资租赁等几种。

(1) 长期借款,是由企业根据借款合同从有关银行或非银行金融机构借入,偿还期限在1年以上的资金。

(2) 公司债券,是指公司按照法定程序发行的、预定在一定期限还本付息的有价证券。

（3）融资租赁，是指由承租人向出租人支付租金，在约定的期限内占有和使用租赁标的物的一种契约性行为。融资租赁又称财务租赁，是区别于经营租赁的一种长期租赁形式，由于它可满足企业对资产的长期需要，故有时也称为资本租赁。

三、长期负债筹资的优缺点

（一）长期负债筹资的优点

1. 筹资弹性大

发行股票等股权筹资，需要经过严格的政府审批，而且由于股权不能退还，股权资本在未来永久性地给企业带来了资本成本的负担。利用债务筹资，可以根据企业的经营情况和财务状况，灵活商定债务条件，控制筹资数量，安排取得资金的时间，并借此调整资本结构。

2. 可以利用财务杠杆

企业筹集负债资金就必定要支付固定债务利息或租金给债权人，企业举借债务后不论是否盈利，盈利多少，债务的利息或租金都是固定不变的，只要债务利息率低于息税前投资利润率，债务资金就一定存在财务杠杆的作用，可以提高普通股股东的每股收益，提高净资产报酬率，提升企业价值。

3. 资本成本负担较轻

一般来说，债务筹资的资本成本要低于股权筹资。主要是因为取得资金的手续费用等筹资费用较低，利息、租金等用资费用比股权资本要低，负债利息等资本成本可以在税前支付而获得抵税好处。

4. 稳定企业的控制权

债权人无权参与企业的经营管理，利用债务筹资不会改变和分散所有者对企业的控制权。

（二）长期负债筹资的缺点

1. 不能形成企业稳定的资本基础

债务资本有固定的到期日，到期需要偿还，只能作为企业的补充性资本来源。再加上取得债务往往需要进行信用评级，没有信用基础的企业和新创企业，往往难以取得足够的债务资本。现有债务资本在企业的资本结构中达到一定比例后，往往由于财务风险升高而不容易再取得新的债务资金。

2. 财务风险较大

债务资本有固定的到期日，有固定的利息负担，用抵押、质押等担保方式取得的债务，资本使用上可能会有特别的限制。这些都要求企业必须有一定的偿债能力，要保持资产流动性及其资产报酬水平，对企业的财务状况提出了更高的要求，否则会给企业带来财务危机，甚至导致企业破产。

第二节 长期借款筹资

长期借款筹资是指企业向银行或其他非银行金融机构借入的使用期限超过一年的借款。长期借款筹资是企业一种重要的长期负债融资方式，主要用于购建固定资产和满足长期流动资金占用的需要。

一、长期借款筹资的种类

（一）按用途不同的分类

固定资产投资借款是指主要用于固定资产的新建、改建和扩建等基本建设项目的借款；更新改造借款是指用于企业固定资产更新改造项目的借款；科技开发和新产品试制借款是指用于企业科技研究开发和新产品试制方面的借款。

（二）按有无抵押品作担保的分类

抵押贷款是指以特定的抵押品（如房屋、建筑物、机器设备、有价证券、存货等）为担保而取得的贷款。作为担保的抵押品必须是能够变现、质量较高的资产。长期贷款的抵押品通常为不动产和有价证券。如果贷款到期，企业不能偿还，银行将取消企业对抵押品的赎回权，并有权处理抵押品，所得款项用于抵消债务人所欠本息。

信用贷款是指企业不需要提供抵押品，仅凭借款人自身信用或担保人的信誉就能取得的贷款。需要贷款的企业通常仅出具签字的文书即可得到信用贷款，但只有那些资本实力雄厚、财务形象佳、信誉良好的企业才能取得。

（三）按提供贷款机构的不同的分类

政策性银行贷款一般是指执行国家贷款业务的银行向企业发放的贷款。如国家开发银行[①]为满足企业承建国家重点建设项目的资金需要提供贷款；中国进出口银行为大型设备的进出口提供买方或卖方信贷；中国农业发展银行主要是用于确保国家对粮、棉、油等政策性收购资金的供应。

商业银行贷款是指由各商业银行向工商企业提供的贷款，这类贷款主要为满足企业生产经营的资金需要。

其他金融机构贷款是指除银行以外的金融机构向企业提供的贷款，如企业向信托投资

---

① 2008年12月国家开发银行改制为国家开发银行股份有限公司。2015年3月，国务院明确国开行定位为开发性金融机构。

公司、财务公司、投资公司、保险机构等金融机构借入的款项。其他金融机构的贷款一般比银行贷款的期限长，利率也较高，对借款方的信用要求和限制条件比较严格。

二、长期借款筹资的条件

企业申请贷款应具备的条件主要有：具有法人资格，独立核算，自负盈亏；生产经营方向和业务范围符合国家政策，且贷款用途符合银行贷款办法规定的范围；借款企业具有一定的物资和财产保证，或担保单位具有相应的经济实力；具有偿还贷款能力；财务管理和经济核算制度健全，资金使用效益及企业经济效益良好；在银行设有账户，办理结算。

三、长期借款筹资的程序

（一）企业提出申请

符合借款条件的企业根据融资需求向银行提出书面申请。借款人应当填写包括借款金额、借款用途、偿还能力及还款方式等主要内容的《借款申请书》并提供相关资料。

（二）银行审批

银行按照有关政策和贷款条件，对借款企业进行审查，依据审批权限，核准企业申请的借款金额和用款计划。银行审查的主要内容是：企业的财务状况、信用情况、盈利的稳定性、发展前景、借款投资项目的可行性、抵押品和担保情况。

（三）签订借款合同

借款合同是规定借款企业与银行双方的权利、义务和经济责任的法律文件。经银行审查批准后，借款企业与银行在平等协商的基础上签订借款合同。借款合同一经签订后便具有法律效力，当事人双方必须严格遵守合同，履行合同约定的义务。

（四）取得借款

借款合同签订后，企业可在核定的贷款指标范围内，根据用款计划和实际需要，从银行一次或分次将贷款转入企业的存款结算户，以便使用。

（五）归还贷款

贷款人在中长期贷款到期 1 个月之前，应当向借款人发送还本付息通知单。贷款到期时，借款企业应依贷款合同规定，按期清偿贷款本金与利息或续签合同。一般而言，企业还贷的方式主要有：到期一次还本付息；分期付息到期还本；定期等额偿还本息；平时逐期偿还小额本金和利息、期末偿还余下的大额部分。

四、长期借款筹资的利率

通常,长期借款筹资的利息率要高于短期银行借款的利息率,但信誉好或抵押品流动性强的借款企业,仍然可以争取到较低的长期借款利率。长期借款的利率通常分为固定利率和变动利率两种。

(一) 固定利率

固定利率的确定,通常是借贷双方找出一家风险类似于借款企业的其他企业,再以这家可比企业发行的期限与长期借款期限相同的长期债券的利率作为参照来确定长期借款的利率。固定利率计息方式一般适用于资金市场利率波动不大,资金供应较为平稳的情况。如果资本市场供求变化大,利率波动大,银行便不愿发放固定利率的长期借款。

(二) 变动利率

变动利率是指长期借款在借款期限内的利率不是固定不变的,会根据情况做些调整。主要有以下三种情形:

(1) 定期调整利率。这是借贷双方根据协商,在贷款协议中规定可定期调整的利率。一般在基准利率的基础上,根据资金市场的情况每半年或一年调整一次利率,借款企业未偿还的本金按调整后的利率计算利息。

(2) 浮动利率。这是指借贷双方根据协商,在贷款协议中规定其利率可根据资金市场的变动情况而随时调整的利率。它在基本利率的基础上,根据市场利率的变动加以调整计算。而基本利率通常可以以市场上信誉较好的企业的商业票据利率作为参考,或国库券利率作为参考,再在此基础上规定一定的浮动百分比限度,作为浮动利率。

(3) 期货利率。这是指借贷双方在贷款协议中规定,到期的借款利率按期货业务的利率来计算。借款到期或在借款期内规定的付息日到来时,应按当时期货市场利率计算付息额,到期按面值还本。

随着经济业务的发展和环境的复杂多变,还会出现其他形式的变动利率。企业财务人员在长期借款时,应根据具体情况合理地应用不同的利率策略,使其既对银行有吸引力又对企业有利。例如,融资时估计市场利率已达到顶峰,预期将下跌的,则可先进行短期贷款,或采用浮动利率,获取短期资本,待利率水平下跌后,再借入利率较低的长期借款,减少企业的利息费用。如筹资时市场利率较低,则可借入固定利率的长期借款,这能大大降低企业的筹资成本。

五、长期借款筹资的优缺点

(一) 长期借款筹资的优点

1. 筹资速度快

发行股票和发行债券所需时间一般较长,需做好发行前的许多准备工作,通常需要资料准备、层层申报与审批、印刷、推销等，而长期借款只需与银行等贷款机构达成协议即可，程序相对简单，所花时间较短，企业可以迅速获得所需资本。

2. 成本较低

利用长期借款筹资，取得长期借款的交易成本低，而且利息可在税前支付，故可减少企业实际负担的利息费用，因此比股票筹资的成本要低；与债券相比，长期借款的利率通常低于债券利率，而且筹资的取得成本较低。

3. 弹性较大

在借款之前，企业根据当时的资本需求与银行等贷款机构直接商定贷款的时间、数量和条件。在借款期间，若企业的财务状况发生某些变化，也可与债权人再协商，变更借款数量、时间和条件，推迟或提前偿还本息。因此，借款筹资对企业具有较大的灵活性。

4. 便于利用财务杠杆效应

长期借款不改变企业的控制权，因而股东不会出于控制权稀释原因反对借款。由于长期借款的利率一般是固定或相对固定的，当企业的资本报酬率超过了贷款利率时，财务杠杆效应会增加普通股股东的每股收益，提高企业的权益净利率。

（二）长期借款筹资的缺点

1. 财务风险高

长期借款有固定的还本付息期限，企业应如期付息、到期还本。在企业经营不景气时，会给企业带来很大的财务困难，甚至可能出现不能支付而被债权人提起破产诉讼的情况。

2. 限制条款多

长期借款合同对借款用途有明确规定，对企业资本支出额度、再融资、股利支付等行为有严格的约束，使企业以后的生产经营活动和财务政策受到一定程度的影响。

3. 筹资数额有限

长期借款的数额往往受到贷款机构资本实力的制约，不可能像发行债券或股票那样一次筹集到大笔资本，无法满足企业大规模融资的需要。

【知识拓展】

长期借款的保护性条款

由于银行提供的长期贷款的期限长、风险大，因此，除借款合同的基本条款之外，银行通常还在借款合同中附加各种保护性条款，以确保企业能按时足额偿还贷款。保护性条款一般有以下三类：

（1）一般性保护条款。一般性保护条款是对贷款企业资产的流动性及偿债能力等方面的要求条款，这类条款应用于大多数借款合同，主要包括：①企业需持有一定限额的货币资金及其他流动资产，以保持企业资金的流动性和偿债能力，一般规定企业必须保持最低营运资本净值和最低的流动比率；②限制企业支付现金股利、再购入股票和职工加薪规模，以减少企业资本的过分外流；③限制企业资本支出的规模，以减少企业日后不得不变卖固定资产以偿还贷款的可能性（其结果仍然是着眼于保持企业资产较高的流动性）；④限制企业再举债规模，以防止其他债权人取得对企业资产的优先索偿权；⑤限制企业的投资，如规定企业不准投资于短期内不能收回资金的项目，不能未经银行同意而与其他企业合并以确保借款方的财务结构和经营结构。

(2) 例行性保护条款。这类条款作为例行常规，在大多数借款合同中都会出现，它可以堵塞因一般条款规定不够完善而遗留的漏洞，以确保贷款的安全。主要包括：①借款方定期向提供贷款的银行提交财务报表，以使银行随时掌握企业的财务状况和经营成果；②不准在正常情况下出售较多的非产成品（商品）存货，以保持企业正常的生产经营能力；③如期清偿应缴纳的税金和其他到期债务，以防被罚款而造成不必要的现金流失；④不准以任何资产作为其他承诺的担保或抵押，以避免企业遭受过重的负担；⑤不准贴现应收票据或出售应收账款，以避免或有负债；⑥限制借款方租赁固定资产的规模，其目的在于防止企业负担巨额租金以致削弱其偿债能力，还在于防止以租赁固定资产的办法摆脱债权人对其资本支出和负债的约束；⑦做好固定资产的维修保护工作，使之处于良好的运行状态，以保证生产经营能正常、持续地进行。

(3) 特殊性保护条款。它主要包括：①借款专款专用；②不准企业投资于短期内不能收回资金的项目，以保持企业资产的流动性；③限制企业高级职员的薪金和奖金总额，以防止企业支付过多的报酬而影响企业利润；④要求企业主要领导人在合同有效期间担任领导职务，并给主要领导人购买人身保险等等。

上述各项条款结合使用，将有利于全面保护银行的权益。但借款合同是经双方充分协商后决定的，其最终结果取决于双方谈判能力的大小，而不是完全取决于银行的主观愿望。

第三节

公司债券筹资

一、公司债券概述

公司债券又称企业债券，是企业依照法定程序发行，约定在一定期限内还本付息的有价证券。企业债券代表着发债企业和投资者之间的一种债权债务关系。债券持有人是企业的债权人，不是所有者，无权参与或干涉企业经营管理，但债券持有人有权按期收回本息。

(一) 公司债券的种类

1. 按照期限分类

根据我国企业债券的期限划分，短期企业债券期限在1年以内，中期企业债券期限在1年以上5年以内，长期企业债券期限在5年以上。

2. 按是否记名分类

如果企业债券上登记有债券持有人的姓名，投资者领取利息时要凭印章或其他有效的身份证明，转让时要在债券上签名，同时还要到发行公司登记，那么，它就称为记名企业债券，反之称为不记名企业债券。

3. 按债券有无担保分类

信用债券指仅凭筹资人的信用发行的、没有担保的债券，信用债券只适用于信用等级高的债券发行人。担保债券是指以抵押、质押、保证等方式发行的债券，其中，抵押债券是指以不动产作为担保品所发行的债券；质押债券是指以其有价证券作为担保品所发行的债券；保证债券是指由第三者担保偿还本息的债券。

4. 按债券可否提前赎回分类

如果企业在债券到期前有权定期或随时购回全部或部分债券，这种债券就称为可提前赎回企业债券，反之则是不可提前赎回企业债券。

5. 按债券票面利率是否变动分类

固定利率债券指在偿还期内利率固定不变的债券；浮动利率债券指票面利率随市场利率定期变动的债券；累进利率债券指随着债券期限的增加，利率累进的债券。

6. 按发行人是否给予投资者选择权分类

附有选择权的企业债券，指债券发行人给予债券持有人一定的选择权，如可转让公司债券、有认股权证的企业债券、可退还企业债券等。可转换公司债券的持有者，能够在一定时间内按照规定的价格将债券转换成企业发行的股票；有认股权证的债券持有者，可凭认股权证购买所约定的公司的股票；可退还的企业债券，在规定的期限内可以退还。反之，债券持有人没有上述选择权的债券，即是不附有选择权的企业债券。

7. 按发行方式分类

公募债券指按法定手续经证券主管部门批准公开向社会投资者发行的债券；私募债券指以特定的少数投资者为对象发行的债券，发行手续简单，一般不能公开上市交易。

（二）公司债券的基本要素

在公司债券的发行文件中，必须对以下几方面做出明确约定：

1. 债券的面值

债券的面值包括两个基本内容：一是币种；二是票面金额。面值的币种可用本国币种，也可用外币，这取决于发行者的需要和债券的种类。债券的发行者可根据资金市场情况和自己的需要选择适合的币种。债券的票面金额是债券到期时偿还债务的金额。面额印在债券上，固定不变，到期必须足额偿还。

2. 债券的期限

债券都有明确的到期日，债券从发行日起至到期日之间的时间称为债券的期限。在债券的期限内，公司必须按约定支付利息，债券到期时必须偿还本金，也可按规定分批偿还或提前一次偿还。

3. 债券的票面利率

债券上通常都载明利率，一般为固定利率，也有浮动利率。债券上载明的利率一般是年利率,在不计复利的情况下,面值与利率相乘可得出利息。

4. 还本付息方式

公司债券的本金偿还有到期一次偿还和分期偿还两种,一般都采用到期一次偿还;公司债券利息支付也有到期一次和分期付息两种,较多的采用分期付息方式,付息间隔越短对投资者越有利。

二、公司债券的发行

(一) 发行公司债券的条件

根据《证券法》规定,公开发行公司债券,应当符合下列条件:①股份有限公司的净资产额不低于人民币3 000万元,有限责任公司的净资产额不低于人民币6 000万元;②累计债券总额不超过公司净资产额的40%;③最近3年平均可分配利润足以支付公司债券1年的利息;④所筹集资金的投向符合国家产业政策;⑤债券的利率不得超过国务院限定的水平;⑥国务院规定的其他条件。

另外,发行公司债券所筹集的资金,必须符合审批机关审批的用途,不得用于弥补亏损和非生产性支出,否则会损害债权人的利益。

发行公司凡有下列情形之一的,不得再次发行公司债券:①前一次发行的公司债券尚未募足的;②对已发行的公司债券或者其债务有违约或延迟支付本息的事实,且仍处于持续状态的;③违反本法规定,改变公开发行公司债券所募资金的用途。

【查一查】
公司债券发行与交易管理的详细法律条文请查阅《公司债券发行与交易管理办法》《中华人民共和国证券法》《中华人民共和国公司法》等法律法规。

(二) 发行公司债券的程序

根据相关法律规范,公司债券的发行应遵循以下程序:①做出发行债券的决议;②提出发行债券的申请;③公告债券募集办法;④委托证券经营机构发售;⑤交付债券,收缴债券款,登记债券存根簿。

三、公司债券的发行价格

(一) 债券发行价格的概念与种类

债券的发行价格是债券发行时使用的价格,亦即投资者购买债券时所支付的价格。公司债券的发行价格通常有三种:平价、溢价和折价。平价指以债券的票面金额为发行价格;溢价指以高于债券票面金额的价格为发行价格;折价指以低于债券票面金额的价格为发行价格。债券发行价格的形成受诸多因素的影响,其中主要是票面利率与市场利率的一致程度。债券的票面金额、票面利率在债券发行前即已参照市场利率和发行公司的具体情况确定下来,并载明于债券发行文件。但在发行债券时已确定的票面利率不一定与当时的市场利率一致。为了协调债券购销双方在债券利息上的利益,就要调整发行价格,即:当票面利率高于市场利率时,以溢价发行债券;当票面利率低于市场利率时,以折价发行债券,当票面利率与市场利率一致时,则以平价发行债券。

(二) 债券发行价格的估算

债券发行价格一般采用贴现现金流量模型予以估算。债券的未来现金流量包括本金(面值)和利息两部分,因此债券发行价格由两部分构成:一部分是债券面值的复利现值,另一部分是各期利息的年金现值,两部分现值计算均以市场利率作为折现率。由于债券有不同的还本付息方式,因此具体计算公式有所差异:

(1) 到期一次还本付息债券,其发行价格按下式计算:

债券发行价格 = 债券到期应付本息总金额 $\times (P/F, i, n)$
= 债券面值 $\times (1 + n \times r) \times (P/F, i, n)$ ……到期一次还本付息单利计息
= 债券面值 $\times (1 + r)^n \times (P/F, i, n)$ ……到期一次还本付息复利计息

(2) 到期一次还本分期付息的债券(假定按照每年付息一次),其发行价格按下式计算:

债券发行价格 = 债券面值 $\times (P/F, i, n)$ + 债券面值 $\times r \times (P/A, i, n)$

(3) 贴水债券(折价发行不计利息到期按面值偿还的债券),其发行价格按下式计算:

债券发行价格 = 债券面值 $\times (P/F, i, n)$

式中:n 为债券期限;i 为市场利率;r 为债券利率。这三个参数在使用时都应按照付(计)息间隔确定具体数值。

【例 4-1】ABC 公司发行面值为 100 元,票面年利率为 10%,期限为 10 年,每年年末付息的债券。在公司决定发行债券时,认为 10% 的利率是合理的。如果到债券正式发行时,市场上的利率发生变化,那么就要调整债券的发行价格,现按以下三种情况分别讨论。

①资金市场上的利率保持不变 ABC 公司的债券利率为 10% 仍然合理,则可采用等价发行,债券的发行价格为:

$100 \times (P/F, 10\%, 10) + 100 \times 10\% \times (P/A, 10\%, 10) = 100$(元)

也就是说,当债券利率等于市场利率时,按 100 元的价格出售此债券,投资者可以获得 10% 的报酬。

②资金市场上的利率有较大幅度的上升,达到 15%,则应采用折价发行,发行价格为:

$100 \times (P/F, 15\%, 10) + 100 \times 10\% \times (P/A, 15\%, 10) = 74.9$(元)

也就是说,只有按 74.9 元的价格出售,投资者才会购买此债券,以获得与市场利率 15% 相等的报酬。

③资金市场上的利率有较大幅度的下降,达到 5%,则应采用溢价发行,发行价格为:

$100 \times (P/F, 5\%, 10) + 100 \times 10\% \times (P/A, 5\%, 10) = 138.6$(元)

也就是说，投资者把138.6元的资金投资于该公司面值为100元的债券，只能获得5%的回报，与市场利率相同。

> 【思维拓展】
> 上例第三种条件下，若改为到期一次还本付息或者每半年付息一次本金到期归还，发行价格会有怎样的变化？

四、债券的信用等级

公司公开发行债券通常需要由债券评信机构评定等级。债券的信用等级对于发行公司和购买人都有重要影响，它直接影响公司发行债券的效果和投资者的投资选择。目前国际上流行的债券等级是3等9级，其中AAA级为最高级，C级为最低级。国际上公认的权威性评估机构美国标准普尔公司和穆迪公司的债券信用等级评级情况如表4-1所示。

表4-1　　　美国标准普尔公司和穆迪公司的债券信用等级评级情况表

标准普尔	穆迪	信用等级	风险等级	偿债能力
AAA	Aaa	最高级	无风险	偿债能力很强
AA	Aa	高级	最少风险	偿债能力较强
A	A	中上级	次少风险	偿债能力较强
BBB	Baa	中级	有风险	偿债能力较好
BB	Ba	中下级	有风险	有偿债能力
B	B	下级	有风险	有偿债能力
CCC	Caa	劣级	较大风险	偿债能力在平均水平之下
CC	Ca	投机级	风险大	偿债能力劣等
C	C	最劣级	风险更大	偿债能力明显不足

债券评级对企业和投资者都十分重要。首先，从企业角度，它反映的是企业违约风险，对债券筹资的资本成本产生重要影响。债的等级越高，企业的违约风险越低，企业债券的利率越低；反之，则相反。其次，从投资者角度，购买债券是要承担一定风险的，如果发行方到期不能偿还本息，投资者就会蒙受损失。因此，当企业债券的评级低于BBB级，该债券的违约风险很高，将限制投资者的投资意愿，企业的筹资能力受影响。

我国的债券评级工作正在开展，但尚无统一的债券等级标准和系统评级制度。根据中国人民银行的有关规定，凡是向社会公开发行的企业债券，需要由经中国人民银行认可的资信评级机构进行评价。这些机构对发行债券企业的企业素质、财务质量、项目状况、项目前景和偿债能力进行评分，以此评定信用级别。

五、债券的偿还

债券偿还时间按其实际发生与规定的到期日之间的关系，分为到期偿还、提前偿还与滞后偿还三类。

（一）到期偿还

到期偿还是指当债券到期时还清债券所载明的义务，又包括分批偿还和一次偿还两种。如果一个公司在发行同一种债券的当时就为不同编号或不同发行对象的债券规定了不同的到期日，这种债券就是分批偿还债券。而到期一次偿还的债券是最为常见的。

（二）提前偿还

提前偿还又称提前赎回或收回，是指在债券尚未到期之前就予以偿还。只有在企业发行债券的契约中明确规定了有关允许提前偿还的条款，企业才可以进行此项操作。具有提前偿还条款的债券可使企业融资有较大的弹性。当企业资金有结余时，可提前赎回债券；当预测利率下降时，也可提前赎回债券，而后以较低的利率来发行新债券。

（三）滞后偿还

债券在到期日之后偿还称为滞后偿还。这种偿还条款一般在发行时便订立，主要是给予持有人以延长持有债券的选择权。滞后偿还有转期和转换两种形式。转期，是指将较早到期的债券换成到期日较晚的债券，实际上是将债务的期限延长。转换，通常是指股份有限公司发行的债券可以按一定的条件转换成本公司的股票。

六、公司债券筹资的优缺点

（一）公司债券筹资的优点

1. 资本成本低

债券的利率低于股票筹资的资本成本。因为债券的风险小于股票，相应投资人的收益率比股东低，债券的利息在税前支付，具有抵税的作用而降低资本成本；债券的发行费用较股票筹资费用要低。

2. 不影响普通股股东的控制权

债券是一种债券凭证，代表债权债务关系，除契约中的限制条款外，债券持有人无权干预公司管理，只享有到期收回本利的权利。因此，债券筹资不改变股东结构和原股东控制权。

3. 产生财务杠杆作用

长期债券的利率一般是固定的，无论发行公司盈利多少，公司只须向持有人支付固定的利息，若公司的盈利丰厚，企业在付息还本后，可获得较高的股东收益。

（二）公司债券筹资的缺点

1. 增大公司财务风险

债券固定的本息偿还要求使公司面临较重的财务压力。在经营不景气时，资金困难更可能导致公司破产。

2. 筹资的有限性

当公司负债达到一定程度将丧失进一步债券融资的能力。如我国《公司法》规定，累计债券筹资额不得超过净资产的40%。

3. 限制条件较多

发行债券的契约书中往往规定一些保护性条款，即对债券发行企业的限制性条款，这些限制条款要比租赁和长期借款更严格，这些严格的限制条款可能影响公司的筹资能力和经营发展。

七、发行可转换债券筹资

（一）可转换债券的概念与特性

可转换债券是根据债券合同规定可以在一定期限之后，按规定的转换比率或转换价格转换成发行公司股票的债券。可转换债券兼具债券和股票的特性，主要有以下几个特性：

（1）债权性。与其他债券一样，可转换债券也有规定的利率和期限。投资者可以选择持有债券到期，收取本金和利息。

（2）股权性。可转换债券在转换成股票之前是纯粹的债券，但在转换成股票之后，原债券持有人就由债权人变成了公司的股东，可参与企业的经营决策和红利分配。

由于可转换债券附有一般债券所没有的选择权，因此，可转换债券利率一般低于普通公司债券利率，企业发行可转换债券有助于降低其筹资成本。但可转换债券在一定条件下可转换成公司股票，因而会影响到公司的所有权。

（3）可转换性。可转换性是可转换债券的重要标志，债券持有者可以按约定的条件将债券转换成股票。转股权是投资者享有的、一般债券所没有的选择权。可转换债券在发行时就明确约定债券持有者可按照发行时约定的价格将债券转换成公司的普通股股票。如果债券持有者不想转换，则可继续持有债券，直到偿还期满时收取本金和利息，或者在流通市场出售变现。

（二）可转换债券发行的条件

我国《上市公司证券发行管理办法》中对公开发行证券的条件作了明确规定，具体条文请查阅相关条款。

【查一查】
　　《上市公司证券发行管理办法》

（三）可转换债券的转换

可转换债券的转换涉及转换期限、转换价格和转换比率。

1. 可转换债券的转换期限

可转换债券的转换期限是指按发行公司的约定，持有人可将其转换为股票的期限。证监会《上市公司证券发行管理办法》规定，上市公司发行的可转换公司债券自发行结束之日起六个月后方可转换为公司股票，转股期限由公司根据可转换公司债券的存续期限及公司财务状况确定。发行人应明确约定可转换公司债券转股的具体方式及程序。对于分离交易的可转换公司债券，认股权证自发行结束至少已满六个月起方可行权，行权期间为存续期限届满前的一段期间，或者是存续期限内的特定交易日。

2. 可转换债券的转换价格

可转换债券的转换价格是指可转换公司债券转换为每股股份所支付的价格。可转换公司债券的初始转股价格应当在募集说明书中约定，初始转股价格应不低于募集说明书公告日前二十个交易日该公司股票交易均价和前一交易日的均价；募集说明书应当约定转股价格调整的原则及方式，发行可转换公司债券后，因配股、增发、送股、派息、分立及其他原因引起上市公司股份变动的，应当同时调整转股价格。

3. 可转换债券的转换比率

可转换债券的转换比率是指每份可转换债券所能转换的股份数量，具体按下式计算：

转换比率 = 债券面值 ÷ 转换价格

【例 4-2】某上市公司发行的可转换债券每份面值 100 元，截至转换日该债券账面价值 106 元，转换价格为每股 5 元，则转换比率为：

100 ÷ 5 = 20（股）

即每份可转换债券可以转换 20 股股票。

可转换债券持有人请求转换时，其所持债券面额有时发生不足以转换为 1 股股票的余额，发行公司应当以现金偿付。例如，前例每份可转换债券的面额 100 元，转换价格在发行时为 5 元，发行后根据有关情况变化决定调整为每股 6 元。某持有人持有 10 份可转换债券，总面额 1 000 元，决定转换为股票，则其转换股票股数为 166 股（即 1 000/6），同时可转换债券总面额尚有不足以转换为 1 股股票的余额 4 元，在这种情况下，发行公司应对该持有人交付股票 166 股，另付现金 4 元。

（四）可转换债券筹资的优缺点

1. 可转换债券筹资的优点

（1）有利于增强筹资灵活性。可转换债券将传统的债务筹资功能和股票筹资功能结合起来，筹资性质和时间上具有灵活性。债券发行企业先以债务方式取得资金，到了债券转换期，如果股票市价较高，债券持有人将会按约定的价格转换为股票，避免了企业还本付息之负担。如果公司股票长期低迷，投资者不愿意将债券转换为股票，企业即时还本付息清偿债务，也能避免未来长期的股权资本成本负担。

（2）有利于降低资本成本。可转换债券的利率通常低于普通债券，故在转换前可转换债券的资本成本低于普通债券；转换为股票后，又可节省股票的发行成本，从而降低股票的资本成本。

（3）有利于调整资本结构。可转换债券是一种兼有债权筹资和股权筹资双重性质的筹资方式。可转换债券在转换前属于发行公司的一种债务,若发行公司希望可转换债券持有人转股,还可以借助诱导,促其转换,借以调整资本结构。

(4) 有利于稳定股票市价。其转换价格通常高于公司当前股价,转换期限较长,有利于稳定股票市价。

2. 可转换债券筹资的缺点

(1) 转股后可转换债券筹资将失去利率较低的好处。

(2) 存在不转换的财务压力。若在转换期内股价并未上升,可转换债券持有人不愿转股时,发行公司将承受偿债压力。

(3) 若可转换债券转股时股价高于转换价格,则发行遭受筹资损失,减少筹资数量。

(4) 存在回售的财务压力。若可转换债券发行后,公司设有回售条款的情况下,当公司股票价格在一段时期内连续低于转股价格达到某一幅度时,可转换债券持有人可按事先约定的价格将所持债券回售给发行公司,加大了公司的财务支付压力。

第四节 融资租赁筹资

一、租赁的概念

租赁是一种契约行为,即约定资产的所有者(出租人)在一定的时期内,将资产交付承租人使用,承租人则在规定的期限内分期支付租金,并享有对资产的使用权。像银行信贷一样,租赁是一种信用活动,通过租赁,出租人与承租人之间形成了一种债权债务关系。但是,租赁又是不同于银行信贷的特殊的信用活动。银行信贷是一种纯粹的货币借贷活动,仅仅能起到"融资"的作用。租赁则是以"融物"的形式达到"融资"的目的,融资与融物浑然一体,成为融资与融物相结合的一种信用活动。租赁,对于出租人来讲,财产所占有的资金不能马上收回,等于向承租人发放了一笔贷款,再通过收取租金的形式收回贷款的本息,从而完成一笔放款业务;而对于承租的企业来讲,扩大再生产的设备,可以购买,也可以租赁,通过租赁,租用企业等于筹集了资金,购买了设备。分期支付的租金等于分期偿还借款的本息。从这一点讲,租赁是资金不充足而又急需某种设备的企业筹集资金的一种特殊方式,是一条有效的融资渠道。

二、租赁的种类及特点

随着经济业务的发展,租赁业务也在不断向前发展,同时,租赁的形式也越来越多。通常按性质可以分为经营租赁与融资租赁两大类。

(一) 经营租赁

经营租赁也称营业租赁或服务租赁,它是解决企业对资产的临时需要或季节性需要的一种短期融资。出租人不仅提供资产的使用权,也提供维修、保养、人员培训等服务。

(二) 融资租赁

融资租赁亦称资本性租赁或财务租赁,是由出租人按照承租人的要求,出资购入预定的资产,然后租给承租人长期使用的租赁方式。融资租赁是解决企业对资产长期需要的一种长期租赁,是公司获得长期资产使用权的一种重要手段。融资租赁的特点主要有:

(1) 租赁期限比较长。融资租赁的租期一般占租赁资产全部经济寿命(有效使用期)的大部分比例,一般是所租资产预期经济寿命的75%以上。

(2) 承租人对设备和供应商具有选择的权利和责任。出租的设备由承租企业提出要求购买,或者由承租企业直接从制造商或销售商那里选定。出租方只是根据承租方的要求出资购入设备,然后租给承租方使用。因此,对于租赁设备的质量、数量、技术上的检验都由承租方负责。

(3) 在租赁期内,有关设备的保养、维修等费用全由承租人承担。在规定的租期内非经双方同意,任何一方不得中途撤销合同。

(4) 租金较高。融资租赁的租金通常达到租赁资产原始价值的90%以上,出租人一般通过一次出租就可以收回在出租资产上的全部投资。西方经验表明,融资租赁的租金总额一般要高出其设备价款的30%~40%。

(5) 租赁期满,可以将资产作价转让给承租单位,也可由出租人收回,或者双方协商继续租赁。在多数情况下,一般由承租人支付少量价款留购资产,取得其所有权。

三、融资租赁

(一) 融资租赁的业务处理程序

融资租赁业务兼有融资融物的内容,其业务处理程序比信贷手续复杂,必须按先后顺序严格进行。办理融资租赁业务大致经历以下六个阶段:

(1) 选择租赁公司,提出委托申请。当企业决定采用融资租赁方式以获取某项设备时,需要了解各个租赁公司的资信情况、融资条件和租赁费率等,分析比较选定一家作为出租单位。然后,向租赁公司申请办理融资租赁。

(2) 签订购货协议。由承租企业和租赁公司中的一方或双方,与选定的设备供应厂商进行购买设备的技术谈判和商务谈判,在此基础上与设备供应厂商签订购货协议。

(3) 签订租赁合同。承租企业与租赁公司签订租赁设备的合同,如需要进口设备,还应办理设备进口手续。租赁合同是租赁业务的重要文件,具有法律效力。融资租赁合同的内容可分为一般条款和特殊条款两部分。

(4) 交货验收。设备供应厂商将设备发运到指定地点,承租企业要办理验收手续。验收合格后签发交货及验收证书交给租赁公司,作为其支付货款的依据。

(5) 定期交付租金。承租企业按租赁合同规定,分期缴纳租金,这也就是承租企业对所筹资金的分期还款。

(6) 合同期满处理设备。承租企业根据合同约定,对设备续租、退租或留购。

(二) 融资租赁的种类

1. 直接租赁

直接租赁是指承租人直接向出租人承租所需的资产,并按租赁合同按期支付租金。直接租赁的出租人可以是制造商,也可以是专业租赁公司,或者是银行等金融机构。其中除制造商外,其余出租人均须按承租人的需要向供应商购买资产,然后租给承租人。通常所说的融资租赁,如果不作特别说明时即为直接租赁。

2. 售后租回

售后租回亦称回租租赁或先卖后租式租赁,这是融资租赁的一种特殊形式。它是指承租方由于急需资金等各种原因,将自己资产售给出租方,然后以租赁的形式从出租方原封不动地租回资产的使用权。在这种租赁合同中,除资产所有者的名义改变之外,其余情况均无变化。

3. 杠杆租赁

杠杆租赁亦称平衡租赁或借贷式租赁,是融资租赁派生出来的一种特殊形式。杠杆租赁是指涉及承租人、出租人和资金出借人三方的融资租赁业务。一般来说,当所涉及的资产价值昂贵时,出租方自己只投入部分资金,通常为资产价值的20%~40%,其余资金则通过将该资产抵押担保的方式,向第三方(通常为银行)申请贷款解决。然后租赁公司将购进的设备出租给承租方,用收取的租金偿还贷款,该资产的所有权属于出租方。出租人既是债权人也是债务人,如果出租人到期不能按期偿还借款,资产所有权则转移给资金的出借者。

【知识拓展】

杠杆租赁的特点

(1) 设备价值很大,单个出租人无力或不敢承担巨额投资。

(2) 手续复杂。杠杆租赁涉及出租人、承租人、贷款人、供货人等多个当事人,需要签订许多协议,手续烦琐复杂。

(3) 租金低。在国际上,杠杆租赁可以享受全部加速折旧或投资减税的优待,不仅可以扩大出租人的投资能力,而且可以取得较高利润。出租人再把优惠的好处通过降低租金的形式间接地转移给承租人,所以租金水平要低于其他租赁种类。

(三) 融资租赁的租金

在融资租赁筹资方式下,由于租金的数额和支付方式对承租人的未来财务状况具有直接的影响,因此,租金的计算和支付方式成为筹资决策的重要依据。

1. 租金的构成要素

租金的构成要素取决于租赁方式，不同种类的租赁，其租金的构成要素不尽相同。一般包括以下内容：

（1）设备的购置成本及预计残值。设备的购置成本是指出租人向设备制造厂家或经销商购买设备支付的全部费用，包括设备价款、合同公证费、关税、途中保险费和运杂费等，租赁设备的残值是指设备租赁期满时预计残值的变现净值。

（2）利息费用。租赁期间的利息费用是指出租人为购买租赁资产所筹集资金应支付的利息。

（3）租赁手续费。租赁手续费，是因出租人开展租赁业务所发生的费用、税金及利润等，它包括办公费、差旅费、邮电费、银行费用、工资和税金以及必要的盈利。手续费的收取没有统一的标准，一般由租赁双方协商确定。

2. 租金的支付形式

实务中，承租企业与租赁公司商定的租金支付方式大多为分期等额支付。

3. 每期应付租金的计算方法

（1）平均分摊法。平均分摊法是指将应付的租金在租赁期内平均计算的方法。这种方法较简单，但是没有考虑资金的时间价值。其公式为：

$$每期应付租金 = \frac{设备购置成本 - 预计残值 + 利息费用 + 租赁手续费}{租赁期限}$$

（2）等额年金法。我国融资租赁实务中，租金的计算大多采用等额年金法。用这种方法计算租金时，首先要由租赁双方协商确定一个合理的租赁投资必要报酬率（亦称租费率）作为折现率，该报酬率应包含租赁资金利息、租赁手续费等全部内容；其次是要确定出租人的每期租赁投资回收额（承租人每期应付的租金就是出租人投资的每期回收额，对出租人来说实质上是一种分期等额收回初始投资额的行为），因此承租人的每期应付租金就可直接使用投资回收额计算方法确定，这时出租人应收回的租赁初始投资就是资产价值与归属出租人的资产残值的差额，可按照下式计算：

$$租赁初始投资额 = 租赁资产买价 - 租赁资产残值的现值$$
$$= 租赁资产买价 - 租赁资产残值 \times (P/F, m, r)$$

式中：m 为租赁期，r 为资金利息率。

在等额年金法下，按支付时点不同，又可以分为后付租金（每期期末支付租金）和先付租金（每期期初支付租金）两种情况。

后付租金的计算。根据普通年金现值公式，可得出后付租金的计算公式如下：

$$每期应付租金 = \frac{租赁初始投资额}{年金现值系数(n,i)}$$

先付租金的计算。根据即付年金的现值公式，可得出先付租金的计算公式如下：

$$每期应付租金 = \frac{租赁初始投资额}{年金现值系数(n,i) \times (1+i)}$$

上述公式中：i 为双方商定的租费率（租赁必要报酬率）；n 为租金支付次数。

值得注意的是，由于租费率一般是年利率，若租金支付间隔期不是一年，则计算式中的 n 和 i 应作相应调整。

【例4-3】某企业于某年3月6日从A租赁公司租入一套设备,价值100万元,双方商定租期为5年,预计租赁期满时的残值为5万元,假定租赁双方商定的租费率为11%(其中资金利息率为10%)。则每到一年期满时应支付的租金如下:

$$每期应付租金 = \frac{100 - 5 \times (P/F, 5, 10\%)}{(P/A, 5, 11\%)} = 26.22(万元)$$

此例如果为先付租金,则:

$$每期应付租金 = \frac{100 - 5 \times (P/F, 5, 10\%)}{(P/A, 5, 11\%) \times (1 + 11\%)} = 23.62(万元)$$

此外,有的租赁合同约定在起租日支付租赁手续费,这时租赁初始投资额就不应该包含租赁手续费,每期租赁回收额计算式中年金现值系数的贴现率应该是不含租赁手续费的资金利率。

【知识拓展】

影响租金的因素

(1)租金支付方式。租金支付的方式有很多,不同的方式所计算出来的利息额是不一样的。租金可以先付,也可以后付;可以定期支付,也可以不定期付;可以等额支付,也可以不等额支付等。方式不同,承租人的利息负担则不同。

(2)租赁期。租赁期的长短也影响着租金总额。租期越长,企业负担的利息越多;租期越短,偿还期越短,利息负担越轻。但是,租期短,租金必然提高,承租人不一定可以接受。因此,租期究竟应当长些还是短些,应当进行综合分析。

(3)租赁资产的预计残值。指资产租赁期满时的预计可变现净值,租赁资产残值的归属不同,租金总额也不同。

四、租赁筹资的优缺点

对于作为承租人的企业来说,租赁特别是融资租赁是一种特殊的融资方式,与其他融资方式相比,租赁筹资有自己的优缺点。企业应根据生产经营的需要、资本流动的状况、资本市场的情况,正确运用租赁筹资,将融资风险控制在合理的范围之内。

(一)租赁筹资的优点

1. 免遭设备陈旧过时的风险

随着科学技术的不断进步,设备陈旧过时的风险很高,而多数租赁协议规定此种风险由出租人承担,承租企业可免受这种风险。

2. 租赁筹资的限制条件较少

企业运用股票、债券、长期借款等筹资方式,都受到相当多的资格条件的限制,如足够的抵押品、银行贷款的信用标准、发行债券的政府管制等。相比之下,租赁筹资的限制条件很少。

3. 租赁能延长资金融通的期限

通常为设备而贷款的借款期限比该资产的物理寿命要短得多，而租赁的融资期限却可接近其全部使用寿命期限；并且其金额随设备价款金额而定，无融资额度的限制。

4. 均衡各期的财务负担

租金在整个租赁期内分期支付，可以均衡企业各期的财务负担，也降低了不可偿付的风险。

5. 保持资本的流动性

保持资本的流动性事关企业的生死存亡，如果企业的资本大部分冻结在固定资产上，必然会影响其正常的生产经营，企业可能会因此而无钱购买原材料，发不出工资，不能及时地偿还到期债务，从而危及企业生存。

6. 避免意外通货膨胀造成的损失

在现代经济生活中，企业经常会遭到通货膨胀的困扰，但是通过租赁方式取得设备，其租金是在签订租赁合同时确定的。因此，无论以后通货膨胀率多高，企业都可以以原约定数支付租金，这样就可以使承租企业避免因意外的、更高的通货膨胀率而遭受损失。

（二）租赁筹资的缺点

对于承租企业来说，租赁融资的缺点主要表现在以下几个方面：

1. 成本较高

承租企业在租赁期内所支付的租金总额通常要高于购买租赁资产的成本。因为承租企业在租赁期内所支付的租金总额已包括了出租企业的利润及风险报酬。租金总额通常要高于设备价值的30%。

2. 不利于设备改造

在承租期间内，未经出租人同意，承租人对租赁资产无权自行拆卸、改装等，不利于设备改造。

3. 可能丧失资产的残值

租赁期满，如果租赁资产归出租人所有，承租人就丧失了资产的残值；但如果企业购买了资产，则可以享有资产的残值。

【本章小结】

长期负债筹资是与权益筹资性质不同的筹资方式，需固定支付债务利息，其筹资成本一般比普通股等权益筹资的成本低，并且不会分散投资者对企业的控制权，还可以使股东获得财务杠杆效应。长期负债筹资的方式主要有银行借款和公司债券、融资租赁等。

银行借款：筹资速度快、成本较低、资金弹性好、便于利用财务杠杆效应，但财务风险高、筹资数额有限。发行债券：资本成本低、不影响普通股股东的控制权、可产生财务杠杆效应，但财务风险高、筹资数量有限、限制条件较多。可转换债券：筹资灵活、能降低资本成本、调整资本结构、稳定股票市价。但转股后可转换债券筹资将失去利率较低的好处、存在不转换和回售的财务压力。融资租赁：可免遭设备陈旧过时的风险、限制条件较少、能延长资金融通的期限、均衡了各期的财务负担、保持了资本的流动性、避免了意外通货膨胀造成的损失。但成本较高、不利于设备改造、可能丧失资产的残值。

【技能训练题】

1. 某企业准备发行债券，总面值为 1 000 万元，票面利率为 10%，当时市场利率为 8%，期限 5 年。请分析：

(1) 若该债券确定为每年末付息一次，则发行价格应为多少？

(2) 若该债券确定为每半年付息一次，则发行价格应为多少？

(3) 若上述债券票面利率和市场年利率均为 10%，债券每半年付息一次，则该债券应是平价发行还是溢价或折价发行？为什么？发行价格为多少？

2. 企业向租赁公司租赁一套设备，设备原价 300 万元，租赁期 8 年，预计设备残值 10 万元归出租人所有，年利率按 10% 计算，租赁手续费为设备原价的 4%，租金在每年末支付一次。要求：按下列情况分别计算每年应交租金金额数：

(1) 采用等额年金法，手续费在租入时一次付清。

(2) 采用等额年金法，手续费摊入租金，租赁双方商定租费率为 12%。

(3) 采用等额年金法，条件同 (2)，但每年租金要求在年初支付。

3. 上市公司 M，2016 年年末总股份为 10 亿股，实现净利润为 4 亿元。公司计划增加一条新生产线，预计总投资额为 8 亿元，项目可行性论证已通过。为了筹集新生产线所需的资金，财务部制定了两个筹资方案供董事会选择：

方案一：发行可转换债券 8 亿元，每张面值 100 元，规定的转换价格为每股 10 元，债券期限为 5 年，年利率为 2.5%，转换期起始日为自该可转换债券发行结束之日（2017 年 1 月 25 日）起满 1 年后的第一个交易日（2018 年 1 月 25 日）。

方案二：发行一般债券 8 亿元，每张面值 100 元，债券期限为 5 年，年利率为 5.5%。

要求：(1) 计算自该可转换公司债券发行结束之日起至可转换起始日止，与方案二相比，M 公司发行可转换公司债券节约的利息。

(2) 预计在转换期公司市盈率将维持在 20 倍的水平（以 2017 年的每股收益计算）。如果 M 公司希望可转换公司债券进入转换期后能够实现转股，那么 M 公司 2017 年的净利润及其增长率至少应达到多少？

(3) 如果转换期内公司股价在 8~9 元之间波动，说明 M 公司将面临何种风险？

第五章 资本成本与资本结构

【学习目的与要求】

了解资本成本和资本结构的概念；熟悉个别资本成本、综合资本成本的计算及应用，理解资本成本与资本结构的关系，掌握最佳资本结构的决策方法。

【引导案例】

韩国大宇集团为什么会倒下

韩国大宇集团于1967年由金宇中创建，20世纪70年代侧重发展化学工业，20世纪80年代后向汽车、电子和重工业领域投资，并参与国外资源的开发，经营范围包括外贸、造船、重型装备、汽车、电子、通信、建筑、化工、金融等。鼎盛时，大宇集团国内所属企业多达41家，海外公司数量达600家，为韩国第二大企业（仅次于现代集团），也是世界20家大企业之一。在一代人的心目中，金宇中及其大宇集团曾是韩国的象征。

20世纪80年代至90年代中期，在宏观经济景气条件下，韩国国内金融机构大量借入海外资本，并把这些资本贷给像大宇这样的财阀企业。有政府政策和银行信贷的支持，大宇集团走上了一条"举债经营"之路，并获得了资本结构放大的投资收益。

1997年爆发了亚洲金融危机，外国银行和机构投资者开始出逃资本，大宇集团的筹资状况趋向恶化。但是大宇集团认为只要提高开工率、增加销售额和出口就能躲过这场危机。因此，它继续大量发行债券，发行的公司债券达70 000亿韩元（约58.33亿美元）。当时大宇集团总资产为710亿美元，负债为598亿美元，资产负债率高达84.23%。但事与愿违，大宇集团的高负债率造成巨额债务负担，盈利的减少又造成股价的下降，投资遭受巨大的打击。1998年第4季度，大宇集团的债务危机初露端倪。1999年7月27日大宇集团因"延迟重组"被韩国4家债权银行接管，8月11日大宇集团被迫低价出售两家财务出现问题的公司，8月16日大宇集团与债权人达成协议出售盈利最佳的大宇证券公司以及大宇电器、大宇造船、大宇建筑公司等。1999年11

月1日正式宣布集团解体。

　　大宇集团为什么会倒下？在其轰然坍塌的背后，存在的问题固然是多方面的，但根本问题是其资本结构不合理，过度举债和负债经营产生的财务杠杆"负"效应，不仅没有提高企业的盈利能力，反而因巨大的偿付压力使企业陷于难于自拔的财务困境。

　　[思考] 什么是财务杠杆效应？企业应如何合理安排自身的资本结构？

第一节　资本成本

　　资本成本是指企业为筹措和占用资本而付出的代价，体现为融资来源所要求的报酬率。在现实经济生活中，企业从各种渠道筹措和占用资本都不是无偿的，由于取得了资本使用权，必须支付一定使用费，资本成本表现为取得资本使用权所付出的代价。对出资者而言，由于让渡了资本的使用权，必须得到一定的补偿，资本成本表现为让渡资本使用权所带来的投资报酬。

　　讨论资本成本的目的是要了解各项资本来源的实际成本水平，进而了解企业全部资本的平均成本水平，便于决策者的取舍。从资本来源看，资本包括短期负债、长期负债、优先股、普通股和留存收益等，其中的短期负债一般数额较小，占用不太稳定（如短期借款），有些甚至是无息的（如应交税费、应付职工薪酬等），对企业的加权平均资本成本的高低影响微弱，所以不在本章讨论。所以除非特别说明，资本成本一般是指企业长期资本的成本，即长期负债、优先股、普通股和留存收益等资本的成本。

一、资本成本概述

（一）资本成本的内容

资本成本包括筹资费用和用资费用两部分内容。

1. 筹资费用

筹资费用是指企业在筹措资本过程中为获取资本而付出的花费。包括向银行支付的借款手续费，因发行股票、债券而支付的发行费用等。

2. 用资费用

用资费用是指企业在生产经营、投资过程中因占用资本而付出的费用。包括向股东支付的股利、向债权人支付的利息等，这是资本成本的主要内容。长期资本的用资费用，因使用资本数量的多少和时期的长短而变动。

　　筹资费用不同于用资费用，它通常是在筹措资本时一次支付的，在用资过程中不再发生，因此，可视作筹资数额的一项扣除。扣除筹资费用后的筹资数额为筹资净额。

资本成本可用绝对数表示，亦可用相对数表示。资本成本用绝对数表示，是指企业为筹措和使用一定量的资本而付出的筹资费用与用资费用的总和。资本成本用相对数表示，即资本成本率，是指企业为筹措和使用一定量的资本而付出并承担的用资费用和筹资净额之间的比率。实务中，资本成本一般用相对数资本成本率来表达，以一年为计算期，这时资本成本率也就是一个年实际利率了。

(二) 资本成本的分类

资本成本按其用途不同，可以区别为个别资本成本、综合资本成本、边际资本成本三种不同概念。

1. 个别资本成本

个别资本成本是指各单个长期资本来源的成本。个别资本成本是比较各种筹资方式优劣的一个尺度，企业筹集长期资本一般有多种方式可供选择，如长期借款、发行债券、发行股票等，这些长期筹资方式的个别资本是不一样的，成本的高低可作为比较各种筹资方式优缺点的依据之一。

2. 综合资本成本

综合资本成本是指各种来源的个别资本成本的加权平均成本，又称加权平均资本成本。企业的全部长期资本通常是采用多种方式筹资组合构成的，这种长期筹资组合有多个方案可供选择。综合资本成本的高低就是比较各个筹资组合方案，做出资本结构决策的基本依据。

3. 边际资本成本

边际资本成本是指新筹集资本的成本。企业为了扩大生产经营规模，增加经营所需资产或追加对外投资，往往需要追加筹集资本。在这种情况下，边际资本成本是比较选择各个追加筹资方案的重要依据。本书对边际资本成本不做讨论。

【知识拓展】

资本成本的性质

资本成本是一个重要的经济范畴，它的性质可以概括如下：①资本成本是资本所有权与使用权相分离的产物。资本作为一种特殊的商品，能与其他生产要素结合，保证生产经营活动的顺利进行，因此有其使用价值。融资企业作为资本使用者，必然要向资本所有者支付一定费用以换取在一定时期内使用资本的权利，资本成本是其取得和占有资本使用权的代价。对债权人和股东来说，资本成本表现为让渡资本使用权所要求的贷款利息或投资报酬。②资本成本是成本但区别于一般的产品成本。资本成本也是企业的一种支出，具有一般产品成本的基本属性。但一般产品成本是在材料、机器、人工等生产要素上的耗费，是一种直接成本。而资本成本是在资本要素上的耗费，是一种间接成本。③资本成本包含资本时间价值但不等于资本时间价值。资本时间价值是指在没有风险、没有通货膨胀的条件下，随时间的推移而发生的增值。资本时间价值是资本成本的下限。资本成本是以资本时间价值为基础的，但还包括投资风险价值和通货膨胀率等。

（三）资本成本的作用

资本成本是企业财务管理中的一个重要概念，对于企业的筹资管理、投资管理，甚至整个经营管理都有着极其重要的作用。

1. 资本成本是比较筹资方式、选择筹资方案的依据

在市场经济条件下，企业可以通过发行股票、债券，利用银行信用、商业信用等多种方式筹集企业所需的资本。但在不同筹资方式下，筹资成本是不同的，而且，筹资组合发生变动，企业的综合资本成本率也会发生变动。为了以最少的代价取得企业所需的资本，就必须预测分析各种筹资方式下资本成本的高低。所以，财务管理的任务因此而表现为谋求综合的资本成本的节省。当然，资本成本并不是选择筹资方式所要考虑的唯一因素，各种筹资方式下融资的使用期限、偿还方式以及相关的附加条件也必须认真加以考虑。因此，资本成本是影响企业筹资的重要因素，是企业选择资本来源的基本依据，也是企业选择筹资方式的参考标准。

2. 平均资本成本是衡量资本结构是否合理的依据

企业财务管理目标是企业价值最大化，企业价值是企业资产带来的未来经济利益的现值。计算现值时采用的贴现率通常会选择企业的平均资本成本，当平均资本成本率最小时，企业价值最大，此时的资本结构是企业理想的最佳资本结构。

3. 资本成本是评价投资项目可行性的主要标准

资本成本是企业对投出资本所要求的最低必要报酬率。一般来说，一个投资项目的投资报酬率高于其资本成本率，则该项目在经济上才是可行的；否则，就不可行。因此，资本成本便成为企业确定投资项目是否可行的"取舍率"。

4. 资本成本是评价企业整体业绩的重要依据

一定时期企业资本成本率的高低，不仅反映企业筹资管理的水平，还可作为评价企业整体经营业绩的标准。企业的生产经营活动，实际上就是所筹集资本经过投放后形成的资产营运，企业的总资产报酬率应高于其平均资本成本率，才能带来剩余收益。

【知识拓展】

影响资本成本的因素

（1）总体经济环境。总体经济环境和状态决定企业所处的国民经济发展状况和水平，资本的供给和需求以及预期的通货膨胀。总体经济环境变化的影响，反映在无风险报酬率上，如果国民经济保持健康、稳定、持续增长，整个社会经济的资本供给和需求相对均衡且通货膨胀水平低，资本所有者投资的风险小，预期报酬率低，筹资的资本成本相应就比较低。相反，如果国民经济不景气或者经济过热，通货膨胀持续居高不下，投资者投资风险大、预期报酬率高，筹资的资本成本就高。

（2）资本市场效率。资本市场效率表现为资本市场上的资本商品的市场流动性。资本商品的流动性高，表现为容易变现且变现时价格波动较小。如果资本市场缺乏效率，证券的市场流动性低，投资者投资风险大，要求的预期报酬率高，那么通过资本市场筹集的资本其资本成本就比较高。

(3) 企业经营状况和融资状况。企业内部经营风险是企业投资决策的结果，表现为资产报酬率的不确定性；企业融资状况导致的财务风险是企业筹资决策的结果，表现为股东权益资本报酬率的不确定性。两者共同构成企业总体风险，如果企业经营风险高，财务风险大，则企业总体风险水平高，投资者要求的预期报酬率高，企业筹资的资本成本相应就高。

(4) 企业对筹资规模和时限的需求。在一定时期内，国民经济体系中资本供给总量是一定的，资本是一种稀缺资源。因此企业需要筹集的资本规模越大、占用资本时限越长，资本成本就越高。当然，融资规模、时限与资本成本的正向相关性并非线性关系。一般说来，融资规模在一定限度内，并不引起资本成本的明显变化，当融资规模突破一定限度时，才引起资本成本的明显变化。

二、个别资本成本

资本成本水平通常用相对数资本成本率表示，它实质上是一个资本的年实际利率指标。

个别资本成本是指某一单项长期资本的成本。企业的长期资本主要有长期借款、债券、股票、留存收益等。其中借款和债券称为债务资本，股票和留存收益称为权益资本。个别资本成本的计算有两种模式：

模式一：一般模式。对于金额不大、时间较短的资本，通常不考虑时间价值，计算时将筹资费用作为筹资额的一项扣除，扣除筹资费用后的筹资额称为筹资净额，再以用资费用和筹资净额之间的比率表示，通用的计算公式是：

$$资本成本率 = \frac{每年实际承担的用资费用}{筹资净额} \times 100\%$$

式中： 筹资净额 = 筹资总额 − 筹资费用 = 筹资总额 × (1 − 筹资费率)

$$筹资费率 = \frac{筹资费用}{筹资总额} \times 100\%$$

模式二：折现模式。对于金额大、时间长的资本，需要准确的资本成本计算，则要考虑时间价值。折现模式，是将未来资本清偿额（债务未来还本付息或股权未来股利分红）的折现值与目前筹资净额相等时的折现率作为资本成本率。即：

由： 筹资净额现值 = 未来资本清偿额现金流量现值

得： 资本成本率 = 所采用的折现率

在估算不同资本的成本时，还应注意到：根据现行会计核算和税收相关法律规范的规定，债务利息在企业所得税前列支而股利在企业所得税后发放，为使这两类不同来源资本的成本水平具有可比性，在确定各单项资本来源的成本时，还必须考虑所得税的影响。

（一）长期债务资本成本率计算

1. 模式一应用

相对于股权资本的长期永久占用，长期债务的使用期限是很短的，因此其资本成本率计算可以不考虑时间价值而采用模式一计算。

长期债务的成本包括债务的利息和筹资费用。由于债务利息（资本化利息除外）记入税前成本费用，可以起到抵税的作用（通常称为债务成本抵税效应），使长期债务资本实际承担的成本低于所支付的利息费用，因此长期债务资本成本率的计算公式为：

$$长期债务资本成本率 = \frac{每年实际承担的用资费用}{筹资净额} \times 100\%$$

$$= \frac{年利息 \times (1 - 所得税率)}{筹资净额} \times 100\%$$

【例5-1】金枫公司取得5年期长期借款100万元，年利率10%，每年付息一次，到期一次还本，借款费用率0.2%，公司适用所得税税率为25%。该项借款的资本成本率为：

$$K_L = \frac{100 \times 10\% \times (1 - 25\%)}{100 \times (1 - 0.2\%)} \times 100\% = 7.52\%$$

【例5-2】金枫公司发行总面值为1 000万元的公司债券，票面利率为12%，期限为10年，发行费用为发行价格的5%，公司适用所得税税率为25%，每年末付息一次，到期还本，按面值发行。该公司债券的成本率计算如下：

$$K_B = \frac{1\,000 \times 12\% \times (1 - 25\%)}{1\,000 \times (1 - 5\%)} \times 100\% = 9.47\%$$

使用上述计算公式应注意：①当长期借款的筹资费用（主要是借款的手续费）很小时一般可以忽略不计。②债券的发行价格有平价、溢价、折价三种，债券的筹资净额应按实际发行价格计算。

【例5-3】沿用【例5-2】资料，溢价发行，发行价格为1 200万元，其他条件不变。

则该公司债券的成本率计算如下：

$$K_B = \frac{1\,000 \times 12\% \times (1 - 25\%)}{1\,200 \times (1 - 5\%)} \times 100\% = 7.89\%$$

【例5-4】沿用【例5-2】资料，折价发行，发行价格为900万元，其他条件不变。

则该公司债券的成本率计算如下：

$$K_B = \frac{1\,000 \times 12\% \times (1 - 25\%)}{900 \times (1 - 5\%)} \times 100\% = 10.53\%$$

【知识拓展】

企业亏损情况下债务资本成本率计算

若企业出现亏损，因实际所得税率为零，债务资本失去所得税抵减效应，则此时的税后长期债务资本成本率等于税前长期债务资本成本率，也即计算公式的分子不需要乘以（1-所得税税率）。

2. 模式二应用

用模式一方法计算长期债务的资本成本率比较简单，但没有考虑时间价值，如果债务时间较长计算结果会不太精确，这时可采用折现模式。长期债务一般为到期还本分期付息，其资本成本率计算式可使用下式求得：

令：筹资净额＝未来应付本息总现值＝本金的复利现值＋每期税后利息的年金现值

本金×(1－筹资费率)＝本金×(P/F,i,n)＋年利息×(1－所得税税率)×(P/A,i,n)

由上式可求得期限为 n 年的，到期还本每年付息的债务的年实际利率 i。

应该注意的是：如果长期债务不是一年付息一次，则应调整上述计算式中的期数（以 m 表示）和期利率（以 r 表示），再根据 $i=(1+r)^m-1$ 可求得债务的年实际利率 i。

【例5－5】沿用【例5－1】资料，采用折现模式，计算长期借款的资本成本率如下：

$$100\times(1-0.2\%)=100\times(P/F,i,5)+100\times10\%\times(1-25\%)\times(P/A,i,5)$$

采用内插法，可以计算出长期借款的成本，$i=7.69\%$。

【例5－6】沿用【例5－2】资料，采用折现模式，计算债券的资本成本率如下：

$$900\times(1-5\%)=1\,000\times(P/F,i,10)+1\,000\times12\%\times(1-25\%)\times(P/A,i,10)$$

采用内插法，可以计算出债券的成本，$i=11.55\%$。

一般情况下，债券成本都高于同期长期借款成本，这主要是由于债券利率水平及筹资费用率均高于长期借款所致。

【延伸思考】

还本付息方式变化对债务资本成本率的影响

对于【例5－5】和【例5－6】中的借款和债券，如果改为每半年或两年付息一次，其资本成本率将发生变化。这点可回溯本书第四章负债筹资管理中债券发行价格计算的相关知识内容得出。因为在考虑时间价值条件下，债券的资本成本率就是债券发行价格计算式中的贴现率。关于模式二下债券资本成本率计算，还可以在本书第七章证券投资收益率计算相关内容中找到，那里的债券投资收益率计算方法（考虑时间价值条件下）与此处的债券资本成本率计算方法原理完全相同，因为投资者的投资收益是来自于筹资者付出的筹资成本，相应地投资者的收益率也就是筹资者的成本率。

(二) 股权资本成本计算

由于股权资本都是无须还本而长期永久占用的，不适合采用模式一计算其资本成本率，因此一般采用考虑时间价值的模式二计算。

1. 优先股资本成本

与债券相同，优先股的股利通常是固定的，这使优先股成本的计算与债券成本的计算有相同之处。不同的是：①优先股无届满期限，在一定意义上可以把优先股看成无期限的债券；②优先股股利是税后支付，不具有抵税作用。因此，在计算优先股的成本时，无须考虑所得税影响；③当公司破产清算时，优先股持有人的求偿权位于债权人之后，优先股成本一般都高于债券成本。

优先股股利表现为永续年金形式，采用折现模式计算，公式为：

$$P_P(1-F_P)=\sum_{t=1}^{n}\frac{D_P}{(1+K_P)^t}=\frac{D_P}{K_P}$$

因此，优先股成本可按下列公式计算：

$$K_P = \frac{D_P}{P_P(1-F_P)} \times 100\%$$

式中：

K_P 为优先股资本成本率；D_P 为优先股年股利；P_P 为优先股筹资额（按优先股的发行价格确定）；F_P 为优先股筹资费用率。

【例 5-7】金枫公司发行优先股，总面额为 200 万元，等价发行，发行费率为 5%，规定每年股利为面额的 9%。

该公司优先股成本率计算如下：

$$K_P = \frac{200 \times 9\%}{200 \times (1-5\%)} = 9.47\%$$

2. 普通股资本成本

确定普通股成本通常比确定优先股成本更困难些。这是因为支付给普通股股东的股利的数额难以确定，即普通股股东的收益取决于企业税后收益额的多少及其企业所采用的股利分配政策等因素。因此，普通股股利一般是一个变动的值，每年普通股股东所得到的股利可能各不相同。正因为以上原因，于是出现了多种计算普通股成本的方法。比较常见的有以下三种：

（1）股利现金流量现值法——以股利固定增长为条件。运用这种方法的假设条件是：公司发放的股利每年都以一个固定不变的增长率增长。据此可以得到下述计算公式：

$$K_S = \frac{D_0(1+g)}{P_0(1-F_S)} + g = \frac{D_1}{P_0(1-F_S)} + g$$

式中：K_S 为普通股资本成本率；D_0 为上年股利；D_1 为第一年股利；g 为股利固定增长率；P_0 为股票市价；F_S 为筹资费用率。

采用折现模式，该模型的推导方法如下：

$$P_0(1-F_S) = \frac{D_0(1+g)^1}{(1+K_S)^1} + \frac{D_0(1+g)^2}{(1+K_S)^2} + \cdots + \frac{D_0(1+g)^n}{(1+K_S)^n} \cdots \quad (1)$$

两边同时乘以 $\frac{1+K_S}{1+g}$ 得：

$$P_0(1-F_S)\frac{1+K_S}{1+g} = D_0 + \frac{D_0(1+g)^1}{(1+K_S)^1} + \cdots + \frac{D_0(1+g)^{n-1}}{(1+K_S)^{n-1}} \quad (2)$$

（2）-（1）得：

$$P_0(1-F_S)\frac{1+K_S}{1+g} - P_0(1-F_S) = D_0 - \frac{D_0(1+g)^n}{(1+K_S)^n}$$

由于 K_S 大于 g，当 n 趋近于 ∞ 时，则：

$\frac{D_0(1+g)^n}{(1+K_S)^n}$ 趋近于 0，则：

$$P_0(1-F_S)\frac{1+K_S}{1+g} - P_0(1-F_S) = D_0$$

整理得：

$$K_S = \frac{D_0(1+g)}{P_0(1-F_S)} + g = \frac{D_1}{P_0(1-F_S)} + g$$

计算公式中，D_0 和 P_0 容易取得，困难在于 g 的确定。

【例5-8】金枫公司流通中的普通股为1 000万股，每股面值为1元，市场价为每股2.8元，下一年度的股利为200万元，以后每年增长5%。支付的发行费用为实收金额的6%。

则普通股的成本率为：

$$K_S = \frac{200}{1\,000 \times 2.8 \times (1-6\%)} + 5\% = 12.60\%$$

该模型计算简便，主要问题在于：①它只能用于分配股利的公司，而且每期股利增长率必须是固定的。但在实际中，一些公司可能很长时间不分配股利，一些公司各期股利是波动的，这将限制其使用；②该模型中资本成本对股利增长率 g 很敏感，对 g 的估值的误差在 K_S 中会被放大。

【延伸思考：若公司每年的股利保持固定不变，其成本率可以怎样估算？】

（2）资本资产定价模型法。根据资本资产定价模型，普通股的资本成本 K_S 可表示如下：

$$K_S = R_F + \beta(R_M - R_F)$$

由上式看出，K_S 由两部分组成。R_F 是市场无风险报酬率，一般采用国库券利率。$\beta(R_M - R_F)$ 是对股票投资的风险补偿率，其中 $(R_M - R_F)$ 是对市场平均风险的补偿，β 是某股票相对于市场平均风险的波动倍数。市场平均股票报酬率 R_M 和 β 值由股票市场的数据统计得出。但由于不同的机构对同一种股票 β 值的估算往往有差异，加之 R_M 和 β 值一般用历史数据分析，与未来的预期也会有差异。因此对用资本资产定价模型计算的普通股成本 K_S 最好再作进一步分析。

【例5-9】金枫公司普通股 β 系数为1.5，此时一年期国债利率为5%，市场平均报酬率为15%。

则该普通股资本成本率为：

$$K_S = 5\% + 1.5 \times (15\% - 5\%) = 20\%$$

该模型在对公司权益资本成本进行估值时考虑了风险因素，而且不需要有公司股利分配资料，它可以运用于不分配股利或股利增长率不稳定的公司及其他类型的公司。但是该模型首先要对 K_m 和 β 进行估值，由于这一工作难度较大，且难以精确，从而影响到 K_S 的精确度；其次，其主要依赖历史资料，而经济是不断发展变化的，以此计算的 K_S 也难以完全反映今后公司权益资本成本的真实情况。

（3）债务风险溢酬模型法。对股票未上市公司或非股份制企业，以上两种方法都不适用于计算其权益资本成本。这时可采用债务成本加风险报酬率的办法，称为"债务风险溢酬模型"。若公司发行债券，其债务成本通常可以借用债券成本率；若无公司债券，则可使用企业的平均负债成本。这种方法的关键是估算风险报酬率，即相对于债券持有者而言，股东因承担更大的风险而要求的风险补偿。如果公司的风险报酬率通常是在一个稳定的范围内，则可采用平均的历史风险报酬率。此外也可根据市场的平均风险报酬率来确定

此数值。该种方法的计算公式如下:

$$K_S = K_b + RP_c$$

K_b 为债务资本成本率;RP_c 为股权资本相对于债务资本的风险溢酬。

在此公式中,债务资本成本率比较容易估算,难点在于确定风险溢酬。

【例 5 - 10】金枫公司债务成本 $K_b = 13\%$,据统计大部分股票投资者的要求,相对于公司债券,股票的风险溢酬大约在 2%~4% 之间,本例取风险溢酬为 4%。求该企业普通股资本成本率。

则该企业普通股资本成本率:

$$K_S = 13\% + 4\% = 17\%$$

在实际中,可以同时用三种方法来估算普通股成本,如果三种方法的计算结果比较接近,可以用平均值作为公司的普通股成本。但是三种方法的计算结果相差甚大,那么财务管理者就必须对各估算值的实用价值进行判断,根据现实状况选择最为合理的估算结果。

3. 留存收益资本成本

留存收益是指按公司法规定和股东大会批准,不作为股利分配而留存在公司使用的那部分税后利润。其所有权属于股东,将其留存于企业,实质上是股东对企业的追加投资。从表面上看,公司使用留存收益似乎没有什么成本,其实不然。若作分配,股东可以在分得股利后自行选择投资方式:购买股票、添置不动产或作其他投资,现在由于留存在公司里使股东丧失了这样的再投资机会,故应考虑股东的机会成本。

严格来说,如果企业将留存收益用于再投资所获得的收益低于股东自己进行另一项风险相似的投资的收益率,企业就不应该保留留存收益而应将其分派给股东。所以,公司留存收益的报酬率至少不应低于股东将股利进行再投资所能获得的收益率(假定风险相同)。

当股东愿意将应得股利留存于公司,表明股东认可以公司的普通股收益率作为再投资收益率,这时留存收益的成本就与普通股的成本相同。但是要引起注意的是:在普通股资本成本率计算的三种模型中,只有模型(1)(股利现金流量现值模型之股利固定增长模型)中涉及筹资费用,因此在该模型下普通股与留存收益资本成本率略有差异,应按照以下公式计算(若股利固定不变则也要相应改变公式):

$$K_r = \frac{D_1}{P_0} + g$$

如【例 5 - 8】的金枫公司,其留存收益资本成本率计算如下:

$$K_r = \frac{D_1}{P_0} + g$$

$$= \frac{200}{1\,000 \times 2.8} + 5\% = 12.14\%$$

一般来说,在企业的全部资本中,普通股以及留存收益的风险最大,要求报酬率也相应较高。因此,其资本成本也是最高的。

三、综合资本成本

综合资本成本是指企业全部长期筹资组合后的总成本,它通常是以各种资本占全部资本的比重为权数，对各要素资本成本进行加权平均确定的。因此，也称为加权平均资本成本（Weighted Average Cost of Capital，WACC）。多元化融资方式下的综合资本成本，反映了企业资本成本整体水平的高低，可用于确立企业理想的资本结构，即合理确定企业各种资本的构成及其比例关系。

综合资本成本是由个别资本成本和个别资本权数两个因素决定的。其计算公式如下：

$$WACC = \sum_{i=1}^{n} K_i W_i$$

式中：WACC 为综合资本成本率（即加权平均成本）；K_i 为第 i 种资本来源的个别资本成本率；W_i 为第 i 种资本来源占全部资本来源的比重，即权数。

综合资本成本的计算，要解决权数问题，即各项个别资本占全部资本的比重。通常可供选择的有账面价值权数、市场价值权数、目标价值权数等。

（一）账面价值权数

该方法以各项个别资本的会计报表账面价值为基础来计算资本权数，确定各类资本占总资本的比重。资料可以直接从资产负债表中得到，优点是简单易行，而且计算结果比较稳定。但是其反映的是企业过去的资本结构，当债券和股票的市价与账面价值差距较大时，不能反映目前从资本市场上筹集资本的现时机会成本，因而不适合评价现时的资本结构。

（二）市场价值权数

该方法以各项个别资本的现行市价为基础来计算资本权数，确定各类资本占总资本的比重。其优点是能够反映现时的资本成本水平，有利于进行资本结构决策。但现行市价经常变动，不容易取得，而且现行市价反映的只是现时的资本结构，因而不适用未来的筹资决策。

（三）目标价值权数

该方法以各项个别资本预计的未来价值为基础来确定资本权数，确定各类资本占总资本的比重。目标价值权数的确定，可以选择未来的市场价值，也可以选择未来的账面价值。目标价值是根据目标资本结构，对筹措和使用资本提出一种要求，能体现决策的相关性，适用于未来的筹资决策。但目标价值的确定依赖于财务管理人员的价值判断和职业经验，是主观愿望和预期的表现，难免存在主观性。

【例 5-11】金星公司某年年末的长期资本账面总额为 1 000 万元，其中：长期借款 100 万元，长期债券 150 万元，优先股 100 万元，普通股 450 万元，留存收益 200 万元。长期借款、长期债券、优先股、普通股和留存收益的个别资本成本分别为：5%、6%、9%、12%、11.5%。优先股市场价值为 350 万元，普通股（含留存收益）市场价值为 2 320 万元，债务的市场价值等于其账面价值。

1. 按账面价值确定权数，计算综合资本成本

表 5-1　　　　　　　　　　综合资本成本计算表

资本种类	账面价值（万元）	个别资本权数	个别资本成本	综合资本成本
长期借款	100	10.00%	5.00%	0.50%
公司债券	150	15.00%	6.00%	0.90%
优先股	100	10.00%	9.00%	0.90%
普通股	450	45.00%	12.00%	5.40%
留存收益	200	20.00%	11.50%	2.30%
合计	1 000	100.00%	—	10.00%

2. 按市场价值确定权数，计算综合资本成本

表 5-2　　　　　　　　　　综合资本成本计算表

资本种类	市场价值（万元）	个别资本权数	个别资本成本	综合资本成本
长期借款	100	3.42%	5.00%	0.17%
公司债券	150	5.14%	6.00%	0.31%
优先股	350	11.99%	9.00%	1.08%
普通股	2 320	79.45%	12.00%	9.53%
合计	2 920	100.00%	—	11.09%

四、降低资本成本的途径

企业筹措资本和占用资本必须要付出代价，这一点是确定无疑的。不过，企业还是希望这种代价能尽可能的少一些，那么，怎样才能降低资本的成本呢？影响资本成本有诸多因素，既取决于企业自身筹资决策，也取决于外部市场环境，要降低资本成本，可以从以下几个方面着手：(1) 合理安排筹资期限。筹资期限要服从于投资年限，服从于资本预算，分阶段、分时期合理安排；(2) 做好预测利率。预期未来利率将上升，则按当前的利率发行债券有利，反之，可等到利率下降时再发行；(3) 提高其信用等级。积极参与信用等级评估，树立起良好的财务形象，增强投资者的投资信心；(4) 合理负债经营。在投资收益率大于债务成本率时，积极利用负债经营，降低资本成本，获取财务杠杆收益；(5) 做好筹资规划管理。掌握各种筹资方式的基本程序，制订完善的筹资计划，提高筹资工作的效率，节约筹资费用；(6) 利用股票市场降低成本压力。积极利用股票增值机制，转向股票市场来实现股东投资增值，降低股票分红压力和公司的现金股利流出。

资本结构

资本结构,也称财务结构,它是指企业各种资本的构成及其比例关系。资本结构有广义和狭义之分。广义的资本结构是指企业全部资本的构成及其比例关系。不仅包括权益资本和长期债务资本,还包括短期债务资本。狭义的资本结构仅指企业长期资本的构成及其比例关系,包括权益资本和长期债务资本,而不包括短期债务资本。主要原因是短期债务资本经常变化,占用时间短,有时甚至没有成本,一般作为营运资本管理内容专门讨论,不列入资本结构管理范畴。通常情况下,企业资本结构是指狭义的资本结构,即长期债务资本和权益资本的比例关系。

一、资本结构原理

对于资本结构与企业价值的关系问题,许多财务学者进行了大量的研究,提出了不同的理论,但实际情况相当复杂,至今尚未形成定论。下面,介绍几种典型的理论。

(一) 净收入理论

净收入理论(Net Income Theory)认为,由于债务成本低于权益成本,提高负债程度,可以降低企业的加权平均资本成本,所以负债程度越高,企业的价值越大。这是因为债务利息和权益资本成本均不受财务杠杆的影响,亦即无论负债程度多高,企业的债务资本成本和权益资本成本都不会变化。在此前提下,只要债务资本成本低于权益成本,那么负债越多,企业的加权平均资本成本就越低,企业的价值就越大。当负债比率为100%时,企业加权平均资本成本最低,企业价值将达到最大值,主张企业应尽可能多负债。净收入理论下,资本成本与企业价值的关系,见图5-1。

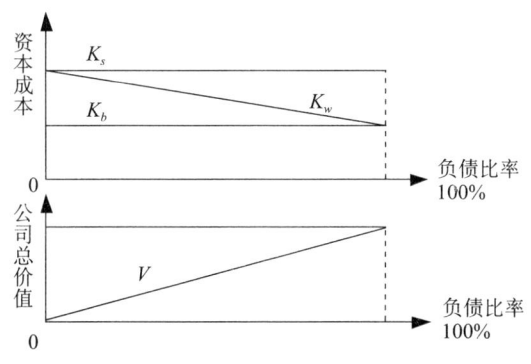

图5-1 净收入理论分析示意图

图 5-1 中，K_b 表示债务资本成本，K_s 表示权益资本成本，K_w 表示加权平均资本成本，V 表示企业价值。

(二) 净营运收入理论

净营运收入理论（Net Operating Income Theory）认为，企业无法利用财务杠杆提高其价值。无论财务杠杆如何变化，加权平均资本成本都是固定的，这是因为企业利用财务杠杆时，即使债务成本本身不变，但权益资本的风险会提高，权益成本也会上升。于是，加权平均资本成本并不会因为负债比例的提高而降低，而是维持不变。无论企业举债多少，企业的总价值也会固定不变。因此，资本结构与企业价值无关，决定企业价值的是净营运收入。净营运收入理论下，资本成本与企业价值的关系，见图 5-2。

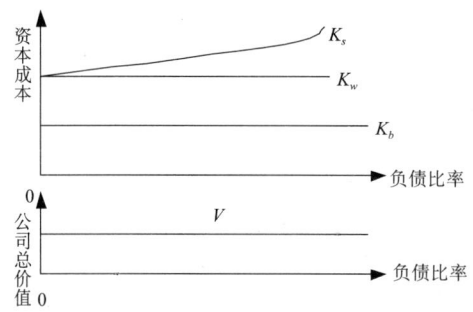

图 5-2 净营运收入理论分析示意图

图 5-2 中，K_b 表示债务资本成本，K_s 表示权益资本成本，K_w 表示加权平均资本成本，V 表示企业价值。

(三) 传统理论

该理论是一种介于"净收入理论"和"净营运收入理论"之间的理论。传统理论认为，企业利用财务杠杆尽管会导致权益成本的上升，但在一定程度内却不会完全抵消利用成本率低的债务所获得的好处，因此会使加权平均资本成本下降，企业总价值上升。但是，超过一定程度地利用财务杠杆，权益成本的上升就不再能为债务的低成本所抵消，加权平均资本成本便会上升。以后，债务成本的上升和权益成本的上升共同作用，使加权平均资本成本上升加快。加权平均资本成本从下降变为上升的转折点，是加权平均资本成本的最低点，这时的负债比率就是企业的最佳资本结构。

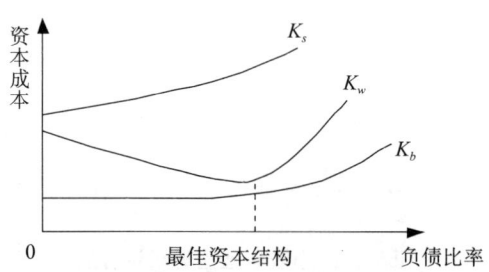

图 5-3 传统理论分析示意图

图 5-3 中，K_b 表示债务资本成本，K_s 表示权益资本成本，K_w 表示加权平均资本成本。

（四）权衡理论（MM 理论）

所谓权衡理论是指两位美国学者莫迪格利尼（Franco Modigliani）和米勒（Mertor Miller）提出的学说，所以又称 MM 理论。1958 年两人共同发表了一篇名为"资金成本、公司财务和投资理论"的论文。该篇论文的发表对进一步推动资本结构理论的研究起了极为重要的作用。

最初的 MM 理论认为，在所得税法允许债务利息费用在税前扣除的情况下，如果下列假设能够完全成立，则负债越多，企业的价值越大：①公司筹资时没有交易成本或佣金；②投资者无须缴纳个人所得税；③投资者的借款成本与公司的借款成本相同；④所有的负债没有任何风险存在；⑤息税前利润不受负债的影响。

由于在上面的假设中，有些显然不能成立，所以得出的结论并不会完全符合实际情况。在现实生活中，我们几乎不可能找到百分之百使用负债来筹资的公司。为了解决上述问题，莫迪格利尼和米勒及其后续支持者通过研究，使上述假设一一解除，从而使 MM 理论得到了进一步发展。图 5-4 反映了当前 MM 理论的研究成果。

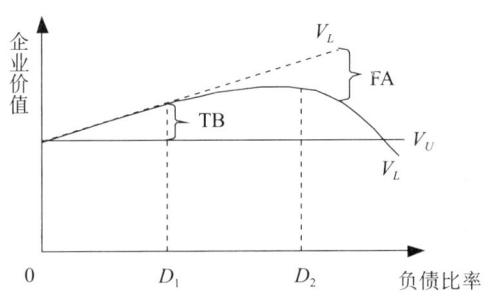

图 5-4 权衡理论分析示意图

图 5-4 中，V_U 表示无债务的企业价值，实线 V_L 表示有债务的企业价值，虚线 V_L 表示没有财务危机成本和代理成本的有债务企业价值，TB 表示债务利息免税现值，FA 表示财务危机成本和代理成本现值。该图说明：

（1）负债可以为企业带来税额庇护利益；

（2）最初的 MM 理论假设在现实中不存在，事实是各种负债成本随负债比率的增大而上升，当负债比率达到某一程度时，息税前利润会下降，同时企业负担破产成本的概率会增加；

（3）当负债比率未超过 D_1 时，破产成本不明显；当负债比率达到 D_1 时，破产成本开始变得重要，负债税额庇护利益开始被破产成本所抵消；当负债比率达到 D_2 时，边际负债税额庇护利益恰好与边际破产成本相等，企业价值（股价）最大，该点为最佳资本结构；负债比率超过 D_2 点后，破产成本大于负债税额庇护利益，导致企业价值（股价）下降。

需要指出的是，尽管该图所提供的曲线从一个侧面反映了公司利用财务杠杆时的情况，将破产关联成本纳入资本成本的考虑之中，而且也得到了理论性与实践性研究结果的支持,但美中不足的是,这只能概略地描述而无法准确地显示出存在于财务杠杆、每股盈余、资本成本及企业价值(股价)之间的关系。特别是一些难以克服的统计学上的问题,使我们很难精确地找出使资本成本最低或企业价值(股价)最高的财务结构。因此,该图所依赖的资料大部分来自主观判断与估计。尽管如此,该资本结构理论还是为管理人员提供一个非常有用的构架,可以指导其决策行为。

二、资本结构决策

不同的资本结构会给企业带来不同的后果。企业利用债务资本进行举债经营具有双重作用,既可以发挥财务杠杆效应,也必然带来财务风险。因此企业必须权衡财务风险和资本成本的关系,确定最佳的资本结构。根据资本结构理论,当公司平均资本成本最低时,公司价值最大。据此,最佳资本结构是指在一定条件下使企业平均资本成本率最低、企业价值最大的资本结构。

从理论上讲,最佳资本结构是存在的,但由于企业内部条件和外部环境的经常性变化,动态地保持最佳资本结构十分困难。因此在实践中,目标资本结构通常是企业结合自身实际情况,适度负债经营所确立的资本结构。

企业资本结构是否处于最佳状态?如何使企业资本结构达到最佳状态?评价和决策的原则应该是能够降低企业的资本成本,或者能够提高企业的股权收益,最终提升企业的价值。就具体的评价指标而言,资本成本一般是指企业资本的加权平均成本,股权收益一般是指净资产报酬率或普通股每股收益。实务中,最优资本结构的决策方法,一般有比较综合资本成本法、每股收益分析法和企业价值分析法。

(一)比较综合资本成本法

比较综合资本成本法,是通过计算和比较各种可能的筹资组合方案的平均资本成本,选择平均资本成本率最低的方案。即能够降低平均资本成本的资本结构,就是合理的资本结构。

【例5-12】西湖公司初创时有三个筹资方案可供选择,有关资料经测算汇入表5-3。

表5-3 西湖公司有关资料 单位:万元

筹资方式	方案A		方案B		方案C	
	筹资额	个别资本成本	筹资额	个别资本成本	筹资额	个别资本成本
长期借款	500	6%	600	6.5%	700	7%
债券	1 000	8%	1 400	8%	1 800	10%
优先股	500	12%	500	12%	300	12%
普通股	3 000	15%	2 500	15%	2 200	15%
合计	5 000		5 000		5 000	

方案A的综合资本成本为:

$$\text{WACC}_A = \frac{500}{5\,000} \times 6\% + \frac{1\,000}{5\,000} \times 8\% + \frac{500}{5\,000} \times 12\% + \frac{3\,000}{5\,000} \times 15\% = 12.4\%$$

方案 B 的综合资本成本为：

$$\text{WACC}_B = \frac{600}{5\,000} \times 6.5\% + \frac{1\,400}{5\,000} \times 8\% + \frac{500}{5\,000} \times 12\% + \frac{2\,500}{5\,000} \times 15\% = 11.72\%$$

方案 C 的综合资本成本为：

$$\text{WACC}_C = \frac{700}{5\,000} \times 7\% + \frac{1\,800}{5\,000} \times 10\% + \frac{300}{5\,000} \times 12\% + \frac{2\,200}{5\,000} \times 15\% = 11.9\%$$

比较上述三个筹资方案的综合资本成本，方案 B 的综合资本成本最低（11.72%）。在其他因素大体相同的条件下，方案 B 是最好的筹资方案，其形成的资本结构为该企业的最优资本结构。

【例 5-13】麓山公司原资本结构及追加筹集资本的两个备选方案等有关资料如表 5-4 所示。

表 5-4　　　　　　　　　　麓山公司有关资料　　　　　　　　　　单位：万元

筹资方式	原资本结构		追加筹资方案 A		追加筹资方案 B	
	筹资额	个别资本成本	筹资额	个别资本成本	筹资额	个别资本成本
长期借款	600	6.5%	200	7%	250	7.5%
债券	1 400	8%	200	8%	350	10%
优先股	500	12%	200	12.5%	200	12.5%
普通股	2 500	15%	400	15.5%	200	15.5%
合计	5 000		1 000		1 000	

若采用追加筹资方案 A，追加筹资后的综合资本成本为：

$$\text{WACC}_A = \frac{600 + 200}{6\,000} \times \frac{600 \times 6.5\% + 200 \times 7\%}{800} + \frac{1\,400 + 200}{6\,000} \times 8\% + \frac{500 + 200}{6\,000}$$

$$\times \frac{500 \times 12\% + 200 \times 12.5\%}{700} + \frac{2\,500 + 400}{6\,000} \times 15.5\%$$

$$= 11.92\%$$

若采用追加筹资方案 B，追加筹资后的综合资本成本为：

$$\text{WACC}_B = \frac{600 + 250}{6\,000} \times \frac{600 \times 6.5\% + 250 \times 7.5\%}{850} + \frac{1\,400 + 350}{6\,000}$$

$$\times \frac{1\,400 \times 8\% + 350 \times 10\%}{1\,750} + \frac{500 + 200}{6\,000} \times \frac{500 \times 12\% + 200 \times 12.5\%}{700}$$

$$+ \frac{2\,500 + 200}{6\,000} \times 15.5\%$$

$$= 11.80\%$$

对两个追加筹资方案的综合资本成本进行比较，可见采用追加筹资方案 B 比较有利。值得注意的是，计算追加筹资方案资本成本率时对于普通股都应该按照新资本的成本率计算。

【知识拓展】

比较综合资本成本法侧重于从资本投入的角度对筹资方案和资本结构进行优化分析。值得注意的是：①增资后会引起普通股市价等改变，普通股股东认同的投资价值是股票市价，原先的买价是沉没成本，他们按市价要求投资收益，按风险要求价值补偿，我们这样计算普通股的资本成本体现了"投资者的期望收益就是筹资者的资本成本"。增资后普通股的资本成本没有新、老之分，因为新、老普通股股东持有的股票"同股同权"是一样的。但新、老债券是有区别的，必须分别计算资本成本。②增资后的资本比重在本例中是用账面价值确定的，需要时也可换用市场价值或目标价值，这在前面的章节中已经对此论述过。③本方法确定的只能是有限备选方案中资本结构最优者，因而只是较优方案，不可能认定这就是最优方案。④个别资本成本的计算并不一定令人信服。首先，个别资本成本的计算建立在预测的基础上；其次，个别资本成本的计算分为考虑时间价值和不考虑时间价值的方法；最后，权益资本成本的计算始终是一个难题。

（二）每股收益分析法

从普通股股东的利益这一角度考虑资本结构的优化可以采用比较普通股每股收益法。即能够提高普通股每股收益的资本结构，就是合理的资本结构。在资本结构管理中，利用债务资本的目的之一，就在于债务资本能够提供财务杠杆效应，利用负债筹资的财务杠杆作用来增加股东财富。

如果方案的息税前利润可明确预见，则可以直接比较各方案的普通股每股收益，即直接计算各方案的普通股每股收益，每股收益最大者为最佳方案。

【例5-14】金星公司现有权益资本500万元（普通股100万股，每股面值5元）。企业拟再筹资500万元，现有三个方案可供选择，见表5-5。

表5-5

方案	具体内容
A方案	发行年利率为12%的长期债券
B方案	发行年股息率为10%的优先股
C方案	增发普通股100万股

预计每年可实现息税前利润200万元，所得税率25%，据此选择最优方案。

各方案的每股盈余分别为：

$$\text{EPS}_A = \frac{(200 - 500 \times 12\%) \times (1 - 25\%)}{100} = 1.05(元/股)$$

$$\text{EPS}_B = \frac{200 \times (1 - 25\%) - 500 \times 10\%}{100} = 1(元/股)$$

$$\text{EPS}_C = \frac{200 \times (1 - 25\%)}{100 + 100} = 0.75(元/股)$$

由以上计算结果可知，A 方案的每股收益最大，应采用 A 方案筹资。

(三) 无差别点分析法

如果方案的息税前利润不能明确预见，只可估测大致范围，则无法直接计算方案的每股收益，那么可以采用无差别点分析法（EBIT – EPS 平衡分析法）。

无差别点是指使不同资本结构方案的每股收益相等的息税前利润水平，即在该息税前利润水平时，不同资本结构方案的每股收益无差别。

如果用 EPS_1 和 EPS_2 分别表示不同资本结构方案的每股收益：

$$EPS_1 = \frac{(EBIT - I_1) \times (1 - T) - D_{p1}}{N_1}$$

$$EPS_2 = \frac{(EBIT - I_2) \times (1 - T) - D_{p2}}{N_2}$$

那么在无差别点（$EBIT^*$）上，有 $EPS_1 = EPS_2$。即：

$$\frac{(EBIT^* - I_1) \times (1 - T) - D_{p1}}{N_1} = \frac{(EBIT^* - I_2) \times (1 - T) - D_{p2}}{N_2}$$

该点（$EBIT^*$）同时也是分界点，当息税前利润水平不等于 $EBIT^*$ 时，不同资本结构方案的每股收益有差别，于是可以对不同资本结构的获利能力进行比较分析，选择每股收益最大的方案。

【例 5 – 15】枫林公司现有资本结构全部为 1 000 万元，其中债务资本 400 万元，债务年利息 40 万元，普通股 600 万元，股数为 10 万股，所得税税率为 25%。现拟增资 600 万元，现有两种筹资方案可供选择，见表 5 – 6。

表 5 – 6

筹资方案	具体内容
甲方案	发行普通股 10 万股，每股 60 元
乙方案	发行债券 600 万元，债券年利率 10%

两种方案的未来息税前利润无法明确预见，据此选择最优方案。

$$EPS_{甲} = \frac{(EBIT^* - 40) \times (1 - 25\%)}{10 + 10}$$

$$EPS_{乙} = \frac{[EBIT^* - (40 + 600 \times 10\%)] \times (1 - 25\%)}{10}$$

令 $EPS_{甲} = EPS_{乙}$，得：$EBIT^* = 160$（万元）

上述关系可用图 5 – 5 表示：

则当预计企业未来息税前利润小于 160 万元时，甲方案每股收益更高，选择甲方案筹资；当预计企业未来息税前利润大于 160 万元时，乙方案每股收益更高，选择乙方案筹资。

以每股收益的高低作为衡量标准对筹资方式进行选择，方法简单易行。值得注意的是，该方法建立在债务永久存在的假设条件之上，没有考虑债务本金的偿还问题，也没有考虑不同资本结构方案的风险差异。

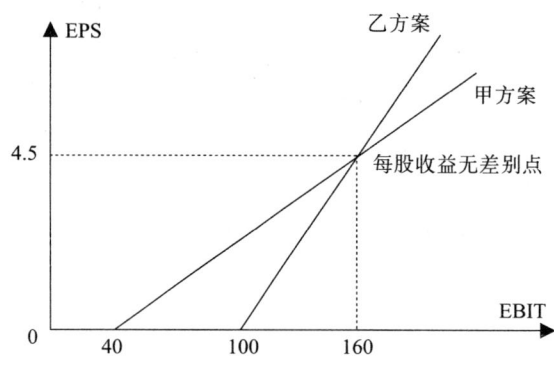

图 5-5 EBIT-EPS 平衡分析示意图

(四) 企业价值分析法

从根本上讲，财务管理的目标在于追求公司价值的最大化或股价最大化。然而只有在风险不变的情况下，每股收益的增长才会直接导致股价的上升，实际上经常是随着每股收益的增长，风险也加大。如果每股收益的增长不足以补偿风险增加所需的报酬，尽管每股收益增加，股价仍然会下降。

现代资本结构理论认为，公司的最佳资本结构应当是可使公司的总价值最高，而不一定是每股收益最大的资本结构。同时，在公司总价值最大的资本结构下，公司的资本成本也是最低的。

企业价值分析法，是通过测算不同资本结构下的公司总价值，选择使公司总价值最高的资本结构为最佳结构的方法。该分析法需要以下基本假定：一是企业的息税前利润水平保持不变；二是债务资本均为债券且其市场价值等于其面值。那么，公司的市场总价值 V 应该等于其股票的总价值 S 加上债券的价值 B，即：

$$V = S + B$$

股票的市场价值则可通过下式计算：

$$S = \frac{(EBIT - I) \times (1 - T)}{K_S}$$

式中：I 为年利息；T 为所得税税率；K_S 为股权资本成本。

其中，K_S 采用资本资产定价模型计算如下：

$$K_S = R_F + \beta(R_M - R_F)$$

式中：R_F 为无风险报酬率；β 为股票的 β 系数；R_M 为平均风险股票必要报酬率。

而公司的资本成本，则应用加权平均资本成本（K_W）表示。其公式为：

$$K_W = K_b \left(\frac{B}{V}\right) \times (1 - T) + K_S \left(\frac{S}{V}\right)$$

式中：K_b 为税前的债务资本成本；B 为债务资本价值；S 为股权资本价值；V 为债务资本价值 + 股权资本价值。

【例 5-16】望岳公司年息税前利润为 500 万元，资本全部由普通股组成，股票账面价值2 000万元,所得税税率25%。该公司认为目前的资本结构不够合理,准备用发行债券购回部分股票的办法予以调整。

第一步,进行市场调查,目前市场无风险报酬率为10%,股票平均风险报酬率为14%,分析测算债务规模变化对股权资本成本的影响(见表5-7)。

表5-7　　　　　不同债务水平对公司债务资本成本和权益资本成本的影响

债券的市场价值B(万元)	税前债务资本成本(K_b)	股票β系数	无风险报酬率	平均风险股票必要报酬率(R_w)	权益资本成本(K_s)
0	—	1.20	10%	14%	14.8%
200	10%	1.25	10%	14%	15%
400	10%	1.30	10%	14%	15.2%
600	12%	1.40	10%	14%	15.6%
800	14%	1.55	10%	14%	16.2%
1 000	16%	2.10	10%	14%	18.4%

第二步,测算不同债务规模下的公司总价值和加权平均资本成本。根据表5-7的资料,即可计算出筹借不同金额的债务时公司的价值和资本成本(见表5-8)。

表5-8　　　　　　　　　公司市场价值和资本成本

债券的市场价值B(万元)	股票的市场价值S(万元)	公司的市场价值V(万元)	税前债务资本成本(K_b)	权益资本成本(K_s)	加权平均资本成本(K_w)
0	2 534	2 534	0	14.8%	14.8%
200	2 400	2 600	10%	15%	14.42%
400	2 270	2 670	10%	15.2%	14.05%
600	2 058	2 658	12%	15.6%	14.11%
800	1 796	2 596	14%	16.2%	14.44%
1 000	1 427	2 427	16%	18.4%	15.72%

从表5-8可以看到,在没有债务的情况下,公司的总价值就是其原有股票的市场价值。当公司用债务资本部分地替换权益资本时,一开始公司总价值上升,加权平均资本成本下降;在债务达到400万元时,公司总价值最高,加权平均资本成本最低;债务超过400万元后,公司总价值下降,加权平均资本成本上升。因此,债务为400万元时的资本结构是该公司的最佳资本结构。

三、资本结构的调整

(一)影响资本结构的因素

在现实中,影响资本结构的因素很多,除了资本成本、财务风险等基本因素以外,还有如下一些重要因素:

1. 企业经营状况的稳定性和成长率

企业产销业务量的稳定程度对资本结构有重要影响。如果产销业务量稳定，企业可较多地负担固定的财务费用；如果产销业务量和盈余有周期性，则要负担固定的财务费用将承担较大的财务风险。经营发展能力表现为未来产销业务量的增长率。如果产销业务量能够以较高的水平增长，企业可以采用高负债的资本结构，以提升权益资本的报酬。

2. 企业的财务状况和信用等级

企业财务状况良好，信用等级高，债权人愿意向企业提供信用，企业容易获得债务资本。相反，如果企业财务情况欠佳，信用等级不高，债权人投资风险大，这样会降低企业获得信用的能力，加大债务资本筹资的成本。

3. 企业资产结构

资产结构是企业筹集资本后进行资源配置和使用后的资本占用结构，包括长短期资产构成和比例以及长短期资产内部的构成和比例。资产结构对企业资本结构的影响主要包括拥有大量固定资产的企业主要通过长期负债和发行股票筹集资本；拥有较多流动资产的企业更多地依赖流动负债筹集资本；资产适用于抵押贷款的企业负债较多；以技术研发为主的企业则负债较少。

4. 企业投资人和管理当局的态度

从企业所有者的角度看，如果企业股权分散，企业可能更多地采用权益资本筹资以分散企业风险。如果企业为少数股东控制，股东通常重视企业控股权问题，为防止控股权稀释，企业一般尽量避免普通股筹资，而是采用优先股或债务资本筹资。从企业管理当局的角度看，高负债资本结构的财务风险高，一旦经营失败或出现财务危机，管理当局将面临市场接管的威胁或者被董事会解聘。因此，稳健的管理当局偏好于选择低负债比例的资本结构。

5. 行业特征和企业发展周期

不同行业资本结构差异很大。产品市场稳定的成熟产业经营风险低，因此可提高债务资本比重、发挥财务杠杆作用。高新技术企业的产品、技术、市场尚不成熟，经营风险高，因此可降低债务资本比重、控制财务杠杆风险。在同一企业不同发展阶段，资本结构安排不同。企业初创阶段，经营风险高，在资本结构安排上应控制负债比例；企业发展成熟阶段，产品产销业务量稳定和持续增长，经营风险低，可适度增加债务资本比重、发挥财务杠杆效应；企业收缩阶段，产品市场占有率下降，经营风险逐步加大，应逐步降低债务资本比重，保证经营现金流量能够偿付到期债务，保持企业持续经营能力，减少破产风险。

6. 经济环境的税务政策和货币政策

资本结构决策必然要研究理财环境因素，特别是宏观经济状况。政府调控经济的手段包括财政税收政策和货币金融政策，当所得税税率较高时，债务资本的抵税作用大，企业可以充分利用这种作用来提高企业价值。货币金融政策影响资本供给，从而影响利率水平的变动，当国家执行紧缩的货币政策时，市场利率较高，企业债务资本成本增大。

（二）资本结构调整的动因

影响资本结构变动的因素既有主观的，也有客观的，但就某一具体企业来讲，影响资本结构变动或调整的直接原因可归纳如下：

1. 资本成本过高

资本成本过高即原有资本结构的加权平均资本成本过高，从而使利润下降。它是资本结构调整的主要原因之一。

2. 企业风险过大

虽然负债筹资能降低成本、提高利润，但风险较大。如果筹资风险过大，以致于企业无法承担，则破产成本会直接抵减因负债筹资而取得的杠杆收益，企业此时也需进行资本结构调整。

3. 筹资弹性不足

所谓弹性是指企业在进行资本结构调整时原有结构应有的灵活性。包括融资期限弹性、各筹资方式间的转换弹性等。其中，期限弹性针对负债筹资方式是否具有展期性、提前收兑性等而言；转换弹性针对负债与负债间、负债与股权间、股权与股权间是否具有可转换性而言。弹性不足时，企业要调整资本结构也很难；反过来，也正是由于弹性不足而促使企业要进行资本结构的调整。弹性大小是判断企业资本结构是否较优的标志之一。

4. 债务约束条件过严

不同的筹资方式下，投资者对筹资方式的使用约束是不同的。约束过严，有损于企业的财务自主权，有损于企业对资本灵活调度与使用。正因为如此，有时企业宁愿承担较高的代价而选择那些使用约束相对较宽的筹资方式。这也是促使企业进行结构调整的动因之一。

（三）资本结构调整的方式

1. 存量调整

存量调整是指在不改变现有资产规模的基础上，根据目标资本结构要求，对现有资本结构进行必要的调整。具体方式如下：在债务资本过高时，将部分债务资本转化为权益资本，如将可转换债券转移为普通股，或者将长期债务收兑或提前归还，而筹集相应的权益资本；在权益资本过高时，通过减资并增加相应的负债额来调整资本结构。

2. 增量调整

增量调整是指企业通过追加筹资量，从而增加总资产的方式来调整资本结构。具体方式如下：在债务资本过高时，通过追加权益资本投资来改善资本结构，如直接增资等；在债务资本过低时，通过追加负债筹资规模来提高负债筹资比重。

3. 减量调整

减量调整是指企业通过减少资本总额的方式来调整资本结构。具体方式如下：在权益资本过高时，通过减资来降低其比重，例如，有的股份公司可回购部分普通股票等；在债务资本过高时，利用税后留存归还债务，以减少总资产，并相应减少债务比重。

【本章小结】

资本成本,是指企业为筹措和使用一定量长期资本而付出的代价。资本成本是企业进行筹资决策的主要依据,也是投资管理的重要标准。各种要素资本成本有高有低,可用于比较和评价各种筹资方式。但任何一种都不能代表公司的资本成本水平,还应计算加权平均成本,其可用于确立企业理想的资本结构。

资本结构及其管理是企业筹资管理的核心问题。所谓最佳资本结构,是指在一定条件下使企业平均资本成本率最低、企业价值最大的资本结构。资本结构优化,要求企业权衡负债的低资本成本和高财务风险的关系,确定合理的资本结构。资本结构优化的决策方法,一般有比较综合资本成本法、每股收益分析法和企业价值分析法。

【技能训练题】

1. 某企业计划年初的资金结构见表5-9。

表5-9

资金来源	金额
普通股800万股(筹资费率2%)	800万元
长期债券年利率10%(筹资费率2%)	300万元
长期借款年利率9%(无筹资费用)	100万元
合　　计	1 200万元

普通股每股市价2元,今年期望股息为0.2元,预计以后每年股利率将增加3%。该企业所得税税率为20%。该企业现拟增资300万元,有以下两个方案可供选择:

甲方案:发行长期债券300万元,年利率11%,筹资费率2%。由于发行债券增加了财务风险,使普通股市价跌到每股1.80元,每股股息增加到0.24元,以后每年需增加4%。

乙方案:发行长期债券150万元,年利率11%,筹资费率2%,另发行股票150万元,筹资费率2%,普通股每股股息增加到0.24元,以后每年仍增加3%,普通股市价上升到每股2.20元。要求:

(1)计算年初综合资金成本;

(2)试做出增资决策。

2. 光华公司目前资本结构为:总资本1 000万元,其中债务资本400万元(年利息40万元);普通股资本600万元(600万股,面值1元,市价5元)。企业由于扩大经营规模,需要追加筹资800万元,所得税税率20%,不考虑筹资费用因素。有三种筹资方案:

甲方案:增发普通股200万股,每股发行价3元;同时向银行借款200万元,利率保持原来的10%。

乙方案：增发普通股100万股，每股发行价3元；同时溢价发行500万元面值为300万元的公司债券，票面利率15%。

丙方案：不增发普通股。溢价发行600万元面值为400万元的公司债券，票面利率15%；由于受债券发行数额的限制，需要补充向银行借款200万元，利率10%。要求：

（1）用无差别点分析法计算每股收益无差别点；

（2）做出增资决策。

3. 某公司息税前利润为400万元，资本总额账面价值1 000万元，假设无风险报酬率为6%，证券市场平均报酬率为10%，所得税税率为20%。经测算，不同债务水平下的股票 β 系数和债务资本成本率如表5－10所示。

表5－10　　　　　不同债务水平下的债务资本成本率和股票 β 系数

债务市场价值 B（万元）	税前债务利息率 K_b	股票 β 系数
0		1.5
200	8.0%	1.55
400	8.5%	1.65
600	9.0%	1.80
800	10.0%	2.00
1 000	12.0%	2.30
1 200	15.0%	2.70

要求：

（1）根据表5－10的资料，计算出不同资本结构下的企业总价值和综合资本成本；

（2）确定企业的最优资本结构。

4. 某公司的目标资本结构如下：优先股15%，普通股60%，负债25%。普通股本由已发行的股票和利润留存组成。该公司投资者期望未来的收益和股息按9%的固定增长率增长，上一期股息为3元/股，本期股票价格为50元/股，政府债券收益率为11%，平均股票期望收益率为14%，公司的 β 系数是1.51。优先股为按100元/股的价格发行的新优先股，股息11元/股，每股发行成本为价格的5%。负债是按12%年息率发行的新债券，发行成本忽略不计。公司的所得税税率为20%。

试计算各类资本的资本成本，分别用资本资产定价模型和折现现金流法估算普通股的成本，并求出公司的加权平均资本成本WACC。

第六章　固定资产投资管理

【学习目的与要求】

了解风险投资的相关方法；理解固定资产租赁决策的相关内容；熟悉现金流量的构成及计算；掌握长期投资贴现指标和非贴现指标的计算及应用。

【引导案例】

耗资巨大的投资项目可行吗？

固定资产投资的金额大、风险大、投资决策的影响时间长。一旦投资决策失误，对企业的负面影响非常大，有时甚至会给企业带来毁灭性的灾难。某企业准备投资一个 1 000 万元的项目，假设建设期 2 年，投资发生在建设期初。项目建成投产后可以使用 10 年，每年的净现金流量 150 万元，若资金时间价值为 10%。这个投资几乎占了企业总资产一半的项目要不要上马呢？

[思考] 如何判断一个固定资产投资方案是否可行？如何从众多备选方案中选出一个对企业最为有利的方案？

第一节　固定资产投资概述

一、固定资产的概念

固定资产是指使用期限在一年以上，单位价值在规定的标准以上，并在使用过程中保持原来物质形态的资产，包括房屋及建筑物、机器设备、运输设备、工具器具等。

二、固定资产投资的程序

固定资产投资的程序主要包括以下步骤：

（1）提出投资领域和投资对象。这需要在把握良好投资机会的情况下，根据企业的长远发展战略、中长期投资计划和投资环境的变化来确定。

（2）评价投资项目的可行性。在评价投资项目的环境、市场、技术和生产可行性的基础上，对财务可行性做出总体评价。

（3）投资项目比较与选择。在财务可行性评价的基础上，对可供选择的多个投资项目进行比较和选择。

（4）投资项目的执行。即投资行为的具体实施。

（5）投资项目的再评价。在投资项目的执行过程中，应注意评价原来做出的投资决策是否合理、是否正确。一旦出现新的情况，就要随时根据变化的情况做出新的评价和调整。

第二节 固定资产投资项目现金流量分析

一、投资项目现金流量的内容

投资项目现金流量是指某一个投资项目所引起的现金流入量和流出量的总称，简称为现金流量。在投资决策分析中，"现金"是一个广义的概念，它不仅包括货币资金，也包括与项目相关的非货币资源的变现价值。

投资项目现金流量按其流动方向可分为现金流出量与现金流入量。其中，现金流出量指的是一个方案在实施过程中所需付出的现金，现金流入量指的是由于实施了该方案而可能收入的现金。投资项目现金流入量与现金流出量的差额称为现金净流量（Net Cash Flow），通常记作 NCF。为便于投资项目财务可行性评价指标计算，一般将投资项目全部现金流量按照产生时间的不同划分为初始现金流量、营业现金流量、终结现金流量三个部分。

（一）初始现金流量

初始现金流量即投资项目在投资期（或称建设期）内发生的现金流量。一般有以下项目：①取得固定资产的投资：包括固定资产的购入或建造成本、运输成本和安装成本等；②周转用流动资产的投资：包括周转用存货和现金等流动资产的投资，又称为"垫支流动资金"；③其他方面的投资：包括与固定资产投资有关的技术转让、职工培训费等；④原有固定资产的变价收入：这主要是指固定资产更新时原有固定资产变卖所得的现金收入。

（二）营业现金流量

营业现金流量即投资项目投入使用后，在其使用寿命期间内由于生产经营所带来的现金流入和现金流出的数量。营业现金流入量是指因投资使企业增加的营业收入（或销售收入），营业现金流出量是指为取得现金流入而发生的营业现金支出和缴纳的企业所得税。其中，营业现金支出亦称付现成本，指需要每年支付现金的营业成本。由于营业成本中包含不需要每年支付现金的折旧费、递延资产摊销、无形资产摊销项目等非付现成本，因此应从营业成本中剔出，其计算公式如下：

$$付现成本 = 营业成本 - 非付现成本$$

为便于投资项目财务评价指标计算，营业现金流量一般按年度计算净额，称为"营业现金净流量（Net Operating Cash Flow）"，是营业现金流入量减去营业现金流出量后的净额，可通过下列公式计算：

$$营业现金净流量 = 营业收入 - 付现成本 - 所得税 \quad ①$$
$$= 营业收入 - (营业成本 - 非付现成本) - 所得税$$
$$= 净利润 + 非付现成本 \quad ②$$
$$= (营业收入 - 付现成本) \times (1 - 所得税税率) + 非付现成本$$
$$\times 所得税税率 \quad ③$$

①式是根据直接法由现金净流量的定义来计算营业现金净流量的，②③式是根据间接法由现金净流量的定义推导出的计算营业现金净流量公式。②式表明，从每年营业现金流动的结果来看，增加的营业现金净流入来自两部分：一部分是净利润造成的货币增值；另一部分是以货币形式收回的折旧等非付现成本。③式中"非付现成本×所得税税率"被称为非付现成本抵税额，通常又被称为"折旧抵税额"（就某一项固定资产投资项目而言，一般不涉及递延资产和无形资产摊销的内容，从而使非付现成本就只有折旧费这一项了）。

（三）终结现金流量

终结现金流量即投资项目终结时（固定资产使用期满时）所发生的现金流量。主要包括：①固定资产残值收入或变价收入；②原来垫支在各种流动资产上的周转资金的回收。

【知识拓展】

增量现金流量的含义

只有增量现金流量才是与投资项目相关的现金流量。所谓增量现金流量，是指由于接受或放弃某个投资项目所引起的现金变动部分（不要误解为项目经营期间每年比上年增加数）。由于采纳某个投资项目引起的现金流入增加额，才是该方案的现金流入；同理，某个投资项目引起的现金流出增加额，才是该方案的现金流出。为了正确计算投资项目的增量现金流量，要注意以下几个问题：①对公司其他部门的影响：一个项目建成后，该项目会对公司的其他部门和产品产生影响，这些影响所引起的现金流量变化应计入项目现金流量。②对净营运资金的影响：一个新项目投产后，存货和应收账款等流动资产的需求随之增加，同时应付账款等流动负债也会增加。这些与项目相关的新增流动资产与流动负债的差额即净营运资金应计入项目的现金流量。

二、所得税因素对相关现金流量项目的影响

（一）税后成本

如果某企业本年度发生电费10 000元，因为电费是一项减免所得税费用，因此实际支付额并不是真实的成本，真实成本应是扣除了所得税影响以后的费用净额，即税后成本。税后成本的计算公式为：

税后成本 = 实际支付额 × (1 - 所得税税率)

如果企业的所得税率为25%，据此计算：

电费的税后成本 = 10 000 × (1 - 25%) = 7 500（元）

（二）税后收入

与税后成本相对应的概念是税后收入，所得税对企业营业收入也会有影响，使营业收入金额的一部分流出企业，这样企业实际的现金流入是纳税以后的收入。税后收入的计算公式为：

税后收入 = 收入金额 × (1 - 所得税税率)

这里所说的应税收入是指根据税法规定需要纳税的营业收入，不包括项目结束时收回垫支流动资金等现金流入。

（三）折旧抵税

因为折旧费是税前利润的减项，而折旧费本身又属于非付现的费用。因此，因折旧费发生而少缴纳的所得税就形成了一项现金流入。但值得注意的是，折旧的抵税额是应该按税法规定的折旧政策下的年折旧额计算的，若企业选用的折旧政策与税法规定的折旧政策不一致，应按税法规定的折旧政策计算确定相应的年抵税额和抵税年限。

【例6-1】A公司正在考虑对现有的一台设备进行更新。该设备于6年前以40 000元购入，公司对该设备采用直线法计提折旧，折旧年限为8年，预计净残值为4 000元。A公司的所得税税率为25%，税法规定该类设备的折旧年限为5年，净残值率为5%。

则该设备使用期间应按照5年抵税，各年的折旧抵税额计算如下：

年折旧额 = 40 000 × (1 - 5%) ÷ 5 = 7 600（元）

年折旧抵税额 = 7 600 × 25% = 1 900（元）

（四）旧设备变价收入项目

固定资产更新决策中的旧设备变价收入，往往会与按照税法规定计算的净值存在差异，而固定资产的变价收入又是属于所得税的应税项目，因此，当其变价收入与税法净值

存在差异时,就会形成应补税款或应抵税款,则变价收入项目形成的现金净流量应该是变价收入与该应补税额的差额或与该应抵税额的总和。应补(抵)税额及其现金净流入量可按下式计算:

变价收入差额 = 变价收入 - 税法净值(若差额为正值则应补税,若差额为负值则应抵税)

变价收入应补(抵)税额 = 变价收入差额 × 所得税税率

变价收入的现金净流入 = 变价收入 - 变价收入应补(抵)税额

= 变价收入 - (变价收入 - 税法净值) × 所得税税率

【例6-2】A公司正在考虑卖掉现有的一台闲置设备。该设备于8年前以100 000元购入,采用直线法按照8年预计使用期限计提折旧,税法规定此类设备折旧年限为10年、净残值率为5%、采用直线法折旧,目前可以按20 000元价格卖出,A公司的所得税税率为25%,则该设备变价收入形成的现金净流入计算如下:

年折旧额 = 100 000 × (1 - 5%) ÷ 10 = 9 500(元)

税法净值 = 100 000 - 9 500 × 8 = 24 000(元)

变价收入差额 = 20 000 - 24 000 = -4 000(元)

变价收入应抵税额 = -4 000 × 25% = -1 000(元)

变价收入现金净流入 = 20 000 + 1 000 = 21 000(元)

或 = 20 000 - (20 000 - 24 000) × 25% = 21 000(元)

(五) 固定资产残值项目

固定资产残值也属于所得税应税项目,但固定资产的会计残值(预计或实际)与税法残值往往不一致,而形成相应的应补税额或应纳税额。其中会计残值是指按照会计核算所采用的折旧政策估计的资产残值或者资产实际报废时收回的残值,税法残值是指按照税法规定的折旧政策估计的资产残值。因此,残值的现金净流入应考虑应补(纳)税额的影响,相应的计算公式如下:

残值差额 = 会计残值 - 税法残值(若差额为正值则应补税,若差额为负值则应抵税)

残值应补(抵)税额 = 残值差额 × 所得税税率

残值项目的现金净流入 = 会计残值 - 残值应补(抵)税额

= 会计残值 - (会计残值 - 税法残值) × 所得税税率

【例6-3】资料同【例6-1】,则该设备报废残值引起的现金净流入量计算如下:

残值差额 = 4 000 - 40 000 × 5% = 2 000(元)

残值差额应补税额 = 2 000 × 25% = 500(元)

残值项目现金净流入 = 4 000 - 500 = 3 500(元)

或 = 4 000 - (4 000 - 40 000 × 5%) × 25% = 3 500(元)

三、现金流量分析实例

【例6-4】假定金华公司准备搞一项新产品开发的项目,其方案的有关资料如下:

(1) 该项目的建设期为两年,拟分别在第一年初和第二年初各投入500万元,预计在第二年末建成，并决定在投产时（即第二年年末）再垫支流动资金100万元，以便进行生产经营活动。

（2）预计固定资产可使用6年，期满残值为16万元，与税法规定一致。按直线法计提折旧。

（3）投产后第一年的产品销售收入，根据市场预测为300万元，以后5年均为600万元（假定销售货款于当年收现）。又假定第一年的付现成本为80万元，以后5年的付现成本均为160万元。

（4）假定该公司适用的所得税率为25%。

要求：（1）为该公司计算设备使用期间各年的营业现金净流量；（2）为该公司编制开发新产品投资项目的全部现金流量计算表。

解：（1）根据给定资料先编制该公司投产后各年度的预计收益表，如表6-1所示。

表6-1　　　　　　　　　　　　　　　　　　　　　　　　　　　　　　　　　　单位：万元

序号	项目	第三年	第四年	第五年	第六年	第七年	第八年
1	销售收入	300	600	600	600	600	600
2	付现成本	80	160	160	160	160	160
3	折旧	164	164	164	164	164	164
4	税前利润	56	276	276	276	276	276
5	所得税	14	69	69	69	69	69
6	税后净利	42	207	207	207	207	207

分别按前述三个公式计算该项目各年的现金净流量如下：

解法（一）：营业现金净流量 = 销售收入 - 付现成本 - 所得税

第三年的 NCF = 300 - 80 - 14 = 206（万元）

第四年至第八年各年的 NCF = 600 - 160 - 69 = 371（万元）

解法（二）：营业现金净流量 = 税后净利 + 折旧

第三年的 NCF = 42 + 164 = 206（万元）

第四年至第八年各年的 NCF = 207 + 164 = 371（万元）

解法（三）：营业现金净流量 =（营业收入 - 付现成本）×（1 - 所得税税率）+ 折旧 × 所得税税率

第三年的 NCF =（300 - 80）×（1 - 25%）+ 164 × 25% = 206（万元）

第四年至第八年各年的 NCF =（600 - 160）×（1 - 25%）+ 164 × 25% = 371（万元）

（2）各年营业现金净流量求出以后，再考虑初始现金净流量和终结现金净流量，就构成了该项目的全部现金净流量计算表。如表6-2所示。

表 6-2   单位：万元

项目		年度							
		0	1	2	3	4	5	6	7	8
初始现金净流量	固定资产	-500	-500							
	流动资产			-100						
营业现金净流量					206	371	371	371	371	371
终结现金净流量	固定资产残值									16
	流动资产回收									100
全部现金流量合计		-500	-500	-100	206	371	371	371	371	487

注：数字前加"-"号的为现金净流出量，数字前未加符号的为正数，即现金净流入量。

【知识拓展】

投资决策评价为什么不以会计利润而是以现金流量作为基础？

利润是按照权责发生制确定的，而现金净流量是根据收付实现制确定的。在投资决策中，一般采用现金流入作为项目的收入，以现金流出作为项目的支出，以现金净流量为基础进行评价。以现金净流量评价投资效益，主要有以下两个方面的优点：

（1）采用现金净流量有利于科学地考虑资金时间价值因素。资金时间价值是财务管理的一个基础观念，它表明不同时期相同金额的资金具有不同的价值。采用现金净流量的考核方法，可以确定每项支出款项和收入款项的具体时间，使运用资金时间价值判别投资项目的优劣成为现实；而利润的计算，并不考虑资金的收付时间，它是以权责发生制为基础的，在选择投资项目时，则无法考虑资金的时间价值。例如，购置固定资产要付大量现金，却不能计入当期成本，而在固定资产使用过程中，以计提折旧方式将固定资产的价值逐期计入成本时，又不需要支付现金；又如在计算利润时，只要销售行为确认发生，就作为当期的销售收入，不论其是否收到现金。此外，计算利润时，也不考虑垫支的流动资产的数量和回收时间等等。

（2）采用现金净流量能更加客观地判别投资项目的优劣。利润反映的是某一会计期间"应计"经营成果或现金流量，而不是该期间实际发生的现金净流量，若以利润考核投资项目的优劣，容易高估投资效益，使投资行为产生较大风险。同时，利润的计算没有一个统一标准，容易受到存货计价方法、费用摊配和折旧计提方法等影响，使利润计算受主观因素的影响和制约。

第三节

固定资产投资决策的财务评价

固定资产投资决策需要多方面的分析评价，本书仅介绍财务可行性评价的主要方法，就其财务可行性评价加以说明。

一、非贴现且不考虑投资风险的评价方法——静态无风险评价指标法

静态无风险评价指标法,是指不考虑资金时间价值也不考虑风险的各种决策方法,这类方法主要有:

(一) 投资回收期法

投资回收期是指收回全部初始投资额所需要的时间,通常以年数表示。投资回收期法的基本原理是通过对各投资项目投资总额和预计现金流量之间相互关系的计算,确定需要多长时间能将投入的资金全部收回,然后再比较各相关方案投资收回时间的长短,以选择最佳投资项目。投资回收期越短,投资效益越好,方案越佳;反之,则投资项目越差。投资回收期的计算公式为:

$$投资回收期 = \frac{初始投资额}{每年相等的营业现金净流量} \quad ①$$

$$或 \quad = n年 + \frac{初始投资额 - 前n年累计现金净流量}{第(n+1)年现金净流量} \quad ②$$

n 为最后一期累计净现金流量是负数所对应的年份。

其中,式①适合于每年营业现金净流量相等情形,式②适合于每年营业现金净流量不相等情形。

【例 6-5】A 公司的有关资料如表 6-3 所示,分别计算甲、乙两个方案的投资回收期。(税法规定用直线法计提折旧,折旧年限为 5 年)

表 6-3　　　　　　　　　　投资项目现金流量表　　　　　　　　　　单位:元

项目	年度					
	0	1	2	3	4	5
甲方案						
固定资产投资	-20 000					
营业现金净流量		7 500	7 500	7 500	7 500	7 500
现金流量合计	-20 000	7 500	7 500	7 500	7 500	7 500
乙方案						
固定资产投资	-24 000					
营运资金垫支	-3 000					
营业现金净流量		8 900	8 760	8 620	8 480	8 340
固定资产残值						4 000
营运资金回收						3 000
现金流量合计	-27 000	8 900	8 760	8 620	8 480	15 340

甲方案每年营业现金净流量相等,所以有:

甲方案投资回收期 = 20 000 ÷ 7 500 = 2.67（年）

乙方案每年营业现金净流量不等，应先计算其各年尚未回收投资额，如表 6-4 所示：

表 6-4   乙方案尚未回收投资额表   单位：元

年度	每年现金净流量	累计现金净流量
0	-27 000	-27 000
1	8 900	-18 100
2	8 760	-9 340
3	8 620	-720
4	8 480	—
5	15 340	—

则乙方案投资回收期 = 3 + 720 ÷ 8 480 = 3.08（年）

很明显，甲方案投资回收期比乙方案短，甲方案为优。

在使用回收期法进行方案评价选择时，除了在备选方案之间比较回收期外，还要与标准投资回收期进行比较。标准投资回收期可参考各行业、各部门相关标准参数，如果备选方案投资回收期大于标准投资回收期就是不可取的。

投资回收期的计算比较简便，易于理解，可促使企业尽最大努力提高经济效益，缩短投资回收期，减少投资风险。但是，投资回收期并没有考虑资金的时间价值，也没有考虑在项目寿命周期内回收期之后的现金流量状况，易导致决策者优先考虑急功近利的项目，而放弃长期来看对企业有利的方案。

（二）会计报酬率法

会计报酬率是投资项目未来期间的年平均净收益与投资额之间的比率。会计报酬率的计算公式如下：

会计报酬率 = 年平均净收益 ÷ 初始投资额 × 100%

式中： 年平均净收益 = 项目使用期内各年净收益总额 ÷ 项目使用期

【例 6-6】根据表 6-3 有关资料，甲、乙两个投资方案的会计报酬率可计算如下：

根据： 年营业现金净流量 = 年净利 + 年折旧

可得： 项目年净利 = 年营业现金净流量 - 年折旧

项目净利润总额 = 项目营业现金净流量总额 - 项目折旧总额

要注意营业现金净流量是不包含初始、终结现金流量的。

甲方案每年平均净收益 = 7 500 - 20 000 ÷ 5 = 3 500（万元）

甲方案会计报酬率 = 3 500 ÷ 20 000 × 100% = 17.5%

乙方案每年平均净收益 = [8 900 + 8 760 + 8 620 + 8 480 + 8 340 - (24 000 - 4 000)] ÷ 5
= 4 620（万元）

乙方案会计报酬率 = 4 620 ÷ 27 000 × 100% = 17.1%

计算结果表明，甲方案会计报酬率达 17.5%，而乙方案为 17.1%，故甲方案的投资效果要比乙方案优。

二、贴现但不考虑风险的评价方法——动态无风险评价指标法

动态无风险评价指标法,是指考虑资金时间价值但不考虑风险的各种决策方法,这类方法主要有:

(一) 净现值法

净现值(NPV),是指某一种投资项目未来使用期内现金净流入量的总现值(简称未来报酬总现值),与其投资期内现金流出量的总现值(简称初始投资总现值)的差额。净现值法的基本原理是将某投资项目在不同时期所产生的全部现金流量,按照预定的贴现率折现成为在时间上具有可比性的价值量(某一特定时点的现金流量),据以计算投资项目现金流入量现值与现金流出量现值的差额即为净现值。该净现值计算使用的预定折现率通常是投资者的期望报酬率。因此,若净现值为正数,表明投资不仅能获得符合预定报酬的期望利益,而且还可得到以正值差额表示的现值利益,这在经济上是有利的;反之,若净现值为负数,则表明投资项目实际收益率低于预定贴现率,投资在经济上是不合算的。

计算投资项目的净现值时,应按下列步骤进行:

(1) 分析计算投资项目每年的现金净流量。

(2) 分析计算未来报酬的总现值。该步骤可分为以下三步来进行:

第一步,将每年的营业现金净流量折算成现值,如果每年的营业现金净流量相等,则用年金现值系数折成现值;如果每年的营业现金净流量不相等,则先用普通复利现值系数对每年的营业现金净流量折现,然后加以合计;

第二步,将终结现金净流量折算成现值;

第三步,将上述两项合计即可计算出未来报酬的总现值。

(3) 分析计算初始投资总现值。若投资项目无建设期,通常全部初始投资一次性在项目起点投入,因此无须计算初始投资总现值;若投资项目有建设期且全部初始投资在建设期起点一次性投入也无须计算初始投资总现值,若投资项目有建设期且全部建设投资分几次投入,就必须按照建设投资的实际进程计算全部建设投资的总现值。

(4) 计算投资项目净现值,并对方案进行财务评价。

净现值(NPV) = 未来报酬总现值 − 初始投资总现值

现举例说明如下:

【例6-7】根据前面例6-5所举A公司的资料(详见表6-3),假设资金成本为12%,要求计算:(1) 计算未来报酬总现值;(2) 计算项目净现值。

解:(1) 甲方案的营业现金净流量相等,可用如下公式计算:

甲方案营业现金净流量现值 = $7\ 500 \times (P/A, 12\%, 5)$

$= 7\ 500 \times 3.605 = 27\ 037.5$ (元)

甲方案未来报酬总现值 = 27 037.5 (元)

乙方案各年营业现金净流量不等,其未来报酬总现值计算方法如表6-5所示。

表6-5　　　　　　　　　乙方案未来报酬总现值计算表　　　　　　　　　单位：元

年度	每年营业现金净流量及终结净现金流量	现值系数	现值
1	8 900	0.893	7 947.70
2	8 760	0.797	6 981.72
3	8 620	0.712	6 137.44
4	8 480	0.636	5 393.28
5	15 340	0.567	8 697.78
合计	50 100		35 157.92

（2）计算甲、乙方案净现值：

甲方案净现值 = 27 037.5 − 20 000 = 7 037.5（元）

乙方案净现值 = 35 157.92 − 27 000 = 8 157.92（元）

从上面计算结果看，甲、乙两方案净现值均为正数，说明两个方案均可取；若需选择较好方案，在资金不是问题的前提下（即资本无限量决策），乙方案的净现值大于甲方案的净现值，乙方案比甲方案更优。

根据净现值进行投资决策，考虑了资金的时间价值，能够反映各种投资项目的净收益，是一种较好的投资决策方法。但是，由于净现值是一个绝对数，不能揭示各投资项目本身可能达到的实际报酬率是多少，因此具有一定的局限性。

（二）现值指数法

现值指数（PI）是某一投资项目未来报酬总现值与初始投资总现值的比值。现值指数法的基本原理与净现值法相同，不同的是现值指数是将折现后的现金流入与现金流出相除的结果。若现值指数大于1，表明投资在取得预定报酬率所要求的期望利益之外，还可获得超额的现值利益，这在经济上是有利的；反之，若PI小于1，则意味着投资回收水平低于预定报酬率，投资在经济上是不合算的。现值指数计算公式如下：

$$现值指数(PI) = \frac{未来报酬总现值}{初始投资总现值}$$

【例6-8】A公司的相关资料如表6-3和表6-5所示，假设资金成本为12%，试计算甲、乙两个方案的现值指数。

解法（一）：

根据例6-7计算的A公司甲、乙两个方案的净现值，其现值指数计算如下：

甲方案现值指数 = 7 500 × 3.605 ÷ 20 000 = 1.35

乙方案现值指数 = 35 157.92 ÷ 27 000 = 1.30

解法（二）：

甲方案现值指数 = 1 + 7 037.5 ÷ 20 000 = 1.35

乙方案现值指数 = 1 + 8 157.92 ÷ 27 000 = 1.30

从以上计算结果看，甲、乙两方案现值指数均大于1，说明两个方案均可选择。在资本有限的情况下，甲方案现值指数大于乙方案现值指数，则应选择甲方案。

使用现值指数法进行投资决策，既考虑了资金的时间价值，又能真实地反映投资项目的获利水平，有利于在初始投资额不同的投资项目之间进行对比。依据例6-7的计算结果，乙方案净现值大于甲方案。但例6-8计算结果则甲方案现值指数大于乙方案。决策时，若资本有限，则应以现值指数的大小来做出判断，因为现值指数是用相对数来反映的，而净现值是绝对数指标，净现值越大，并不意味着方案投资效益越好。

【知识拓展】

净现值指数与现值指数

净现值指数是指投资项目净现值与初始投资总现值的比值，记作 NPVR 或者 NPI，计算公式为：

净现值指数 = 净现值 ÷ 初始投资总现值，因此有下式成立：

现值指数 = 净现值指数 + 1

（三）内含报酬率法

内含报酬率（IRR）是投资项目在其寿命周期内按现值计算的实际可能达到的投资报酬率。从净现值指标的含义可知，内含报酬率是能够使投资项目的净现值刚好等于零的折现率。

内含报酬率的基本原理是：在任何一个投资项目中，客观存在着一个报酬率，它能使投资项目各年的现金净流量折现后的未来报酬总现值等于该投资项目的初始投资额的现值，该报酬率实际上是投资项目的真实报酬率。

内含报酬率的计算方法，因使用期间各年现金净流量是否相同而有所不同：

（1）若各年现金净流量相等，并且没有建设期，内含报酬率的计算步骤为：

第一步，计算年金现值系数。根据内含报酬率要求，未来报酬总现值减初始投资额的现值等于零。即：

$$NCF \times 年金现值系数(P/A, i, n) - 初始投资额 = 0$$

则　　　年金现值系数$(P/A, i, n)$ = 初始投资额 ÷ NCF

第二步，查年金现值系数表，在同一期数内，找出与上式计算出的年金现值系数相邻的两个临界系数和临界折现率。

第三步，根据查表所得的两个临界系数、临界折现率和已求得的年金现值系数，采用内插法计算出该投资项目的内含报酬率。内插法在第二章已经讲述，此不再赘述。

（2）若各年现金净流量不相等，则需采用逐次测试法，计算步骤如下：

第一步，先估计一个折现率，并按此折现率计算投资项目的净现值。如净现值为正数，即表明原先估计的折现率低于该方案的实际投资报酬率，应提高折现率，再进行测算；如果净现值为负数，则表明原先估计的折现率高于该方案的实际投资报酬率，应降低折现率，再进行测算。经过逐次测试，最终找到净现值由正到负并且接近于零的两个临界净现值和临界折现率。

第二步，根据上述两个临界净现值和临界折现率，用内插法计算出投资项目的内含报酬率。现举例如下：

【例6-9】续【例6-5】，资料如表6-3所示，试计算甲、乙两个方案的内含报酬率。

由于甲方案每年现金净流量相同，其计算过程如下：

由于 $7\,500 \times (P/A, i, 5) - 20\,000 = 0$

则：$(P/A, i, 5) = 20\,000 \div 7\,500 = 2.67$

查年金现值系数表，第5年年金现值系数2.67处于24%～28%之间，用内插法计算：

$$甲方案内含报酬率 = 24\% + \frac{2.745 - 2.67}{2.745 - 2.532} \times (28\% - 24\%) = 25.41\%$$

由于乙方案每年现金净流量不同，必须逐次测算，其测算过程见表6-6：

表6-6　　　　　　　　　乙方案内含报酬率测试表　　　　　　　　单位：元

年度	每年NCF	测试（16%）		测试（20%）		测试（24%）	
		复利现值系数	现值	复利现值系数	现值	复利现值系数	现值
0	-27 000	1.00	-27 000	1.00	-27 000	1.00	-27 000
1	8 900	0.862	7 671.80	0.833	7 413.70	0.806	7 173.40
2	8 760	0.743	6 508.68	0.694	6 079.4	0.650	5 694.00
3	8 620	0.641	5 525.42	0.579	44 990.98	0.524	4 516.88
4	8 480	0.552	4 680.96	0.482	4 087.3	0.423	3 587.04
5	15 340	0.476	7 301.84	0.402	66 166.68	0.341	5 230.94
净现值			4 688.70		1 738.16		-797.74

经过三次测算，当折现率为20%时，净现值为正数；当折现率为24%时，净现值为负数，说明内含报酬率一定在20%～24%之间。运用内插法计算如下：

$$乙方案内含报酬率 = 20\% + \frac{1\,738.16 - 0}{1\,738.16 - (-797.74)} \times (24\% - 20\%) = 22.74\%$$

运用内含报酬率法进行长期投资决策，主要是确定一个合适的资本成本率，若内含报酬率大于资本成本率，则方案可行；若内含报酬率小于资本成本率，则方案不可行。从以上计算结果看，A公司的资本成本率假设为12%，则甲、乙两个方案均可选择。

内含报酬率法考虑了资金的时间价值，反映了投资项目的真实报酬率。但这种方法计算过程比较复杂，特别是每年现金净流量不相等的投资项目，一般要经过多次测算才能求得。

【知识拓展】

有建设期、初始投资分期投入情况下评价指标的计算

值得注意的是，上述三个指标计算例题中，都是假定初始投资是一次性的，且没有建设期间的，若初始投资不是一次性投入的或有建设期间，则初始投资也要进行贴现，而且还要考虑现值点选择的恰当性。

【例6-10】甲公司进行一项投资，计划建设期为3年，每年初投资200万元，3年共需投资 600 万元。第 4 年至第 13 年每年现金净流量为 210 万元。资金成本率为 20%，假设寿命终结无残值，不用垫支营运资金。要求计算该投资项目的净现值和现值指数。

解：净现值（NPV）
$= 210 \times (P/A, 20\%, 10) \times (P/F, 20\%, 3) - 200 \times (P/A, 20\%, 3) \times (1 + 20\%)$
$= 210 \times 4.192 \times 0.579 - 200 \times 2.106 \times (1 + 20\%) = 509.71 - 505.44 = 4.27$（万元）

或 净现值（NPV）
$= 210 \times [(P/A, 20\%, 13) - (P/A, 20\%, 3)] - 200 \times [(P/A, 20\%, 2) + 1]$
$= 210 \times (4.533 - 2.106) - 200 \times (1.528 + 1) = 509.67 - 505.6 = 4.07$（万元）

现值指数（PI）
$= [210 \times (P/A, 20\%, 10) \times (P/F, 20\%, 3)] \div [200 \times (P/A, 20\%, 3) \times (1 + 20\%)]$
$= 509.71 \div 505.44 = 1.008$

或 现值指数（PI）
$= 210 \times [(P/A, 20\%, 13) - (P/A, 20\%, 3)] \div 200 \times [(P/A, 20\%, 2) + 1]$
$= 509.67 \div 505.6 = 1.008$

内含报酬率（IRR）
令：$210 \times (P/A, IRR, 10) \times (P/F, IRR, 3) - 200 \times (P/A, 20\%, 3) \times (1 + 20\%) = 0$
当内含报酬率为 22% 时，NPV = 125.30，用内插法求得 IRR = 20.07%
也可进行如下计算（选择第 3 年末为现值点）：令 $210 \times (P/A, IRR, 10) - 200 \times (F/A, 20\%, 3) \times (1 + 20\%) = 0$
用内插法求得 IRR = 20.23%

（四）年平均使用成本法

固定资产的年平均使用成本，是指该资产引起的现金流出的年平均值，如果考虑货币的时间价值，它是项目全部现金流出总现值与年金现值系数的比值，即平均每年的现金净流出。计算公式如下：

$$年平均使用成本 = \frac{初始投资额现值 + 各年税后付现成本现值总额 - 各年折旧抵税额现值总额 - 终结现金净流量现值}{年金现值系数}$$

【例 6-11】某公司拟用新设备取代已使用 3 年的旧设备。旧设备原价 14 950 元，当前估计尚可使用 5 年，每年操作成本 2 150 元，预计最终残值 1 750 元，目前变现价值为 8 500 元，购置新设备需花费 13 750 元，年操作成本 850 元，预计最终残值 2 500 元。该公司预期报酬率 12%，所得税率 25%，税法规定该类设备应采用直线法折旧，折旧年限 6 年，残值为原价的 10%。要求：用年平均使用成本法进行方案选择。

解：
1. 旧设备：
(1) 初始投资现值 = 机会成本（旧设备变现净流入现值）。

$$= 8\,500 - \left[8\,500 - \left(14\,950 - \frac{14\,950 \times (1 - 10\%)}{6} \times 3\right)\right] \times 25\%$$
$$= 8\,500 - 277.5 \times 25\% = 8\,430.63 （元）$$

(2) 税后年操作成本现值 $=2\,150\times(1-25\%)\times(P/A,12\%,5)$
$\qquad\qquad\qquad\qquad =1\,612.5\times3.605=5\,813.06$（元）

(3) 年折旧抵税现值 $=\dfrac{14\,950\times(1-10\%)}{6}\times25\%\times(P/A,12\%,3)$
$\qquad\qquad\qquad =2\,242.5\times25\%\times2.402=1\,346.62$（元）

(4) 残值净流入现值 $=[1\,750-(1\,750-1\,495)\times25\%]\times(P/F,12\%,5)$
$\qquad\qquad\qquad =1\,686.25\times(P/F,12\%,5)=1\,686.25\times0.567$
$\qquad\qquad\qquad =956.10$（元）

年平均使用成本 $=[(1)+(2)-(3)-(4)]\div(P/A,12\%,5)$
$\qquad\qquad =(8\,430.63+5\,813.06-1\,346.62-956.10)\div3.605$
$\qquad\qquad =3\,312.34$（元）

2. 新设备

(1) 初始投资现值 $=13\,750$（元）。

(2) 税后年操作成本现值 $=850\times(1-25\%)\times(P/A,12\%,6)$
$\qquad\qquad\qquad\qquad =637.5\times4.111=2\,620.76$（元）

(3) 年折旧抵税现值 $=\dfrac{13\,750\times(1-10\%)}{6}\times25\%\times(P/A,12\%,6)$
$\qquad\qquad\qquad =2\,062.5\times0.25\times4.111=2\,119.73$（元）

(4) 残值净流入现值 $=[2\,500-(2\,500-1\,375)\times25\%]\times(P/F,12\%,6)$
$\qquad\qquad\qquad =2\,218.75\times0.507$
$\qquad\qquad\qquad =1\,124.91$（元）

年平均使用成本 $=[(1)+(2)-(3)-(4)]\div(P/A,12\%,6)$
$\qquad\qquad =(13\,750+2\,620.76-2\,119.73-1\,124.91)\div4.111$
$\qquad\qquad =3\,192.93$（元）

所以应更换新设备。

【知识拓展】

使用"年平均使用成本法"时要注意的问题

（1）沉没成本与机会成本。沉没成本是过去发生的支出，而不是新增成本。这一成本是由于过去的决策所引起的，对企业当前的投资决策不产生任何影响。例如某企业在两年前购置的某设备原价10万元，估计可使用5年，无残值，按直线法计提折旧，目前账面净值为6万元。由于科学技术的进步，该设备已被淘汰，在这种情况下，账面净值6万元就属于沉没成本。所以，企业在进行投资决策时要考虑的是当前的投资是否有利可图，而不是过去已花掉了多少钱。

在投资决策中，如果选择了某一投资项目，就会放弃其他投资项目，其他投资项目可能取得的收益就是本项目的机会成本。机会成本不是我们通常意义上的成本，它不是实际发生的支出或费用，而是一种潜在的放弃的收益。例如，一笔现金用来购买股票就不能存入银行，那么存入银行的利息收入就是股票投资的机会成本。如果某企业有一闲置的仓库，准备用来改建职工活动中心，但将仓库出租每年可得租金收入2万元，则这笔租金收入就是改建活动中心的机会成本。机会成本作为丧失的收益，离开被放弃的投资机会就无从计量。在投资决策过程中考虑机会成本，有利于全面分析评价所面临的各个投资机会，以便选择经济上最为有利的投资项目。

（2）平均年成本法是把继续使用旧设备和购置新设备看成两个互斥的方案（因为这两个方案是不可能同时被选用的），而不是一个更换设备的特定方案。如果选用继续使用旧设备的方案，则旧设备的变价收入就必须放弃，因而构成继续使用旧设备方案的机会成本，该机会成本可视同继续使用旧设备的初始投资额。对于旧设备的使用寿命，则应按估计的使用寿命计算。一般新设备的使用寿命比旧设备都要长，因此不能根据各年现金流量的差额计算净现值和内含报酬率。

（3）如果有明显证据表明，旧设备使用期满后可替换设备平均年成本会高于当前更新设备平均年成本，则需要将旧设备使用期满后更新设备的成本纳入分析范围，合并计算当前使用旧设备及旧设备使用期满后更新设备的综合平均年成本，然后与当前更新设备的平均年成本进行比较，这就会成为多阶段决策问题。

三、贴现且考虑风险的评价方法——动态有风险评价指标法

在前面的分析中，我们一直没有考虑投资决策中的风险问题。而事实上，我们对投资项目未来的现金流量预测和估计并不是未来实际肯定发生的结果。未来实际的现金流量具有不确定性，即具有风险性。而对企业而言，投资项目一旦被接受，可能会改变该企业目前的总风险，因此企业不应简单地以预计的不确定的现金流量、目前的资本成本或必要报酬率为依据来计算评价指标，并据以决定一个投资项目的接受与否，而应视其增加或降低企业总风险程度的大小来调整其预计现金流量、资本成本或必要报酬率的标准，并据以评价项目的可行性及其优劣。

动态有风险评价指标法，是指既要考虑资金时间价值也要考虑风险的各种决策方法，这类方法主要有：

1. 风险调整折现率法

风险调整折现率法是将与投资项目有关的风险报酬率加到资本成本或企业必要投资报酬率中，构成按风险调整的折现率，并据以计算动态无风险评价指标，来进行投资决策分析的一种方法。

风险调整折现率法一般分两步进行：

第一步，根据对项目风险程度的估计结果，将无风险的折现率调整为有风险的折现率。折现率的调整方法包括资本资产定价模型、风险补偿模型、按风险等级调整等，前两种方法在第二章中已作介绍。按风险等级调整的方法，是指对影响投资项目风险的各因素进行评分，根据评分来确定风险等级，并根据风险等级来调整折现率的一种方法，其中分数、分数等级、折现率的确定都由企业的管理人员根据以往的经验来设定，具体的评分工作则应由销售、生产、技术、财务等部门组成专家小组来进行；

第二步,以风险调整后的折现率对项目现金流量进行贴现,计算出方案的净现值或现值指数,并据以对方案做出评价。

下面通过一个例子来说明如何用风险报酬率来调整折现率。

【例6-12】延用［例6-5］数据,当前无风险报酬率为4%,市场平均报酬率为12%,乙方案预期风险大,其β值为1.5,甲方案预期β值为1,甲方案和乙方案每年净现金流量已列示在表6-7中。要求按风险调整折现率法评价甲方案和乙方案是否可行?

解:甲方案的风险调整折现率 = 4% + 1×(12% - 4%) = 12%

乙方案的风险调整折现率 = 4% + 1.5×(12% - 4%) = 16%

其他有关数据的计算如表6-7所示。

表6-7   单位:元

年度	甲方案			乙方案		
	每年净现金流量	复利现值系数(12%)	现值	每年净现金流量	复利现值系数(16%)	现值
0	-20 000	1.00	-20 000	-27 000	1.00	-27 000
1	7 500	0.893	6 697.50	8 900	0.862	7 671.80
2	7 500	0.797	5 977.50	8 760	0.743	6 508.68
3	7 500	0.712	5 340.00	8 620	0.641	5 525.42
4	7 500	0.636	4 770.00	8 480	0.552	4 680.96
5	7 500	0.567	4 252.50	15 340	0.476	7 301.84
净现值			7 037.50			4 688.70

以上计算结果表明,按风险调整折现率后,甲方案和乙方案都是可行的。

2. 风险调整现金流量法

风险调整现金流量法,是根据投资项目风险的大小,采用适当的方法,将未来不确定的现金流量调整为确定的现金流量,据以计算动态评价指标,进行项目决策的评价方法。由于调整后的现金流量考虑了风险的因素,必将小于调整前的现金流量。

把不确定的现金流量调整为确定的现金流量有很多方法,最常用的是借助肯定当量系数进行调整的方法,因此一般又将风险调整现金流量法称为肯定当量法。

根据肯定当量法,确定的年现金净流量与不确定的年现金净流量之间的关系为:

确定的年现金净流量 = 肯定当量系数 × 不确定的年现金净流量

式中的肯定当量系数是确定的年现金净流量与不确定的年现金净流量的比值,一般用 α 表示。α 的取值在0~1之间,即未来现金流量越确定(即不确定风险越小)α 取值越接近1,相反 α 取值越趋向于0。

肯定当量系数的选用可能会因人而异。风险偏好者,通常会选用较高的肯定当量系数,而风险厌恶者往往会选用较低的肯定当量系数。为了防止因决策者的偏好不同而造成决策失误,一般可根据标准离差率与肯定当量系数对应关系的经验值来确定 α 值。因为标准离差率是衡量风险的一个很好的指标,所以这一对照关系不但使决策过程变得更容易,而且也具有一定的合理性。表6-8是一种常见的标准离差率与肯定当量系数的经验对照关系，可供参考。

表6-8　　　　　　　标准离差率与肯定当量系数经验对照表

标准离差率	肯定当量系数 α	标准离差率	肯定当量系数 α
0.000~0.07	1	0.33~0.42	0.6
0.08~0.15	0.9	0.43~0.54	0.5
0.16~23	0.8	0.55~0.70	0.4
0.24~0.32	0.7	…	…

根据表6-8所列示的对照关系，只要计算出投资项目年现金净流量的标准离差率，便可以查出肯定当量系数，并据以进行现金流量的调整。

肯定当量法可分以下两步骤进行：

第一步，确定投资项目的肯定当量系数，并据以调整现金流量；

第二步，根据调整后的现金流量计算净现值、现值指数或内含报酬率，并据以评价方案的可行性及其优劣。

【例6-13】某公司现有A、B两个投资项目，A项目的投资额为7 000万元，B项目的投资额为9 000万元，投资所需资金由债权人提供，商定的年利率为12%。经预测，A、B两个项目未来年现金净流量的各种可能值及概率如表6-9所示。

表6-9　　　　　　　投资项目未来年现金净流量及概率表　　　　　　　（单位：万元）

年份	A项目		B项目	
	NCF	概率	NCF	概率
1	3 000	0.3	2 500	0.3
	2 800	0.4	3 500	0.4
	3 500	0.3	5 500	0.3
2	2 800	0.3	2 800	0.3
	3 800	0.4	4 200	0.4
	4 600	0.3	6 000	0.3
3	2 600	0.3	1 500	0.3
	3 200	0.4	3 200	0.4
	3 600	0.3	5 600	0.3

试用风险调整现金流量法分析评价A、B两个项目并做出取舍。

解：

（1）计算A、B两个项目每年现金净流量的期望值（$\overline{E}$）。

A项目每年现金净流量的期望值分别为：

$\overline{E}_1 = 3\,000 \times 0.3 + 2\,800 \times 0.4 + 3\,500 \times 0.3 = 3\,070$（元）

$\overline{E}_2 = 2\,800 \times 0.3 + 3\,800 \times 0.4 + 4\,600 \times 0.3 = 3\,740$（元）

$\overline{E}_3 = 2\,600 \times 0.3 + 3\,200 \times 0.4 + 3\,600 \times 0.3 = 3\,140$（元）

B 项目每年现金净流量的期望值分别为：

$\overline{E}_1 = 2\,500 \times 0.3 + 3\,500 \times 0.4 + 5\,500 \times 0.3 = 3\,800$（元）

$\overline{E}_2 = 2\,800 \times 0.3 + 4\,200 \times 0.4 + 6\,000 \times 0.3 = 4\,320$（元）

$\overline{E}_3 = 1\,500 \times 0.3 + 3\,200 \times 0.4 + 5\,600 \times 0.3 = 3\,410$（元）

（2）计算 A、B 两个项目每年现金净流量的标准离差（δ）及各年现金净流量的标准离差率（q）。

A 项目每年现金净流量的标准离差分别为：

$\delta_1 = \sqrt{(3\,000-3\,070)^2 \times 0.3 + (2\,800-3\,070)^2 \times 0.4 + (3\,500-3\,070)^2 \times 0.3}$
$= 293.428$（元）

$\delta_2 = \sqrt{(2\,800-3\,740)^2 \times 0.3 + (3\,800-3\,740)^2 \times 0.4 + (4\,600-3\,740)^2 \times 0.3}$
$= 698.856$（元）

$\delta_3 = \sqrt{(2\,600-3\,140)^2 \times 0.3 + (3\,200-3\,140)^2 \times 0.4 + (3\,600-3\,140)^2 \times 0.3}$
$= 390.384$（元）

B 项目每年现金净流量的标准离差分别为：

$\delta_1 = \sqrt{(2\,500-3\,800)^2 \times 0.3 + (3\,500-3\,800)^2 \times 0.4 + (5\,500-3\,800)^2 \times 0.3}$
$= 1\,187.434\,2$（元）

$\delta_2 = \sqrt{(2\,800-4\,320)^2 \times 0.3 + (4\,200-4\,320)^2 \times 0.4 + (6\,000-4\,320)^2 \times 0.3}$
$= 1\,243.221\,6$（元）

$\delta_3 = \sqrt{(1\,500-3\,410)^2 \times 0.3 + (3\,200-3\,410)^2 \times 0.4 + (5\,600-3\,410)^2 \times 0.3}$
$= 1\,597.153\,7$（元）

A 项目每年现金净流量的标准离差率分别为：

$q_1 = \dfrac{293.428}{3\,070} \times 100\% = 9.56\%$

$q_2 = \dfrac{698.856}{3\,740} \times 100\% = 18.69\%$

$q_3 = \dfrac{390.384}{3\,140} \times 100\% = 12.43\%$

B 项目每年现金净流量的标准离差率分别为：

$q_1 = \dfrac{1\,187.434\,2}{3\,800} \times 100\% = 31.25\%$

$q_2 = \dfrac{1\,243.221\,6}{4\,320} \times 100\% = 28.78\%$

$q_3 = \dfrac{1\,597.153\,7}{3\,410} \times 100\% = 46.84\%$

（3）确定肯定当量系数。

经查对照表，A 项目每年现金净流量的肯定当量系数分别为：$\alpha_1 = 0.9$，$\alpha_2 = 0.8$，$\alpha_3 = 0.9$。

B 项目每年现金净流量的肯定当量系数分别为：$\alpha_1=0.7$，$\alpha_2=0.7$，$\alpha_3=0.5$。

（4）计算确定的年现金净流量。

A 项目确定的每年现金净流量分别为：

第一年：$0.9\times3\,070=2\,763$（万元）

第二年：$0.8\times3\,740=2\,992$（万元）

第三年：$0.9\times3\,140=2\,826$（万元）

B 项目确定的每年现金净流量分别为：

第一年：$0.7\times3\,800=2\,660$（万元）

第二年：$0.7\times4\,320=3\,024$（万元）

第三年：$0.5\times3\,410=1\,705$（万元）

（5）计算两项目的净现值。

$$\text{NPV}_A = 2\,763\times(P/F,12\%,1)+2\,992\times(P/F,12\%,2)+2\,826\times(P/F,12\%,3)-7\,000$$
$$= -135.905（\text{万元}）$$

$$\text{NPV}_B = 2\,660\times(P/F,12\%,1)+3\,024\times(P/F,12\%,2)+1\,705\times(P/F,12\%,3)-9\,000$$
$$= -3\,000.532（\text{万元}）$$

从以上计算中我们不难看出，A、B 两个项目的净现值均为负，故两个项目都不可行。

3. 风险调整折现率法和风险调整现金流量法的比较

风险调整现金流量法与风险调整折现率法的主要区别在于：二者在分析过程中对投资项目所包含的风险的处理方法不同。风险调整现金流量法直接调低方案的预期年现金净流量；而风险调整折现率法并不调低方案的预期年现金净流量，而是调高所要求的收益率，以此来补偿超额风险。两种方法都能降低方案的净现值，借以剔除风险因素带来的影响，降低决策失误的风险。

此外，风险调整折现率法还暗示风险随着时间的推移而增大。因为随着时间的推移，未来较远时期的现金流量采用的实际折现率更高，故这个假设夸大了远期风险。

采用肯定当量法对现金流量进行调整，进而做出投资决策，克服了调整折现率法夸大远期风险的缺点，但如何准确、合理地确定肯定当量系数却是一件非常棘手的问题。因而，肯定当量法在决策中应用较少，相比之下，调整折现率法更方便和实用。

【知识拓展】

共同年限法与年均净现值法

如果两个项目不仅投资额不同，而且寿命也不同，则其净现值没有可比性，我们可以应用共同年限法或年均净现值法进行比较。

1. 共同年限法

共同年限法的思路是设法使两个项目在相同的寿命周期内比较。先确定两个项目的最小公倍寿命，再计算两个项目最小公倍寿命的净现值，比较决策。

【例 6-14】大卫公司要在两个投资项目中选取一个。半自动化的 A 项目需要 160 000 元的初始投资，每年产生 80 000 元的净现金流量，项目的使用寿命为 3 年，

3年后必须更新且无残值；全自动化的B项目需要初始投资210 000元，使用寿命为6年，每年产生64 000元的净现金流量，6年后必须更新且无残值。企业的资金成本为16%，那么，大卫公司该选用哪个方案呢？

解：两项目最小公倍寿命为6年，A项目相当于3年投资结束后又开始新一轮的投资。

$NPV_A = [80\,000 \times (P/A, 16\%, 3) - 160\,000] + [80\,000 \times (P/A, 16\%, 3) - 160\,000]$
$\qquad \times (P/F, 16\%, 3)$
$\qquad = (80\,000 \times 2.246 - 160\,000) + (80\,000 \times 2.246 - 160\,000) \times 0.641$
$\qquad = 19\,680 + 19\,680 \times 0.641 = 32\,294.88（元）$

或者 $= 80\,000 \times (P/A, 16\%, 6) - [(160\,000 + 160\,000 \times (P/F, 16\%, 3)] = 32\,240（元）$
（在第1年年初和第4年年初分别投资160 000元）

$NPV_B = 64\,000 \times (P/A, 16\%, 6) - 210\,000 = 64\,000 \times 3.685 - 210\,000 = 25\,840（元）$

由于A项目的净现值大于B项目的净现值，大卫公司应采用A项目。

2. 年均净现值法

年均净现值法先计算净现值，然后考虑时间价值计算各项目的年平均净现值（已知现值计算年金），再比较决策。

在【例6-14】中，有：

A项目的年均净现值 $= [80\,000 \times (P/A, 16\%, 3) - 160\,000] \div (P/A, 16\%, 3) = 8\,762.24$（元）

B项目的年均净现值 $= 25\,840 \div (P/A, 16\%, 6) = 7\,012.21$（元）

由于A项目的年均净现值大于B项目的年均净现值，故大卫公司应采用A项目。

第四节

固定资产租赁决策

企业经营活动所需要的生产及办公用房、机器设备等资产，都是使用期限长并且需要占用大量资本投资额的，这些资产既可以通过自有方式（购买或建造）也可以通过借入（租赁）方式取得，但是购买和租赁的现金流量有很大差别，相应的资本投资报酬也就不一样，孰优孰劣也需要进行科学合理的决策分析加以评价选择。

租赁业务的双方都需要进行决策分析，但双方有各自的现金流量和分析立场，本书的企业主体是实体企业而不是金融类企业，在租赁业务中一般是承租人，因此本书的租赁决策分析仅以承租人立场进行分析。

一、租赁的概念及分类

(一) 租赁的概念

租赁是指资产的所有者（出租人）授予另一方（承租人）使用资产的专用权并获取租金报酬的一种合约。

(二) 租赁的分类

1. 经营租赁和融资租赁

经营租赁是指购买资产使用权用以替代经营资产购置，属于经营活动；融资租赁是指以租赁形式筹资用以替代借款筹资，属于筹资活动。

从会计角度，区分经营租赁和融资租赁的主要目的是分别规定计入损益的方式，准确地说，应该称为费用化租赁和资本化租赁。费用化租赁是由出租人承担租赁资产主要风险和报酬；资本化租赁是由承租人承担租赁资产主要风险和报酬。

2. 可直接抵扣租赁与不可直接抵扣租赁

这是按照税收法规进行的分类。可直接抵扣租赁又被称为税务导向租赁，是指租赁费可以直接从当期应税所得中直接抵扣的租赁；不可直接抵扣租赁也被称为非税务导向租赁，是租赁费不可以直接从当期应税所得中直接抵扣的租赁。各国税法对此项规定存在差异。

3. 不完全补偿租赁和完全补偿租赁

不完全补偿租赁是指租金不足以补偿租赁资产的全部成本；完全补偿租赁是指租金超过租赁资产的全部成本。

4. 可撤销租赁和不可撤销租赁

可撤销租赁指合同中注明承租人可以随时解除。通常，提前终止合同，承租人要支付一定的赔偿额。

不可撤销租赁指合同到期前不可以单方面解除。如果经出租人同意或者承租人支付一笔足够大的额外款项，不可撤销租赁也可以提前终止。

5. 毛租赁和净租赁

毛租赁是由出租人负责资产维护的租赁；净租赁是由承租人负责资产维护的租赁。

典型的经营租赁是短期的、不完全补偿的、可撤销的毛租赁，典型的融资租赁是长期的、完全补偿的、不可撤销的净租赁。实务中，租赁决策分析涉及法律、税务、会计等诸多方面，非常复杂。

二、租赁的税务处理

现行《中华人民共和国企业所得税实施条例》第四十七条规定："企业根据生产经营活动的需要租入固定资产支付的租赁费，按照以下方法扣除：①以经营租赁方式租入固定资产发生的租赁费支出，按照租赁期限均匀扣除；②以融资租赁方式租入固定资产发生的租赁费支出，按照规定构成融资租入固定资产价值的部分应当提取折旧费用，分期扣除。"

同时还规定："在计算应纳税所得时，企业财务、会计处理办法与税收法律、行政法规的规定不一致的，应当依照税收法律、行政法规的规定计算"。这意味着，税法没有规定的事项可以遵从财务、会计的规定执行。我国税务上采用会计准则对于融资租赁（资本化租赁）和经营租赁（费用化租赁）的分类方法和标准，会计的资本化租赁就是税务的不可直接抵扣租赁，会计的费用化租赁就是税务的可直接抵扣租赁。

【知识拓展】

租赁业务税收筹划

租赁在财务、税务和会计上的分类有区别。严格来说，融资租赁（财务）、不可直接抵税租赁（税务）、资本化租赁（会计）是不同的概念。与此相对应，经营租赁（财务）、可直接抵税租赁（税务）、费用化租赁（会计）也是有差异的。例如，假设一家公司需要一台100万元的设备，预计使用寿命10年。如果公司签一份租期7年（不可撤销）租金现值为89万元的合同，并且回避有关租赁期满所有权转移的条款，则可以在会计上进行费用化租赁处理，在税务上按可直接抵税租赁计税，但在财务上仍属融资租赁。

三、承租人立场的融资租赁决策分析

一项租赁合同，只要是长期的、不可撤销租赁，在财务上都属于融资租赁，需要采用融资租赁的决策分析方法，而不管它在会计上是否需要资本化，也不管它在税务上是否可以直接扣除。

融资租赁决策评价的基本原理是，假设拟使用资产已通过投资评估，在此基础上比较租赁取得与自行购置的现金流量现值的差量，以租赁替代购买的现金流量净现值作为财务评价的指标。财务评价的基本模型如下：

租赁替代购买的净现值＝租赁资产购置成本－租赁期现金流量现值－期末资产现值

该模型的主要参数如下：

（1）租赁资产购置成本。如果采用租赁方式，可以避免购置租赁资产的购置成本，该金额成为租赁方案的一项现金流入。

（2）租赁期现金流量及其折现率。租赁期现金流量包括租金支付额、租金抵税额和失去的折旧抵税。租赁期现金流量的折现率应采用有担保债务的税后成本。

（3）期末资产现金流量及其折现率。租赁期满，租赁资产的所有权可以转让给承租人，也可以不转让给承租人。我国税法规定，租赁期届满时租赁资产的所有权转移给承租人的，属于税法认定的不可直接抵扣租赁。因此，如果租赁要获得纳税上的好处，必须写明租赁期满时租赁资产的所有权不进行转让，即归出租人所有。在这种情况下，租赁期满时期末资产的残值净收入是承租人失去的一项现金流入。期末资产的折现率根据租赁项目必要报酬率来确定。

值得注意的是：税法不允许承租方同时享有租金抵税和折旧抵税。即对于可直接抵扣租赁，税法允许租金在税前扣除，却不允许对租赁资产计提折旧；对于不可直接抵扣租赁，税法允许对租赁资产计提折旧（相当于把租赁资产视为承租方的自有资产），即允许获得折旧抵税，却不允许在税前扣除租金。这样就使两种租赁的未来现金流量产生差异，因此分析时要区别对待。

（一）租金可直接抵扣的融资租赁决策分析

若租赁合同的税务性质是可直接抵扣租赁，承租人立场分析的基本方法是将租赁筹资与借款筹资（借款自行购置）进行比较，将租赁资产成本看成是借款的本金，将租金看成是借款购买的本息偿还额，据此计算租赁净现值（其性质是差量净现值，即租赁相对于借款购置所增加的净现值），据以判断是否采用租赁筹资。

这种租赁方式下，现金流量的内容就是每期支付的租金（含租金本金、租金利息及其抵税）；购买方式下的现金流量包括：①资产的购置成本（包括资产买价、运输、安装、保险等费用），②资产的折旧抵税，③残值净收入（有抵税或者补税），④资产使用费用（维护、保养等费用）。

租赁相对于购买，现金流量的差别包括：①应付租金（为含租金本金与租金利息抵税后的差额），②失去的租赁资产折旧抵税，③节省的租赁资产使用费用，④失去的租赁资产残值净收入，⑤节约的资产购置成本；其中前三项统称为"租赁期现金流量"。

【例 6-15】W 公司计划添置一台设备，该设备预计使用年限为 6 年，正在讨论是购买还是租赁。有关资料如下：

1. 如果自行购置该设备，预计购置成本 1 500 万元。该类设备税法规定的折旧年限为 10 年，折旧方法为直线法，预计净残值率为 6%。

预计 6 年后该设备的变现收入为 400 万元。

如果租赁该设备，租期 6 年，每年末需要向出租方支付租金 280 万元。

租赁期内租赁合同不可撤销，租赁期满设备由出租方收回。

该设备每年的维修保养费用为 12 万元。

W 公司适用的所得税税率为 25%，担保债券的税前利率为 8%。

该项目要求的最低报酬率为 10%。

该租赁为可直接抵扣租赁。

要求：(1) 针对 W 公司的"租赁与购买"通过计算做出决策。

(2) 假设其他条件不变，计算 W 公司可以接受的最高租金。

解：(1)

①每年折旧(税法) = 1 500 × (1 - 6%)/10 = 141（万元）

失去的每年折旧抵税 = 141 × 25% = 35.25（万元）

②每年税后租金 = 280 × (1 - 25%) = 210（万元）

③每年税后维修保养费用节约 = 12 × (1 - 25%) = 9（万元）

④债务税后资本成本 = 8% × (1 - 25%) = 6%

⑤第6年末该设备的税务价值 = 1 500 – 141 × 6 = 654（万元）

资产残值收入抵税 = (654 – 400) × 25% = 63.5（万元）

第6年末失去的资产残值收入净额 = 400 + 63.5 = 463.5（万元）

（注意：第6年末该设备变现收入现金净流量的折现率10%。）

⑥租赁替代购买的净现值

= 资产购置成本 – 租赁期税后现金流量现值 – 期末资产税后现金流量现值 = 1 500 – (210 + 35.25 – 9) × (P/A,6%,6) – 463.5 × (P/F,10%,6)

= 1 500 – 1 161.64 – 261.88 = 76.48（万元）

计算结果表明，租赁替代购买的净现值大于零，因此，W公司应该选择租赁。

(2) W公司可以接受的最高租金，即承租人的损益平衡租金，承租人的损益平衡租金是指租赁替代购买的净现值为零的租金数额。假设每年的税后租金为X，则有：

NPV = 1 500 – (X + 35.25 – 9) × (P/A,6%,6) – (400 + 63.5) × (P/F,10%,6) = 0

即：1 500 – (X + 35.25 – 9) × 4.917 – (400 + 63.5) × 0.565 = 0

则，X = 225.55（万元）

每年的税前租金 = 225.55/(1 – 25%) = 300.73（万元）

所以，W公司可以接受的最高租金为300.73万元。

（二）租金不可抵扣的融资租赁决策分析

若租赁合同的税务性质是不可直接抵扣租赁，承租人立场融资租赁决策分析中租赁费不能抵税，应分别按折旧和利息抵税。承租人现金流量如下：

（1）初始现金流量即避免购置租赁资产的购置成本，是一项现金流入。

（2）租赁期内差额现金流出量是租金支付与利息抵税的差额。其中，①租金不得抵税；②利息可以抵税；③折旧虽然能抵税，但与购买资产所能获得的折旧抵税额相同，没有差量。

（3）期末购买资产余值的支出是承租人的一项现金流出。"购买资产余值的支出"不同于丧失的"资产变现净收入"。实际上，在不可直接抵扣租赁中，若承租方在租赁期末支付一定的价款取得了租赁资产后，同样可以获得租赁资产最终的变现净收入，与购买方案之间并无差量。真正有差别的，是不可直接抵扣租赁中，承租方需支付的购买资产余值的支出。据此，可以将租赁替代购买净现值如下表述：

租赁替代购买净现值 = 租赁资产购置成本 – 归属出租人的资产余值现值或期满时的资产转让价格现值 – (各期租金总现值 – 各期租金抵税总现值)

值得注意的是，若租赁合同未将租金本金和利息分别注明，为计算租金利息抵税额，应将每期租金分解为租金本金和租金利息两部分，分解的依据是租金的内涵利息率，该内涵利息率 (i) 可利用下式估算：

资产购置成本 – 每期租金 × (P/A,n,i) – 资产余值 × (P/F,n,i) = 0

上式中 i 的求计方法见教材第二章相关知识。

【例6–16】A公司欲添置一台设备，正在研究应通过自行购置还是租赁取得。如果自行购置该设备，预计购置成本9 000万元。该固定资产的税法折旧年限为10年，法定残值率为购置成本的 5%。预计该资产 5 年后变现价值 1 000 万元。如果以租赁方式取得该设备，租赁公司要求每年租金 2 083.65 万元，租期 5 年，租金在每年末支付。A 公司适用的所得税税率为 25%，项目要求的必要报酬率为 10%。合同约定，租赁期内不得退租，在租赁期满租赁资产归承租人所有，并为此需向出租人支付资产余值价款 1 000 万元。

要求：通过计算说明 A 公司应通过购置还是租赁取得？

解：根据我国税法规定，租赁期届满时租赁资产的所有权转移给承租人的，属于税法认定的不可直接抵扣租赁。

第一步，估算租金内含利息率。

令：$9\,000 - 2\,083.65 \times (P/A,5,i) - 1\,000 \times (P/F,5,i) = 0$

得：$i = 8\%$，则税后债务成本 $= 8\% \times (1 - 25\%) = 6\%$

第二步，编制租金分解表，见表 6-10。

表 6-10   租金分解表   单位：万元

年度	每期租金总额①	每期利息支付额②=④×8%	每期本金偿还额③=①-②	期初本金余额④	利息抵税额⑤=②×25%
1	2 083.65	720	1 363.65	9 000	180
2	2 083.65	610.91	1 472.74	7 636.35	152.73
3	2 083.65	493.09	1 590.56	6 163.61	123.27
4	2 083.65	365.84	1 717.81	4 573.05	91.46
5	2 083.65	228.42	1 855.23	2 855.24	57.11

第三步，计算承租人租赁净现值 NPV。

$$\begin{aligned} NPV =& 9\,000 - 1\,000 \times (P/F,10\%,5) - \{2\,083.65 \times (P/A,6\%,5) - [180 \times (P/F,6\%,1) \\ & + 152.73 \times (P/F,6\%,2) + 123.27 \times (P/F,6\%,3) + 91.46 \times (P/F,6\%,4) \\ & + 57.11 \times (P/F,6\%,5)]\} \\ =& 126.31 \text{（万元）} \end{aligned}$$

租赁净现值为正数，所以 A 公司应该采取租赁方式取得该设备。

四、承租人立场的经营租赁决策分析

经营租赁是一种短期的可撤销租赁。经营租赁的基本原理是假设拟使用资产已通过投资评估，在此基础上比较自行购置和租赁取得的成本，如果购买的平均年成本高于每年租金则选择租赁，反之则选择自行购买。自行购置的平均年成本是租金的上限，或者说租赁方案净现值为零的租金，也被称为损益平衡租金。对承租人来说，损益平衡租金就是自行购置的平均年成本，其计算公式如下：

$$税后损益平衡租金 = \frac{自行购置的全部税后支出总现值}{(P/A,i,n)}$$

$$= \frac{资产购置成本 + 税后营运成本现值 - 折旧抵税额现值 - 残值现值}{(P/A,i,n)}$$

税前损益平衡租金＝税后损益平衡租金÷(1－税率)

该方法的举例应用见【例6－15】。

【本章小结】

1. 净现金流量指的是一定期间内现金流入量与现金流出量之间的差额。净现金流量一般可以分为以下三个部分：

(1) 初始净现金流量。即投资项目在投资期内发生的现金流入量和现金流出量，一般有以下项目：①取得固定资产的投资；②周转用流动资产的投资；③其他方面的投资；④原有固定资产的变价收入。

(2) 营业现金净流量。即投资项目投入使用后，在其使用寿命期间内由于生产经营所带来的现金流入和现金流出的数量，营业现金净流量的计算公式：

营业现金净流量＝营业收入－付现成本－所得税　　　①
　　　　　　　＝净利润＋非付现成本　　　　　　　　②
　　　　　　　＝(营业收入－付现成本)×(1－所得税率)＋
　　　　　　　　非付现成本×所得税率　　　　　　　③

(3) 终结净现金流量。即投资项目终结时（固定资产使用期满时）所发生的现金流量。主要包括：①固定资产残值收入或变价收入；②原来垫支在各种流动资产上的周转资金的收回；③停止使用的土地变价收入等。

某一时点的净现金流量的计算公式如下：

净现金流量＝营业现金净流量＋终结净现金流量－初始净现金流量

2. 项目投资决策评价指标分为非贴现指标和贴现指标两大类。非贴现指标也称为静态指标，主要包括投资利润率、投资回收期等指标。贴现指标也称为动态指标，主要包括净现值、净现值率、现值指数、内含报酬率等指标。贴现评价指标之间的关系为：

当 NPV＞0 时，NPVR＞0，PI＞1，IRR＞i
当 NPV＝0 时，NPVR＝0，PI＝1，IRR＝i
当 NPV＜0 时，NPVR＜0，PI＜1，IRR＜i

净现值（NPV）为绝对数指标，其余为相对数指标，计算净现值、净现值率和现值指数所依据的贴现率（i）都是事先已知的，而内含报酬率（IRR）的计算本身与贴现率（i）的高低无关，当 IRR≥i 时该方案是可行的。

3. 贴现且考虑风险的评价方法有风险调整折现率法和风险调整现金流量法。未来实际的现金流量具有风险性，企业不应简单地以预计的不确定的现金流量、目前的资本成本或必要报酬率为依据来计算评价指标，并据以决定一个投资项目的接受与否，而应视其增加或降低企业总风险程度的大小来调整其预计现金流量、资本成本或必要报酬率的标准,并据以评价项目的可行性及其优劣。

4. 租赁是企业取得固定资产的主要方式之一,经营租赁可为企业解决短期的临时性资产需求问题,融资租赁主要为企业解决资产的长期需求。企业选择利用租赁方式取得固定资产,要结合财务、会计、税收以及资产的经济寿命等因素综合考虑。

【技能训练题】

1. 某公司拟新增一条买价500万元的生产线。经测算,该设备使用寿命为5年,按直线法计提折旧,预计净残值率为5%,会计与税法的相关处理一致,设备投入运营后每年可增加净利润100万元。该企业以10%作为折现率。请完成以下计算分析:

(1) 计算各年净现金流量;
(2) 计算静态投资回收期;
(3) 计算该项目的净现值;
(4) 计算该项目的内含报酬率;
(5) 根据计算结果判断该项目是否值得投资并简要说明理由。

2. 某公司拟用新设备取代已使用3年的旧设备。旧设备原价60 000元,税法规定使用6年、残值6 000元;当前估计尚可使用3年,预计最终残值8 000元,年操作成本7 000元,目前变现价值为20 000元。购买新设备需花费80 000元,税法规定使用5年、残值8 000元;预计可使用6年,年操作成本3 000元,最终残值7 000元。该公司投资报酬率为10%,所得税税率25%,折旧采用直线法。请分析应使用新设备还是旧设备?

3. 某公司计划投资某项目,原始投资额为100万元,该公司拟采用发行债券和优先股的方式筹集资金,拟平价发行面值为500元,票面年利率为5%,每年付息一次,期限为5年的债券1 600张;剩余资金以发行优先股的方式筹集,股息率9%。资金全部在建设起点一次投入,建设期为一年,项目投入使用需垫支5万元流动资金;投产后第1到第4年每年增加销售收入38万元,以后每年增加41万元;利息以外的付现成本每年增加11万元。该固定资产预计使用10年,按直接法提取折旧,预计净残值为4万元。公司所得税税率为20%。要求:

(1) 计算债券成本、优先股成本和项目综合资本成本(筹资费忽略不计);
(2) 计算项目各年度现金净流量;
(3) 计算项目的净现值;
(4) 评价项目的可行性。

4. A公司欲添置一台设备,正在研究应通过自行购置还是租赁取得。有关资料如下:

(1) 如果自行购置该设备,预计购置成本9 000万元。该固定资产的税法折旧年限为10年,法定残值率为购置成本的5%。预计该资产5年后变现价值1 000万元。

(2) 如果以租赁方式取得该设备,B租赁公司要求每年租金2 083.65万元,租期5

年，租金在每年末支付。

(3) 已知 A 和 B 公司适用的所得税税率均为 25%，项目要求的必要报酬率为 10%。

(4) 若合同约定，租赁期内不得退租，在租赁期满租赁资产归承租人所有，并为此需向出租人支付资产余值价款 1 000 万元。要求：

(1) 通过计算说明 A 公司应通过自行购置还是租赁取得。

(2) 计算 B 公司租赁的净现值。

(3) 计算 A 公司能够接受的最高租金。

5. 甲公司为一投资项目拟定了甲、乙两个方案，若该项目的折现率为 10%。请您帮助做出合理的投资决策，相关资料如下：

(1) 甲方案原始投资额在建设期起点一次性投入，项目寿命期为 6 年，净现值为 19.8 万元；

(2) 乙方案原始投资额为 100 万元，在建设期起点一次性投入，项目寿命期为 4 年，初始期为 1 年，运营期每年的净现金流量均为 50 万元。要求：

(1) 计算乙方案的净现值。

(2) 用年等额年金法做出投资决策。

(3) 用共同年限法做出投资决策。

第七章 证券投资管理

【学习目的与要求】

了解证券投资的含义及内容，了解基金投资的基础知识，熟悉证券投资组合的基本原理和方法；掌握股票和债券估价模型、股票和债券收益率估计方法、证券投资组合预期报酬率估算方法。

【引导案例】

巴菲特的投资理念

沃尔·巴菲特堪称世界级的投资专家。他8岁开始投资股票，经历美国股市数十年起伏而立于不败之地。除去"天才"和"运气"的成分外，巴菲特独特的投资理念是对他投资成绩的最合理解释。

巴菲特不同意现代股市理论中那种认为"股价反映了市场上所有的信息"的观点。他认为股市常常失去理性，股价上涨时人们争相购买，在股价下跌时又不假思索地抛出。理性的投资者要找的是"睡美人"，找到那些价格低于企业账面价值的股票，无论哪天，只要股票价格低于企业价值就买，然后等待股市纠正自己的错误而获利。巴菲特购入运通公司的股票就是其投资理念的成功战例。

1963年，美国运通公司因为一家子公司的丑闻，股价从60美元暴跌到34美元。巴菲特关注此公司已经几年了，在机会来临时，他分析美国运通公司最吸引他的价值所在——该公司基本垄断全国旅行支票业务和在全美的信用卡业务并未因丑闻的发生而受到影响，人们依然到处使用运通的旅行支票和信用卡。在细致分析的指导下，巴菲特以极强的信心一下投入了自己当时资本的40%，即1 300万美元，购入了5%的运通公司的股份。两年后，他卖掉了这些股票，净赚了2 000万美元。

[思考] 从这个案例你看到了巴菲特是如何控制股市风险的？

第一节 证券投资概述

证券是指票面载有一定金额,代表财产所有权或债权,可以有偿转让的凭证,如债券、股票、短期融资券、银行承兑汇票等。证券投资是指投资者将资金投资于股票、债券、基金及衍生证券等资产,从而获取收益的一种投资行为。相对于实物投资而言,证券投资具有流动性强、价格不稳定、交易成本低等特点。证券投资是企业对外投资的重要组成部分,科学地进行证券投资管理,能够增加收益、减少风险,从而有利于企业财务管理目标的实现。

一、证券投资分类

(1) 按照投资具体品种的不同,可分为债券投资、股票投资和共同基金投资三类。这三类证券共有的特点是可以在证券市场上流通转让,相对于其他投资形式而言,证券投资的流动性非常强。

(2) 按投资时间可分为长期投资和短期投资。

长期投资是投资期限在一年以上的投资活动。如一年以上的债券,其偿还期较长;又如不打算出售的股票投资,是一种永久性、无期限的投资,没有偿还期。

短期投资是投资期在一年以下的投资活动,其偿还期较短。如短期国库券,时间一般为3个月、6个月、9个月。

(3) 按投资性质可分为固定收入投资和非固定收入投资。

固定收入投资,是投资者所购买的规定有确定的收益率、定期支付或到期支付,其收益在整个投资期限内固定不变的证券,如债券、优先股投资等。这种投资一般风险性较低。

非固定收入投资,是投资者购买的收益率不固定的某种证券,通常其收益为不定期支付,如普通股投资。这种投资一般风险较高,但收益也较高。

二、证券投资的目的

1. 暂时存放闲置资金

企业一般都持有一定量的有价证券,以替代较大量的现金余额,并在企业现金支出大于现金收入、需要补充现金的不足时,将有价证券出售,换回现金。大多数企业投资短期证券都是为了调节现金余缺,或持有有价证券以防银行信用的短缺。

2. 获得投资收益

进行证券投资可获得高于银行存款利息的投资收益。因为库存现金没有任何收益,银行存款也不能称之为真正意义上的投资，当企业有较多的短期闲置资金时，可投资于有价证券获得投资收益。

3. 获得对相关企业的控制权

有些企业往往从战略上考虑需要控制另外一些企业，这可以通过股票投资实现。通过股票投资，成为股票发行公司的股东，从而参与该公司的经营管理，或通过控股，从而控制该公司的业务及经营管理，使之有利于自身的发展。

4. 分散风险

任何投资都存在一定的风险，企业可通过分散投资达到分散风险的目的。由于一部分证券投资收益稳定，风险相对较小，企业可用一部分资金进行证券投资，分散直接投资的风险。

三、证券投资的程序

1. 选择证券投资对象

企业应根据投资的目的和原则结合市场上的投资时机，在对各种证券进行分析相比较的基础上，选择合适的投资对象。

2. 委托买卖

企业在委托买卖有价证券前，必须在经营有价证券经纪业务的交易所中选择一个会员企业办理名册登记并开立证券账户与资金账户，然后企业才能委托其买卖有价证券。企业可以用当面委托或电话委托等方式向证券经纪公司发出委托指示，由经纪公司代为办理买进或卖出有关的有价证券。

3. 交割

当企业委托经纪公司买进的有价证券成交后，应支付价款，收取有价证券；当企业委托在经纪公司卖出有价证券成交后，则收取价款，付出有价证券，从而完成交割。不记名的有价证券在交割后即完成了整个交易过程。

4. 过户

企业买卖记名的有价证券成交并进行交割后，必须要办理有价证券持有人户名的变更手续，届时才完成了整个交易过程。

四、证券投资需考虑的因素

1. 证券的收益性

进行证券投资，很重要的一个目的是获得投资收益。对于债券投资，其收益主要表现为利息收入，且利息收入的时间、金额均为已知。因此，进行债券投资，收益较为稳定，但收益率也比较低。对于股票投资，其收益表现为股利收入和价差收益，收益的时间及金额都难以预先确定。因此，进行股票投资风险较大，但收益往往也大得多。

2. 证券的风险性

如上所述，股票投资的风险较债券投资的风险要大。企业在选择证券投资时，可根据各种证券的收益能力和风险程度综合权衡，看其收益性是否满足企业的要求，风险程度是否在企业可接受的水平。也可进行证券投资组合，在尽可能满足企业收益性要求的前提下，降低投资风险。

3. 证券的流动性

证券投资的一大特点就是流动性较强，在企业需要时，能通过证券市场转化为现金。但是证券的可转让性也有高有低，其转让的难易程度包括转让的时间长短及转让价格的高低。证券的转让时间取决于证券市场的情况、证券的种类及转让数量的多少。当证券市场发达，交易活跃，持有的证券是经营良好、信誉可靠的企业所发行，数额也不大时，证券的可转让性较强，转让价格也较高。因此企业在选择有价证券作为短期投资时，其流动性应是重点考虑的因素之一，应选择信誉良好、实力雄厚的企业发行的证券进行投资。

第二节 股票投资财务评价

一、股票投资概况

（一）股票的概念与特征

股票（Stock）是股份公司签发给股东的所有权凭证，是股东借以行使取得股利、参与重大决策等权利的一种有价证券。股票持有者即为该公司的股东，对该公司的财产享有要求权。作为交易对象和抵押品，股票已成为金融市场上主要的信用工具，但实质上，股票只是代表股份资本所有权的证书，它本身没有任何价值，不是真实的资本，而是一种独立于实际资本之外的虚拟资本。从投资者角度分析，股票具有以下特征：

1. 流动性

流动性是指股票可以在二级市场上随时转让，也可以继承、赠与、抵押。这一特点弥补了股票永续生命、不能退股的不足。股票具有很高的流通性，股票的流通也促进了社会资金的有效利用和资金的合理配置。

2. 股份的伸缩性

股份的伸缩性是指股票代表的股份既可以拆细，也可以合并。股份的拆细是将原来的1股分为若干股。股份拆细不会改变资本总额，只是增加了股份总量和股权总数。股份合并是将若干股股票合并成较少的几股或1股。

（二）股票投资的概念与特征

股票投资是指企业以一定的现金资产，买入并在一定时期内持有其他企业发行的股票的投资行为。股票投资具有以下主要特点：

1. 股票投资是股权性投资

股票是一种所有权的凭证，投资者一旦购进公司的股票、就成为该公司的股东，有权参与公司的经营决策和分享公司的经营所得。

2. 股票投资的风险大

投资者购买股票之后，不能要求股份公司偿还本金，只能在证券市场上转让。因此，股票投资者至少面临两方面的风险：一是股票发行公司经营不善所形成的风险；二是股票市场价格变动所形成的价差损失风险。

3. 股票投资的收益高

由于投资的高风险性，股票作为一种收益不固定的证券，其收益一般高于债券。股票投资收益的高低，取决于公司的盈利水平和整体经济环境的好坏。当公司经营状况好、盈利水平高而社会经济发展繁荣稳定时，股东既可以从发行公司领取高额股利，又可因股票升值获取转让收益。

4. 股票投资的收益不稳定

股票投资的收益主要是公司发放的股利和股票转让的价差收益，相对债券而言，其稳定性较差。股票股利直接与公司的经营状况相关，公司盈利多，就可能多发放股利，公司的盈利少，就可能少发或不发股利；股票转让的价差收益主要取决于股票市场的行情，股市行情好，出售股票就可以得到较大的价差收益，股市低迷时，出售股票将会遭受损失。

5. 股票价格的波动性大

股票价格既受发行公司经营状况影响，又受股市投机等因素的影响，波动性极大。这就决定了不宜冒险的资金最好不要用于股票投资，而应选择风险较小的债券投资。

（三）股票投资的目的

股票投资是一种极具挑战性的投资，其报酬和风险都比较高。投资者进行股票投资的目的是为了享受股票上的权利。主要体现在以下几方面：（1）参与被投资企业的经营管理。普通股股东是股份公司的所有者，有权监督和控制公司的生产经营情况。因此，控制一家公司的最好途径就是收购该公司的股票；（2）获得较高的投资收益。股票价格虽然变动频繁，但从长期来看，绩优股的价格总是上涨的居多，只要选择得当，一般都能获得较高的投资报酬；（3）能适当降低购买力风险。在通货膨胀率较高时，由于物价普遍上涨，股份公司盈利增加，股利的支付也随之增加。因此，与固定报酬投资相比，股票能有效降低购买力风险。

二、股票价值估计

股票本身没有价值，仅仅是能够给持有者带来未来现金流量的凭证。进行股票估价的目的是评估股票的内在价值或者理论价值，对股票的市场价格做出评价，并据此决定买入、卖出或继续持有股票。

股票的价值，通常采用股票预期未来现金流入量现值计量。股票预期的未来现金流入包括两部分：①每期的预期股利；②出售股票时的转让价格。但由于股票没有固定的股

息,也没有确定的期末价值。因此,一般只针对长期持有不打算出售的股票进行价值评价,基本评价模型表达式如下:

$$V = \sum_{t=1}^{n} \frac{d_t}{(1+k)^t}$$

式中:V 为股票的价值;k 为投资人要求的必要投资收益率;d_t 为第 t 期的预期股利;n 为预计持有股票的期数。

由于股票股利通常是不固定的,通常需要对未来股利做出一定的假设才可以使用上述模型。一般将未来股利设为以下三种:

(一) 长期持有、股利稳定不变的股票估价模型

这种情况下,股票未来股利收益可近似地看作永续年金。此时,股票估价模型可简化为:

$$V = \frac{d}{k}$$

【例 7-1】A 公司准备购入乙公司的股票,乙公司的股票现在每股的价格为 27 元,乙公司的股票为优先股,每年的股利为每股 2.7 元,假设 A 公司要求的必要收益率为 12%,乙公司股票准备长期持有,请对该股票进行估价。

$$V = \frac{d}{k}$$
$$= 2.7/12\% = 22.5 （元）$$

据上述计算可知,只有当乙公司的股票在 22.5 元以下时,A 公司才能投资购买,否则就无法获得 12% 的报酬率。

(二) 长期持有、股利固定增长的股票估价模型

如果一个公司的股利不断增长,投资人的投资期限又非常长,则股票的估价就更困难了,只能计算近似数。设上年股利为 d_0,每年股利比上年增长率为 g,则:

$$V = \sum_{t=1}^{\infty} \frac{d_0 \times (1+g)^t}{(1+k)^t}$$

代入等比数列前 n 项和公式,当 $n \to \infty$ 时,普通股的价值为:

$$V = \frac{d_0(1+g)}{(K-g)} = \frac{d_1}{(k-g)}$$

式中 d_1 表示第 1 年的股利。

【例 7-2】M 公司拟投资购买 N 公司的股票,该股票上年每股股利为 3.2 元,以后每年以 4% 的增长率增长。M 公司要求获得 15% 的报酬率,问该股票的价格为多少时,M 公司才能购买?

$$V = \frac{3.2 \times (1+4\%)}{15\% - 4\%} \approx 30.25 （元）$$

据上述计算可知,只有当证券市场上 N 公司的股票在 30.25 元以下时,M 公司才能投资购买,否则就无法获得 15% 的报酬率。

（三）长期持有、股利非固定增长的股票估价模型

企业的每一个发展周期中，都会经历高速成长期、成熟期和衰退期。在成长期，企业的发展速度会高于社会经济的平均增长率。例如，许多高科技企业的股票价值会在短短几年内飞速增长，而在接近企业成熟期时会减慢其增值速度继而进入较为稳定的经营和发展时期。这类企业股票价值需要分段计算，可按下列三个步骤求得：①将股利现金流分为两部分，开始时的非固定增长阶段和其后的永久性固定增长或固定不变阶段，计算高速增长阶段预期股利的现值。②采用固定增长或固定不变模式，在高速增长期末，即固定增长期开始时，计算股票的价值，并将该数值折为现值。③将上述两部分求得的现值相加，即为股票的预计价值。

【例 7-3】假定 A 公司持有 B 公司的股票，其要求的投资收益率为15%。B 公司最近支付的股利为每股 2 元，预计该公司未来 3 年股利将高速增长，增长率为10%，此后将转为稳定增长，年增长率为3%。现计算 B 公司股票的价值。

首先，计算高速增长阶段的股利现值，如表 7-1 所示。

表 7-1　　　　　　　B 公司高速增长阶段股利现值计算表　　　　　　单位：元

年份	股利	股利现值
t 年	第 t 年股利	股利现值 = $d_t(P/F,15\%,t)$
1	$2 \times (1+10\%) = 2.2$	$2.2 \times (P/F,15\%,1) = 1.91$
2	$2 \times (1+10\%)^2 = 2.42$	$2.42 \times (P/F,15\%,2) = 1.83$
3	$2 \times (1+10\%)^3 = 2.66$	$2.66 \times (P/F,15\%,3) = 1.75$
合计		5.49

其次，计算第三年末股票价值：

$$V = \frac{D_4}{(K-g)} = \frac{D_3(1+3\%)}{15\%-3\%} = \frac{2.66(1+3\%)}{15\%-3\%} = 22.83 \text{（元）}$$

再次，将第三年年末股票价值折成现值：

$22.83 \times (P/F,15\%,3) = 22.83 \times 0.658 = 15.02$（元）

最后，将上述计算结果相加，求出 B 公司股票的价值。

$V = 15.02 + 5.49 = 20.51$（元）

需要说明的是，这里讨论的预期股价，往往和后来实际发展有很大的差别。因为我们使用的数据都是预计的，预计不可能十分准确。而且影响股市价格的某些因素，如未来的利率变动、整个股市兴衰等，在计算时都被忽略了。但是，这些并不能因此而否定预测和分析的必要性和有用性。我们是根据股票价值的差别来决策的，预测的误差影响绝对值，往往不影响其优先次序。被忽略的不可预见因素通常影响所有股票，而不是个别股票，对选择决策的正确性往往影响较小。

三、股票投资收益率估计

1. 短期持有的股票投资收益率

短期股票投资的特点是持有时间非常短,以获取买卖价差(也叫资本利得)而不以获取股利利益(也叫资本增益)为主要目的。一般可用下式计量其投资收益率:

$$r = \frac{D}{P_0} + \frac{P_1 - P_0}{P_0}$$

式中:r 为投资者预期股票收益率;D 为股票持有期内股利收益;P_0 为股票购入价;P_1 为股票出售价。

若买入股票后可能在短期内又卖出且未获得任何股利,这时:

$$r = \frac{P_1 - P_0}{P_0}$$

注意:若在证券交易所买卖股票要支付一定的手续费,其费用应从 $(P_1 - P_0)$ 中抵扣。

【例7-4】某企业拟用 2 000 元购入某种股票,每年将获得100元股利,预计未来卖出股票可得 2 300 元,则该企业预期股票收益率为:

$$r = \frac{100}{2\,000} + \frac{2\,300 - 2\,000}{2\,000} = 20\%$$

需要提醒的是:股利的支付时间决定于发行公司每年的股利政策所规定的股权登记日,这就存在着投资期间能否获得股利收入的问题,也即,只有在投资持有期间涵盖股权登记日时,投资者才能获得相应的收益,因此读者要特别注意该问题的影响。

2. 长期持有不打算出售的股票投资收益率

股票长期投资的特征是永不转让,主要以获取控制权为目的,因而其投资收益仅有未来各期的股利,而其投资收益率就是长期持有条件下各种股票估价模型中的贴现率。根据前述"股票估价"模型,以 n 趋向无穷大为条件,可以推导出如下计算公式:

(1) 股利固定不变条件下的股票投资收益率:

$$R = \frac{D}{P}$$

(2) 股利固定增长条件下的股票投资收益率:

$$R = \frac{D_1}{P} + g$$

式中:D 表示每股股利,P 表示每股价格,g 表示股利年增长率。

(3) 股利不固定增长条件下的股票投资收益率。该种股利类型情况比较复杂,不能用简单模型表达,但其投资收益率仍然是该类股票股价模型中的贴现率,也即该类股票投资项目的内含报酬率,故直接利用该类股利条件下股票估价模型求其净现值为零时的贴现率即可,请参阅前述股票估价及本书第六章第三节中内含报酬率求计的相关知识内容,此处仅以实例加以说明。

【例7-5】某上市公司上年度每股支付股利2元,预计该公司未来三年进入成长期,各年股利增长率分别为14%、14%、8%,第4年及以后将保持与第三年一致的股利额。

如果目前股票的价格为 24.89 元，则长期持有该股票的投资收益率估算如下：

根据资料，未来 3 年各年每股股利分别为：

第一年股利 = $2 \times (1 + 14\%) = 2.28$（元）

第二年股利 = $2.28 \times (1 + 14\%) = 2.6$（元）

第三年股利 = $2.6 \times (1 + 8\%) = 2.81$（元）

设：投资收益率为 i，有：

$NPV = 2.28 \times (1+i)^{-1} + 2.60 \times (1+i)^{-2} + 2.81/i \times (1+i)^{-2} - 24.89$

若 $i = 10\%$，$NPV = 27.4446 - 24.89 = 2.5546$

若 $i = 14\%$，$NPV = 19.4449 - 24.89 = -5.4451$

用内插法求得：$i = 11.27\%$

第三节 债券投资财务评价

债券，是发行者为筹集资金发行的，在约定时间支付一定比例的利息，并在到期日偿还本金的一种有价证券。债券的本质是债的证明书，具有法律效力，债券购买者与发行者之间是一种债权债务关系。

一、债券投资的概念与特征

债券投资，是指企业以一定的现金资产，买入并在一定时期内持有国家或其他企业发行的债券的投资行为。

债券投资的特征：债券反映的是一种债权债务关系，债券的利率一般是固定不变的，因此债券投资收益稳定。其中政府债券由政府担保，一般被认为是无偿付风险的；对于企业债券，由于在发行人破产时，它能先于企业股东收回本金，因此风险相对较小。

二、债券价值估计

债券价值估计一般采用未来现金流量现值法进行，因此债券的价值是债券未来本息的总现值。计算现值时使用的折现率，取决于当前的市场利率和现金流量的风险水平。

债券未来现金流入量的影响因素主要是债券面值、票面利率和还本付息方式。这些因素在发行时就已经给定，因此债券价值的高低主要是由市场利率水平决定。市场利率越高，价值越低；反之亦然。这种由市场利率变化导致的债券价格的不稳定，就是债券的利率风险。债券的利率风险主要表现在两个方面：一是价格风险，即债券价格会因市场利率变动而变动；二是再投资风险，即债券投资收回的利息和本金在进行再投资时的收益具有的不确定性。

进行债券估价的目的是为了确定债券的内在价值,并为企业进行债券投资决策提供依据。只有债券的价值大于其购买价格时,才值得投资。否则,不应进行投资。

(一) 分期付息到期还本债券估价模型

该模型下的债券是固定利率,每年计算并支付利息,到期归还本金。按照这种模式,债券的未来现金流量即为按复利计算的债券本利和,这种债券价值计算的模型是:

$$PV = \sum_{t=1}^{n} \frac{i \cdot F}{(1+k)^t} + \frac{F}{(1+K)^n}$$

$$PV = I \times (P/A, k, n) + F \times (P/F, k, n)$$

式中:PV 为债券价值;i 为债券票面利息率;F 为债券面值;K 为贴现率,一般采用当时的市场利率或投资人要求的必要收益率;I 为每年利息;n 为付息总次数。

【例 7-6】某债券面值为 1 000 元,票面利率为 10%,期限为 5 年,某企业要对这种债券进行投资,当前的市场利率为 12%,问债券价格为多少时才能进行投资?

根据债券估价公式计算:

$$PV = 1\,000 \times 10\% \times (P/A, 12\%, 5) + 1\,000 \times (P/F, 12\%, 5)$$
$$= 100 \times 3.605 + 1\,000 \times 0.567$$
$$= 927.5 (元)$$

即这种债券的价格必须低于 927.5 元时,该企业才能购买。

> 【思考】
> 上述债券,若改为每半年付息一次,其价值是否有变化?如何计算?

(二) 到期一次还本付息不计复利的债券估价模型

到期一次还本付息的债券只有一次现金流动,也就是在到期日的本息和。我国很多债券属于到期一次还本付息不计复利,也即按照单利计息的债券,这种债券的未来现金流量即为按单利计算的债券本利和,其估价计算公式为:

$$PV = \frac{F + F \cdot i \cdot n}{(1+k)^n}$$

$$PV = (F + F \cdot i \cdot n) \cdot (P/F, k, n)$$

公式中符号含义同前式。

【例 7-7】某企业拟购买另一家企业发行的利随本清的企业债券,该债券面值为 1 000 元,期限 5 年,票面利率为 10%,不计复利,当前市场利率为 8%,该债券发行价格为多少时,企业才能购买?

由上述公式可知:

$$PV = \frac{1\,000 + 1\,000 \times 10\% \times 5}{(1+8\%)^5} = 1\,020 (元)$$

即债券价格必须低于 1 020 元时,企业才能购买。

(三) 到期一次还本付息复利计息的债券估价模型

这种债券与前述第二种债券的差别就是利息计算采用复利方法,因此其未来现金流量为按复利计算的本利和。其估价计算公式为:

$$PV = \frac{F \cdot (1+i)^n}{(1+k)^n}$$

$$PV = F \cdot (1+i)^n \cdot (P/F, k, n)$$

公式中符号含义同前式。

【例7-8】某面值1 000元的5年期债券的票面利率为8%,2010年1月1日发行,假定此债券的必要收益率为6%,该债券的买卖均衡价格是多少?

$$PV = \frac{1\ 000\ (1+8\%)^5}{(1+6\%)^5} = 1\ 097.97\ (元)$$

(四) 贴水债券估价模型

贴水债券,是指折价发行、不计利息、到期按面值偿还的债券。这种债券的未来现金流量就是面值,因此其价值就是面值的现值。估价模型如下:

$$PV = F \times (P/F, k, n)$$

【例7-9】某面值100元的5年期债券,2010年1月1日按照70元的价格发行,假定此债券的必要收益率为6%,该债券的买卖均衡价格计算如下:

$$PV = F \times (P/F, k, n) = 100 \times (P/F, 6\%, 5)$$
$$= 100 \times 0.747\ 3 = 74.73\ (元)$$

计算结果表明,该债券的价值高于价格,值得购买。

值得注意的是,本节债券估价所列举债券投资都是假定在债券存续期内全程持有,现实经济活动中各投资人可以在任意交易时间买入卖出债券(非公开交易债券除外),但债券本金和利息的支付时间是固定的。因此,当投资人在非全程持有债券情况下估价时,要预计出售价格并特别考虑持有期间获得利息的多少。

三、债券投资收益率估计

我们将债券投资收益率区分为"直接收益率"和"持有期间年收益率"两种指标,前者用于衡量持有期间不超过一年的短期债券投资的收益水平,后者用于衡量持有期间在一年以上的长期债券投资的收益水平。

(一) 持有时间一年以内债券投资收益率的计算

$$直接收益率 = \frac{债券投资的全部收益(买卖价差+利息)}{债券投资的全部成本(买价+手续费等)} \times 100\%$$

【例7-10】某企业于某年6月30日以102元(含交易手续费)的价格买入面值100元、年利率5%、每年12月1日支付一次利息的某债券,并于当年12月30日以100元的价格出售,则该项债券投资的直接收益率计算如下:

$$直接收益率 = \frac{(100 - 102) + 100 \times 5\%}{102} \times 100\% = 2.94\%$$

(二) 持有期一年以上债券持有期间年收益率的计算

1. 不考虑时间价值

$$持有期间年收益率 = \frac{债券投资的全部收益 \div 债券持有年限}{债券投资的全部成本} \times 100\%$$

【例 7-11】某投资者以 1 100 元的价格购入 3 年期、面值 1 000 元、票面利率为 15%、每年付息一次的债券，债券还有 2 年到期，购买时向证券交易所支付手续费 10 元。则其持有期间年收益率为：

$$\frac{1\,000 \times 15\% + (1\,000 - 1\,100 - 10) \div 2}{1\,100 + 10} \times 100\% = 8.56\%$$

2. 考虑时间价值

一年期以上的债券投资属于长期投资，为准确计量投资收益水平，需要将时间价值因素考虑进去。这时，债券的持有期间年收益率就是长期债券估价模型中的贴现率，也即该债券投资项目的内含报酬率，故直接利用债券估价模型求其净现值为零时的贴现率即可，请参阅前述"债券估价"和本书第六章第三节"内含报酬率"求计的相关知识内容，此处仅以实例加以说明。

【例 7-12】ABC 公司于某年 2 月 1 日用平价购买一张面额为 1 000 元的债券，其票面利率为 8%，每年 2 月 1 日计算并支付一次利息，并于 5 年后的 1 月 31 日到期。该公司持有该债券至到期日，计算其持有期间年收益率。

$$1\,000 = 80 \times (P/A, i, 5) + 1\,000 \times (P/F, i, 5)$$

解该方程要用试误法或插入法。

用 $i = 8\%$ 试算：$80 \times (P/A, 8\%, 5) + 1\,000 \times (P/F, 8\%, 5)$
$= 80 \times 3.993 + 1\,000 \times 0.681 = 1\,000.44$（元）

上述结果还说明，平价发行的每年付一次息的债券，其到期收益率等于票面利率。如果债券的价格高于面值，则情况将发生变化。例如，买价是 1 105 元，则

$$1\,105 = 80 \times (P/A, i, 5) + 1\,000 \times (P/F, i, 5)$$

通过前面试算已知，$i = 8\%$ 时等式右方为 1 000 元，小于 1 105 元，可判断收益率低于 8%。降低贴现率进一步试算：

用 $i = 6\%$ 试算：$80 \times (P/A, 6\%, 5) + 1\,000 \times (P/F, 6\%, 5)$
$= 80 \times 4.212 + 1\,000 \times 0.747 = 1\,083.96$（元）

由于贴现结果仍小于 1 105 元，还应进一步降低贴现率。用 $i = 4\%$ 试算：
$80 \times (P/A, 4\%, 5) + 1\,000 \times (P/F, 4\%, 5)$
$= 80 \times 4.425 + 1\,000 \times 0.822 = 1\,178.16$（元）

贴现结果高于 1 105 元，可以判断，收益率高于 4%。用插值法计算近似值：

$$R = 4\% + \frac{1\,178.16 - 1\,105}{1\,178.16 - 1\,083.96} \times (6\% - 4\%) = 5.554\%$$

3. 持有期限一年以上债券投资收益率计量的简便方法

上述考虑时间价值估计投资收益率的方法比较麻烦，考虑到债券利息固定、价格波动较小，经测算验证，可按下式进行简便计算（以按年付息为条件）：

$$R = \frac{I + (M - P) \div N}{(M + P) \div 2} \times 100\%$$

式中：R 为证券持有期间年收益率；I 为每年的利息；M 为到期归还的本金或售价；P 为买价；N 为持有年数。

式中的分母是平均的资金占用，分子是每年平均收益。将【例 7-12】买入价 1 105 元条件下的数据代入：

$$R = \frac{80 + (1\,000 - 1\,105) \div 5}{(1\,000 + 1\,105) \div 2} \times 100\% = 5.6\%$$

4. 贴水债券收益率计算法

贴水债券也称贴现债券，其收益率的计算一般考虑了时间价值因素。其计算公式为：

$$贴水债券收益率 = \left[\sqrt[n]{\frac{债券面值（或卖出价格）}{买入价格}} - 1\right] \times 100\%$$

式中：n 为投资者持有债券的年限。

【例 7-13】某种债券票面金额为 100 元，发行价格为 88 元，期限 2 年，期满按票面金额兑付。

该债券的投资收益率为：

$$\left(\sqrt{\frac{100}{88}} - 1\right) \times 100\% = 6.6\%$$

从上述收益率估计案例可以看出，只有平价发行、每年付一次息的债券，其到期收益率等于票面利率。如果买价和面值不等，或者不是每年付息一次，到期收益率就与票面利率不同。

【例 7-14】ABC 公司于某年 2 月 1 日平价购买一张面额为 1 000 元的债券，其票面利率为 8%，按单利计息 5 年后的 1 月 31 日到期，一次还本付息。该公司持有该债券至到期日，计算其到期收益率。

$$1\,000 = 1\,000 \times (1 + 5 \times 8\%) \times (P/F, i, 5)$$

则：$(P/F, i, 5) = 0.714 \approx 0.713$

查复利现值表，5 年期的现值系数等于 0.713，则 $i = 7\%$。

持有期间年收益率是指导选购债券的标准。它可以反映债券投资的按复利计算的实际收益率。如果高于投资人要求的报酬率，则应买进该证券，否则就放弃。

此外，前述债券价值估计时提示的非全程持有债券估价应考虑的特殊事项，在进行收益率估计时同样要加以考虑。

第四节

基金投资概要

一、基金的含义

基金（Funds）在不同国家和地区的名称有所不同，美国称为共同基金或互助基金，英国和我国香港称为单位信托基金，日本和我国台湾称为证券投资信托基金。

我国的证券投资基金，是一种利益共享、风险共担的集合投资方式，即通过发行基金证券，集中投资者的资金以形成独立的基金财产，由基金托管人托管，由基金管理人管理和运用资金，以资产组合方式进行证券投资，以获得投资收益和资本增值，基金份额持有人按其所持有的份额享受收益和承担风险的投资组合。

二、基金的类型

（一）公司型基金与契约型基金

1. 公司型基金

公司型基金依公司法成立，以营利为目的，通过发行基金股份将集中起来的资金投资于各种有价证券。这种基金通过发行股份的方式筹集资金，是具有法人资格的经济实体，在组织形式上与股份有限公司类似。基金公司资产为投资者（股东）所有，由股东选举董事会，由董事会选聘基金管理公司，基金管理公司负责管理基金业务。公司型基金的设立要在工商管理部门和证券交易委员会注册，同时还要在股票发行交易所在地登记。

2. 契约型基金

契约型基金是依据信托契约通过发行受益凭证而组建的投资基金，一般由基金管理公司（委托人）、基金托管人（受托人）和投资人（受益人）三方通过信托投资契约而建立。契约型基金的三方当事人之间存在一定的关系：基金管理公司（委托人）是基金的发起人并依照契约运用信托资产进行投资，受托人依照契约负责保管信托财产，投资人依照契约享受投资收益。契约型基金筹集资金的方式一般是发行基金受益券或者基金单位，这是一种有价证券，表明投资人对基金资产的所有权，凭其所有权参与投资收益分配。

美国的基金多为公司型基金，日本、我国香港的基金多为契约型基金。我国目前设立的证券投资基金是契约型基金。

（二）开放式基金和封闭式基金

1. 开放式基金

开放式基金又称为追加型投资基金，是指基金的资本总额及持份总数不固定，可随时根据市场供求状况发行新份额,而投资者也可以赎回,赎回价格等于现期净资产价格扣除手续费。大多数的投资基金都属于开放式的。由于基金持份总数随时因市场供求变动而变化,若新份额被购买,则基金就有更多资产供投资使用;若基金持份额被赎回,则基金投资总额就相应减少,从而引起基金投资组合中的资产变动。若基金被赎回的份额过大,超过基金正常的现金储备,基金管理机构须出售手中的有价证券以换取现金。

2. 封闭式基金

封闭式基金是相对于开放型基金而言的,它是指基金资本总额及发行份数在发行之前就已确定下来,在发行完毕后和规定的期限内,无论出现何种情况,基金资本总额及发行份数都固定不变。投资者也不可以进行赎回,但基金单位可以在证券交易所或柜台市场公开转让,其转让价格由市场供求决定。

(三) 收入型基金、成长型基金和平衡型基金

1. 收入型基金

收入型基金以追求为投资者带来高水平的当期收入为目的,投资于各种可带来高收入的有价证券。它可分为固定收入型基金和股票收入型基金。

2. 成长型基金

成长型基金以追求资本的长期成长为投资目的,主要投资于成长型公司的股票。为达到最大限度的增值,成长型基金很少分红,而是经常将投资所得的股息、红利和盈利进行再投资,以实现资本增值。成长型基金又可分为稳定成长型基金和积极成长型基金。

3. 平衡型基金

平衡型基金是指以取得当期收入和追求资本的长期成长作为共同目的的投资基金。平衡型基金在以取得收入为目的的债券及优先股和以资本增值为目的的普通股之间进行权衡,这类基金稳定性较好,股利和股息都较高,但成长潜力不大。

(四) 股票基金、债券基金、货币市场基金和混合型基金

1. 股票基金

股票基金是指以股票为投资对象,以追求资本成长为投资目标的一种基金。其投资收益较高但风险较大,风险主要来自所投资股票的价格波动。

2. 债券基金

债券基金是指以债券为投资对象的投资基金。这类基金能保证投资者获得稳定的投资收益,而且风险较小。一般情况下,定期派息,回报率较稳定,适合长期投资。

3. 货币市场基金

货币市场基金是指投资于各类货币市场工具的基金,如大额定期存单、银行承兑汇票、短期国债等。货币市场工具期限短、风险低,收益相对稳定。

4. 混合型基金

混合型基金是指同时以股票、债券等为投资对象,以期通过在不同资产类别上的投资,实现收益与风险之间平衡的基金。

(五) 公募基金和私募基金

1. 公募基金

公募基金是指以公开方式向不确定的社会公众投资者募集资金而设立的基金。

2. 私募基金

私募基金是指通过非公开方式向少数机构投资者和个人投资者募集资金而设立的基金，它的销售和赎回都是基金管理人通过与投资者私下协商进行的，一般以投资意向书等形式募集。由于私募基金容易发生不规范行为，一些国家的法律法规明确限定私募基金的最高认购人数，超过最高认购人数则必须采用公募发行。

三、基金的投资限制

为了维护基金资产的安全性和流动性，保障投资者的合法权益，许多国家对投资基金实施投资限制。

1. 对投资对象的限制

一般而言，不同的投资基金有不同的投资对象，各国相关法规也有不同规定，所以对投资基金的投资对象和投资范围的划分也不一样，但总体来讲还是较宽松的。

2. 对投资数量的限制

为分散投资风险，避免影响股价的公正，通常对基金的投资数量加以限制。一是对同一类股票的限制，规定基金投资于任何一家公司股票的总额不得超过该公司已发行股份总数的一定比例；二是对同一种股票的限制，要求基金对每一发行公司发行的证券投资额不得超过该基金资产净值的一定比例。

3. 对投资方法的限制

各国除对投资基金的投资对象和投资数量做出一定限制外，对投资方法也作了较严格的限制。一是禁止与基金本身或与关系人的交易，以维护交易的公正性；二是限制基金资产相互间的交易，以避免基金投资者的利益受到损害；三是禁止用基金资产从事信用交易。

四、基金投资风险

1. 市场风险

基金实行组合投资，可以分散非系统风险，但无法分散市场风险（系统风险）。

2. 流动性风险

任何一种投资工具都存在流动性风险，即投资人在需要卖出时面临的变现困难和不能以适当价格变现的风险。

封闭式基金只能通过证券市场卖出回收资金，而且其交易价格主要由基金单位的净值和市场供求决定，投资者在急于出售变现时就不得不被动地接受市场价格。

开放式基金的投资人在当日进行申购、赎回基金单位时，所参考的单位资产净值是上一个基金交易日的数据,而对于基金单位资产净值在上一个交易日至交易当日所发生的变化,投资人无法预知。因此,投资人无法确定合理的成交价格,这种风险就是开放式基金申购、赎回时价格未知的风险。相对于短期投资人来说,长期投资人面临的这种风险要小得多。

3. 管理运作风险与道德风险

基金管理人的投资管理水平、判断能力直接影响基金的收益水平。基金管理人可能的操作失误与违规运作会产生一定的风险。此外,委托代理关系下,基金管理人也可能存在损害投资人利益的道德风险。

4. 系统运行风险

基金管理人、基金托管人、注册登记机构或代销机构等当事人的运行系统出现问题时,会给投资人带来损失风险。

第五节 证券投资风险管理

一、证券投资风险的内容

证券投资风险可以分为系统风险和非系统风险两种。

(一) 系统风险

系统风险是指由于某些因素给证券市场上所有证券造成经济损失的可能性,主要是由国内外政治经济形势发生变化引起证券市场波动而形成的,因而是企业自身不能抵御或回避的,无法通过投资多元化的组合而加以避免,又称不可避免风险、不可分散风险、市场风险;如国家信贷政策的调整、通货膨胀的发生、国家进入紧急状态等,都会对这个证券市场产生影响。

系统性风险主要以价格风险、再投资风险和购买力风险表现出来。①价格风险,是指由于市场利率上升,而使证券资产价格普遍下跌的可能性。②再投资风险,是指由于市场利率下降而造成的无法通过再投资而实现预期收益的可能性。③购买力风险,是指由于通货膨胀而使货币购买力下降的可能性。

(二) 非系统风险

非系统风险是指由于某些因素给证券市场上单个证券造成经济损失的可能性,可以通过持有证券资产的多元化来抵销,又称可避免风险、可分散风险、公司特有风险;如经营亏损、财务困难导致企业破产倒闭等。

公司特有风险是以违约风险、变现风险、破产风险等形式表现出来的。①违约风险,是证券资产发行者无法按时兑付证券资产利息和偿还本金的可能性。②变现风险,是证券资产持有者无法在市场上以正常的价格平仓出货的可能性。③破产风险,是在证券资产发行者破产清算时投资者无法收回应得权益的可能性。

二、证券投资风险计量指标

证券投资风险计量指标主要有证券投资预期收益率标准差和标准离差率(变异系数),这两个指标的计算方法在本书第二章第三节已做介绍,此处不再重复。

三、证券投资风险与报酬的关系

资本资产定价模型,是现代西方理财学中揭示多元化投资组合中资产风险与所要求的收益之间的关系的一个重要模型。该模型迈出了从微观分析到金融资产价格形成的市场分析的重要一步,建立了第一个在不确定性条件下关于资本资产定价的均衡模型,因而成为金融经济和企业财务管理中的一个主要模型,被认为是现代金融市场价格理论的脊梁,并被广泛应用于测定投资组合绩效、证券估价、决定资本预算以及公共事业股票投资管理中。

资本资产定价模型表达式为:

$$R_i = R_F + \beta_i(R_m - R_F)$$

式中:R_i 为第 i 种股票或第 i 种证券组合的必要收益率;R_F 为无风险收益率;β_i 为第 i 种股票或第 i 种证券组合的 β 系数;R_m 为所有股票或所有证券的平均收益率。

【例7-15】某公司股票的 β 系数为1.2,无风险收益率为8%,市场资产组合的平均收益率为14%,则根据资本资产定价模型可计算出这一股票的必要收益率为:

$$\begin{aligned} R_i &= R_F + \beta_i(R_m - R_F) \\ &= 8\% + 1.2(14\% - 8\%) \\ &= 15.2\% \end{aligned}$$

即该企业股票的收益率达到或超过15.2%时,投资者才肯进行投资,如果低于15.2%,则投资者不会购买该股票。

计算出股票的必要收益率,就不难确定股票的价值。假设该股票为固定成长股,成长率 $g = 5.2\%$,预期一年后的股利是2元,则该股票的价值为:

$$V = \frac{D_1}{R - g} = \frac{2}{15.2\% - 5.2\%} = 20 \text{ (元)}$$

即在股票市场上,如果该股票的价格低于20元,投资者就可以购买,否则,不宜购进该股票。

四、证券间的风险关系

(一)个别证券间的风险关系——r 系数

个别证券间的风险关系是指任意两个证券间收益变动的关联关系,一般地可归纳为正相关和负相关两种。如果两个证券投资风险的变动是沿着相同方向进行，表明它们之间具有正相关；如果两个证券投资风险的变动是沿着相反的方向进行的，则表明它们之间具有负相关。相关系数 r 用于计量证券之间的相关程度，其值位于 $+1 \sim -1$ 之间。相关系数的计算公式如下：

$$r = \frac{\sum_{i=1}^{n}[(X_i - \overline{X}) \times (Y_i - \overline{Y})]}{\sqrt{\sum_{i=1}^{n}(X_i - \overline{X})^2} \times \sqrt{\sum_{i=1}^{n}(Y_i - \overline{Y})^2}}$$

如果两个证券之间的相关系数之值等于 $+1$，即 $r = +1$，表明它们之间具有完全的正相关；反之，如果两个证券的相关系数之值等于 -1，即 $r = -1$，则表明它们之间具有完全的负相关。完全的正相关与完全的负相关，是属于证券之间相关程度的两个极端。上述相关关系变动趋势如图 7-1 和图 7-2 所示。

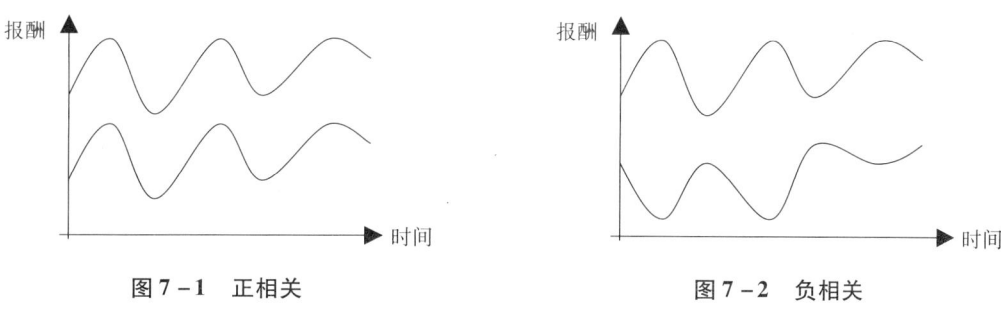

图 7-1　正相关　　　　　　　　图 7-2　负相关

（二）个别证券风险与市场全部证券平均风险的关系——β 系数

1. β 系数的意义

β 系数也称为贝塔系数（Beta Coefficient），用以度量一种证券或一个证券投资组合相对整个证券市场的波动性，是一个评估证券系统性风险的指标。

在资本资产定价理论出现以后，单项资产的系统风险计量问题得到解决。如果投资者选择一项资产并把它加入已有的投资组合中，那么该资产的风险完全取决于它如何影响投资组合收益的波动性。因此，一项资产最佳的风险度量，是其收益率变化对市场组合收益率变化的敏感程度，或者说是一项资产对投资组合风险的贡献。在这以后，投资风险被定义为资产对投资组合风险的贡献，或者说是指该资产收益率与市场组合收益率之间的相关性。衡量这种相关性的指标，被称为贝塔系数（β 系数）。某证券 β 系数大于 1，说明该证券的风险高于市场全部证券的平均风险；某证券 β 系数等于 1，说明该证券的风险等于市场全部证券的平均风险；某证券 β 系数小于 1，说明该证券的风险低于市场全部证券的平均风险。一种证券 β 值的大小取决于：①该证券与整个证券市场的相关性；②它自身的标准差；③整个市场的标准差。个别证券风险与市场全部证券平均风险的关系可用下式表示：

$$\beta = \frac{某证券的预期报酬率}{证券市场全部证券的平均报酬率}$$

2. β 系数的两种计算方法

一种是回归直线法。根据数理统计的线性回归原理，β 系数均可以通过同一时期内的个别证券收益率和证券市场组合收益率的历史数据，使用线性回归方程预测出来。β 系数就是该线性回归方程的回归系数。

【例 7-16】J 股票历史已获得收益率以及市场历史已获得收益率的有关资料如表 7-2 所示，计算其 β 值的数据准备过程见表 7-3。

表 7-2　　　　　　　　　　　计算 β 值的数据

年度	J 股票收益率（Y_i）	市场组合收益率（X_i）
1	1.8	1.5
2	-0.5	1
3	2	0
4	-2	-2
5	5	4
6	5	3

表 7-3　　　　　　　　　　公式法计算 β 值的数据准备

年度	J 股票收益率（Y_i）	市场收益率（X_i）	X_i^2	$X_i Y_i$	$(X_i - \bar{X})$	$(Y_i - \bar{Y})$	$(X_i - \bar{X}) \times (Y_i - \bar{Y})$	$(X_i - \bar{X})^2$	$(Y_i - \bar{Y})^2$
1	1.8	1.5	2.25	2.7	0.25	-0.08	-0.02	0.0625	0.0064
2	-0.5	1	1	-0.5	-0.25	-2.38	0.595	0.0625	5.6644
3	2	0	0	0	-1.25	0.12	-0.15	1.5625	0.0144
4	-2	-2	4	4	-3.25	-3.88	12.61	10.5625	15.0544
5	5	4	16	20	2.75	3.12	8.58	7.5625	9.7344
6	5	3	9	15	1.75	3.12	5.46	3.0625	9.7344
合计	11.3	7.5	32.25	41.2			27.075	22.875	40.2084
平均数	1.88	1.25							
标准差	2.8358	2.1389							

求解回归方程 $y = a + bx$ 系数的计算公式如下：

$$a = \frac{\sum_{i=1}^{n} X_i^2 \times \sum_{i=1}^{n} Y_i - \sum_{i=1}^{n} X_i \sum_{i=1}^{n} X_i Y_i}{n \sum_{i=1}^{n} X_i^2 - \left(\sum_{i=1}^{n} X_i \right)^2}$$

$$b = \frac{\sum_{i=1}^{n} X_i Y_i - \sum_{i=1}^{n} X_i x \sum_{i=1}^{n} Y_i}{n \sum_{i=1}^{n} X_i^2 - (\sum_{i=1}^{n} X_i)^2}$$

将有关数据代入上式：

$$a = \frac{32.25 \times 11.3 - 7.5 \times 41.2}{6 \times 32.25 - 7.5 \times 7.5}$$

$$= \frac{55.425}{137.25} = 0.40$$

$$b = \frac{6 \times 41.2 - 7.5 \times 11.3}{6 \times 32.25 - 7.5 \times 7.5}$$

$$= \frac{162.45}{137.25} = 1.18$$

直线方程斜率 b，就是该股票的 β 系数。

另一种方法是按照定义，根据证券与股票指数收益率的相关系数、股票指数的标准差和股票收益率的标准差直接计算。

$$\beta_J = \frac{\text{COV}(K_J, K_M)}{\sigma_M^2} = \frac{r_{JM} \sigma_J \sigma_M}{\sigma_M^2} = r_{JM} \left(\frac{\sigma_J}{\sigma_M} \right)$$

其中，分子 $\text{COV}(K_J, K_M)$ 是第 J 种证券的收益与市场组合收益之间的协方差。它等于该证券的标准差、市场组合的标准差及两者相关系数的乘积。

相关系数的计算：

$$r = \frac{\sum_{i=1}^{n} [(X_i - \bar{X}) \times (Y_i - \bar{Y})]}{\sqrt{\sum_{i=1}^{n} (X_i - \bar{X})^2} \times \sqrt{\sum_{i=1}^{n} (Y_i - \bar{Y})^2}}$$

$$r_{JM} = \frac{27.075}{\sqrt{22.875} \times \sqrt{40.2084}} = \frac{27.075}{4.7828 \times 6.3410} = 0.8927$$

标准差的计算：

$$\sigma = \sqrt{\frac{\sum_{i=1}^{n} (X_i - \bar{X})^2}{n-1}}$$

$$\sigma_M = \sqrt{\frac{22.875}{6-1}} = 2.1389$$

$$\sigma_J = \sqrt{\frac{\sum_{i=1}^{n} (Y_i - \bar{Y})^2}{n-1}}$$

$$\sigma_J = \sqrt{\frac{40.2084}{6-1}} = 2.8358$$

β 系数的计算：

$$\beta_J = r_{JM}\left(\frac{\sigma_J}{\sigma_M}\right)$$

$$= 0.8927 \times \frac{2.8358}{2.1389}$$

$$= 1.18$$

β系数的经济意义在于,它告诉我们相对于市场组合而言特定资产的系统风险是多少。例如:市场组合相对于自己的β系数是1;如果一项资产的β=0.5,表明它的系统风险是市场组合系统风险的0.5,其收益率的变动性只及一般市场变动性的一半;如果一项资产的β=2.0,说明这种资产的变动幅度为一般市场变动的2倍。总之,某一股票β值的大小反映了这种股票收益率的变动与整个股票市场收益率之间的相关性及其程度。

五、证券投资风险策略——组合投资

(一)证券组合原理

证券投资组合中各项目预期报酬之间的相关程度与风险分散之间的关系,也称为风险分散理论,主要可以概括为以下几种情况:

(1)当投资组合中各单个项目预期报酬存在着正相关时,如属完全的正相关,这些项目的组合不会产生任何风险分散效应;它们之间正相关的程度越小,则其组合可产生的风险分散效应越大。

(2)当投资组合中各单个项目预期报酬之间存在着负相关时,如属完全的负相关,这些项目的组合可使其总体的风险趋近于零,它们之间负相关的程度越小,则其组合可产生的风险分散效应也越小。

【例7-17】假设投资100万元,A和B各占50%。如果A和B完全负相关,组合的风险被全部抵消,如表7-4所示。如果A和D完全正相关,组合的风险不减少也不扩大,如表7-5所示。

表7-4　　　　　　　　完全负相关的证券组合数据

方案 年度	A		B		组合	
	收益	报酬率	收益	报酬率	收益	报酬率
19×1	20	40%	-5	-10%	15	15%
19×2	-5	-10%	20	40%	15	15%
19×3	17.5	35%	-2.5	-5%	15	15%
19×4	-2.5	-5%	17.5	35%	15	15%
19×5	7.5	15%	7.5	15%	15	15%
平均数	7.5	15%	7.5	15%	15	15%
标准差		22.64%		22.64%		0%

表 7-5　　　　　　　　　　　完全正相关的证券组合数据

方案	A		D		组合	
年度	收益	报酬率	收益	报酬率	收益	报酬率
19×1	20	40%	20	40%	40	40%
19×2	-5	-10%	-5	-10%	-10	-10%
19×3	17.5	35%	17.5	35%	35	35%
19×4	-2.5	-5%	-2.5	-5%	-5	-5%
19×5	7.5	15%	7.5	15%	15	15%
平均数	7.5	15%	7.5	15%	15	15%
标准差		22.64%		22.64%		22.64%

相关系数总是在 -1 至 +1 之间取值。当相关系数为 1 时,表示一种证券报酬率的增长总是与另一种证券报酬率的增长成正比例;当相关系数为 -1 时,表示一种证券报酬的增长与另一种证券报酬的减少成反比例;当相关系数为 0 时,表示缺乏相关性,每种证券的报酬率相对于另外证券的报酬率独立变动。一般而言,多数证券的报酬率趋于同向变动,因此两种证券之间的相关系数多为小于 1 的正值。

上述理论告诉人们,通过多角化投资和有效投资组合能够分散可避免风险。因此,证券组合成为证券投资风险规避的基本策略。为此,我们有必要研究组合投资的收益(证券组合的预期报酬率)和风险(证券组合的 β 系数)。

(二) 证券投资组合的 β 系数

通常以证券投资组合中单个证券 β 系数的加权平均数 β_P 作为证券投资组合的风险程度指标,计算公式如下:

$$\beta_P = \sum_{i=1}^{n} X_i \beta_i$$

如果一个高 β 值证券($\beta>1$)被加入到一个平均风险组合(β_P)中,组合风险将会提高;反之,如果一个低 β 值证券($\beta<1$)加入到一个平均风险组合中,则组合风险将会降低。所以,一种证券的 β 值可以度量该证券对整个组合风险控制的贡献,证券组合的 β 值可以作为证券组合风险程度的一个大致度量。

【例 7-18】一个投资者拥有 10 万元现金进行组合投资,共投资十种股票且各占 1/10 即 1 万元。如果这十种股票的 β 值皆为 1.18,则组合的 β 值为 $\beta_P=1.18$。该组合的风险比市场风险大,即其价格波动的范围较大,收益率的变动也较大。现在假设完全售出其中的一种股票且以一种 $\beta=0.8$ 的股票取代之。此时,股票组合的 β 值将由 1.18 下降至 1.142。

$$\beta_P = 0.9 \times 1.18 + 0.1 \times 0.8 = 1.142$$

(三) 证券投资组合的预期报酬率

根据随机变量均值的线性特征,组合投资的预期收益率是组合投资中个别资产预期收益率的加权平均值。其计算公式为：

$$E(R_p) = w_1 E(R_1) + w_2 E(R_2) + \cdots + w_n E(R_n)$$
$$= \sum_{n=1}^{n} w_1 E(R_1)$$

其中，$E(R_p)$ 为组合投资的预期收益率，w_i 为第 i 个资产的投资比例，$E(R_i)$ 为第 i 种资产的预期收益率，n 为组合投资中资产的种数。

【例 7-19】某组合投资包含三种股票，每种股票的预期报酬率分别为 $E(R_1) = 12\%$，$E(R_2) = 15\%$，$E(R_3) = 10\%$，三种股票投资的比例构成分别为 $w_1 = 35\%$，$w_2 = 40\%$，$w_3 = 25\%$，则组合投资的预期收益率为：

$$E(R_p) = w_1 E(R_1) + w_2 E(R_2) + w_3 E(R_3)$$
$$= 12.7\%$$

组合投资的预期报酬率取决于组合投资的比例构成和各单一证券预期收益率的高低。

此外，我们也可以用资本资产定价模型来估计证券投资组合的预期报酬率。如某股票组合的 β 值为 1.142，若市场无风险报酬率为 4%，股票市场平均风险报酬率为 10%。根据资本资产定价模型：

$$R = R_f + \beta_p (R_m - R_f) = 4\% + 1.142 \times (10\% - 4\%) = 10.852\%$$

（四）证券投资组合的策略

证券投资组合的策略是投资者根据市场上各种证券的具体情况以及投资者对风险的偏好与承担能力，选择相应证券进行组合时所采用的方针。常见的证券投资组合策略有以下几种：

1. 保守的投资组合策略

该组合策略要求尽量模拟证券市场现状（无论是证券种类还是各证券所占的比重），将尽可能多的证券包括进来，以便分散全部非系统性风险，从而得到与市场平均报酬率相同的投资报酬率。这种投资组合是一种比较典型的保守型投资组合策略，其所承担的风险与市场平均风险相近。保守型投资组合策略基本上能分散非系统性风险，但所得到的收益也不会低于证券市场的平均收益。

2. 冒险的投资组合策略

该组合策略要求尽可能多地选择一些成长性较好的证券，而少选择低风险低报酬的证券。这样就可以使投资组合的收益高于证券市场的平均收益。这种组合的收益高，风险也高于证券市场的平均风险。采用这种投资组合，如果做得好，可以取得远远超过市场平均报酬的投资收益，但如果失败，就会发生较大的损失。

3. 适中的投资组合策略

该组合策略认为，证券的价格主要由企业的经营业绩决定，只要企业的经济效益好，证券的价格终究会体现其优良的业绩。所以在进行证券投资时，要全面深入地进行证券投资分析，选择一些品质优良的证券组成投资组合，如果做得好、就可以获得较高的投资收益，而又不会承担太大的投资风险。

（五）证券投资组合的具体方法

证券投资是一个充满风险的投资领域，由于风险的复杂性和多样性，使投资者进行投资时必须防范风险。没有风险的证券投资是不存在的，而防范风险的最有效方法就是进行证券投资组合，以分散全部可避免风险。常用的证券投资组合方法主要有以下几种：

（1）投资组合的三分法。比较流行的投资组合三分法是：三分之一的资金存入银行以备不测之需；三分之一的资金投资于证券、股票等有价证券；三分之一的资金投资于房地产等不动产。同样，投资于有价证券的资金也要进行三分，即三分之一投资于风险较大的有发展前景的成长性股票，三分之一投资于安全性较高的债券或优先股等有价证券；三分之一投资于中等风险的有价证券。

（2）两分法是将存款和有确定收益的证券为一组、股票为另一组，实行两分制。

（3）定式法。这种方法有许多，主要是将资金划分为攻势资金和守势资金两部分，前者收益高而风险大，后者收益低而风险小。这种投资方法可以减少投资风险，也能取得满意的收益，一般称作科学化投资法。常见的定式法有：金额平均法、尺度法、定串法、变率法、定额法等。

（4）三成（30%）涨跌法。这种方法是根据"行情平均按三成循环涨跌"的经验而产生的，无论股价上升或下降，只要上下幅度达到30%时，就卖出或买进。

（5）按风险等级和报酬高低进行投资组合。证券的风险大小可以分为不同的等级，收益也有高低之分。投资者可以测定出自己期望的投资收益率和所能承担的风险程度，然后，在市场中选择相应风险和收益的证券作为投资组合。一般来说，在选择证券进行投资组合时，同等风险的证券，应尽可能选择报酬高的；同等报酬的证券，应尽可能选择风险低的，并且要选择一些风险呈负相关的证券进行投资组合。

（6）选择不同行业、区域和市场的证券构建投资组合。这种投资组合的具体做法是：

①尽可能选择足够数量的证券进行投资组合，这样可以分散掉大部分可分散风险。

②选择拟投资的证券的行业也应分散，不可集中投资于同一个行业的证券。这是为了避免某个行业不景气，而使投资者遭受重大损失。

③选择拟投资的证券的区域也应尽可能分散，这是为了避免因某个地区市场衰退而使投资者遭受重大损失。

④将资金分散投资于不同的证券市场，可以防范同一证券市场的可分散风险。因为不同证券市场具有较大的独立性，即便在同一个国家，有时也可能一个市场强，一个市场弱。

（7）选择不同期限的投资进行组合。这种投资组合要求投资者根据未来的现金流量来安排各种不同投资期限的证券，进行长、中、短期相结合的投资组合。同时，投资者可以根据可用资金的期限来安排投资，长期不用的资金可以进行长期投资，以获取较大的投资收益，近期就可能要使用的资金，最好投资于风险较小、易于变现的有价证券。

（六）证券投资组合决策的财务评价

证券投资组合决策的财务评价常用指标有 β 系数和预期投资报酬率。一般认为 β 系数相对较小而预期投资报酬率相对较高的证券组合较优。

【例7-20】某公司计划投资购买A、B两公司的股票，有关资料如下：

A公司上年税后利润800万元、每股股利5.40元、预计未来股利水平保持不变；B公司上年税后利润400万元、每股股利2.50元、预计未来每年股利增长率为6%；A、B公司股票的总股数都是100万股、每股面值均为10元、近期市盈率均为5；目前市场无风险投资收益率为8%，必要的股票平均风险收益率为10%；A、B公司股票的 β 系数分别为2和1。要求：

（1）计算A、B公司股票的预期投资报酬率；
（2）计算A、B公司股票的价值及预期价格、分析投资的可行性；
（3）若两种股票分别购买500股、1 500股，该投资组合的 β 系数、预期投资报酬率分别是多少？

解答：

（1）A公司股票的预期收益率 = 8% + 2×(10% - 8%) = 12%

B公司股票的预期收益率 = 8% + 1×(10% - 8%) = 10%

（2）A公司股票的预期价格 = 5×800/100 = 40（元）

B公司股票的预期价格 = 5×400/100 = 20（元）

A公司股票的价值 = 5.40÷12% = 45（元）

B公司股票的价值 = 2.50×(1 + 6%)÷(10% - 6%) = 66.25（元）

说明市场对A、B股票评价略低，值得投资。

（3）该投资组合的 β 系数 = 500×40/(500×40 + 1 500×20)×2 + 1 500×20/(500×40 + 1 500×20)×1 = 1.6

（4）该投资组合的预期投资报酬率 = 500×40/(500×40 + 1 500×20)×12% + 1 500×20/(500×40 + 1 500×20)×10% = 11.2%

或者，该投资组合的预期投资报酬率 = 8% + 1.6×(10% - 8%) = 11.2%

【知识链接】

证券组合协方差

证券组合风险程度除了用资本资产定价模型估计外，还可以用证券组合协方差计量，并借助方差矩阵进行，计算公式推导如下：

方差矩阵图示：

$\sigma_{1,1}$　$\sigma_{1,2}$　$\sigma_{1,3}$　$\sigma_{1,4}$

$\sigma_{2,1}$　$\sigma_{2,2}$　$\sigma_{2,3}$　$\sigma_{2,4}$

$\sigma_{3,1}$　$\sigma_{3,2}$　$\sigma_{3,3}$　$\sigma_{3,4}$

$\sigma_{4,1}$　$\sigma_{4,2}$　$\sigma_{4,3}$　$\sigma_{4,4}$

根据矩阵原理可得：

$$预期收益率方差 = \sum W_j \cdot W_k \cdot \mathrm{COV}_{jk}$$

$$= (w_1 \sigma_1)^2 + (w_2 \sigma_2)^2 + 2 w_1 \sigma_1 w_2 \sigma_2 r_{12} \cdots \cdots,\text{两证券组合}$$

或 $= (w_1 \sigma_1)^2 + (w_2 \sigma_2)^2 + (w_3 \sigma_3)^2 + 2 w_1 \sigma_1 w_2 \sigma_2 r_{12}$
$+ 2 w_1 \sigma_1 w_3 \sigma_3 r_{13} + 2 w_2 \sigma_2 w_3 \sigma_3 r_{23} \cdots \cdots,\text{三证券组合}$

更多证券的组合依此类推。

【本章小结】

股票投资是指企业以一定的现金资产，买入并在一定时期内持有其他企业发行的股票的投资行为。进行股票估价的目的是评估股票的内在价值或者理论价值，对股票的市场价格做出评价，并据此决定买入、卖出或继续持有股票。常见的股票估价模型有：短期持有、未来准备出售的股票估价模型和长期持有、未来不准备出售的股票估价模型。

债券投资是指企业以一定的现金资产，买入并在一定时期内持有国家或其他企业发行的债券的投资行为。进行债券估价的目的是为了确定债券的内在价值，并为企业进行债券投资决策提供依据。只有债券的价值大于其购买价格时，才值得投资。否则，不应进行投资。常见的债券估价模型包括：债券估价通用模型、一次还本付息不计复利的债券估价模型、贴水债券的估价模型和债券估价的扩展模型。

投资基金是一种利益共享、风险共担的集合投资方式，即通过发行基金证券，集中投资者的资金以形成独立的基金财产，由基金托管人托管，由基金管理人管理和运用资金，以资产组合方式进行证券投资，以获得投资收益和资本增值，基金份额持有人按其所持有的份额享受收益和承担风险的投资组合。

证券投资决策主要考虑两个因素：证券投资收益水平和证券投资风险。证券投资收益水平一般用证券投资收益率予以计量。证券投资风险从总体上看，可以分为系统风险和非系统风险两种。通常可以通过多元化投资和有效投资组合来分散可避免风险。因此，证券组合成为证券投资风险规避的基本策略。常用的证券投资组合方法主要有以下几种：投资组合的三分法、按风险等级和报酬高低进行投资组合和选择不同的行业、区域和市场的证券作为投资组合。

【技能训练题】

1. 甲企业计划利用一笔长期资金投资购买股票。现有 A 公司股票和 B 公司股票可供选择，甲企业只准备投资一家公司股票。已知 A 公司股票现行市价为每股 9 元，上年每股股利为 0.15 元，预计以后每年以 6% 的增长率增长，B 公司股票现行市价每股 7 元，上年每股股利为 0.60 元，股利分配政策将一贯坚持固定股利政策。甲企业所要求的投资必要报酬率为 8%。要求：

（1）利用股票估价模型，分别计算 A、B 公司股票价值。

（2）代甲企业做出股票投资决策。

2. M 公司购买面值 10 万元，票面利率 5%，期限 10 年的债券。每年 12 月 31 日付息，当时市场利率为 6%。要求：

（1）计算该债券价值。

（2）若该债券市价是 91 000 元，是否值得购买该债券？

（3）如果按债券价格购入了该证券，并一直持有至到期日，则此时购买债券的到期收益率是多少？

3. 某公司股票的 β 系数为 2.5，目前无风险收益率为 6%，市场上所有股票的平均报酬为 10%，若该股票为固定成长股，成长率为 6%，预计一年后的股利为 1.5 元。要求：

（1）测算该股票的风险收益率；

（2）测算该股票的预期收益率；

（3）该股票的价格为多少元时可购买？

4. A 公司持有 X、Y、Z 三种股票构成的证券组合，其 β 系数分别是 0.8、1.7 和 2.6，在证券投资组合中所占比重分别为 30%、40%、30%，股票的市场收益率为 9%，无风险收益率为 7%。要求：

（1）计算该证券组合的 β 系数；

（2）计算该证券组合的风险收益率；

（3）计算该证券组合的必要投资收益率。

5. A 公司目前每股普通股分配股利 1.6 元，公司预计今后将增加股利的支付，在前 2 年以每年 20% 的增长率增长，在其后的 3 年以每年 13% 的增长率增长，此后维持每年 7% 的年增长率。这种阶段性的股利增长是基于对公司未来收益情况的合理预期之上。若投资者要求的投资回报率为 16%，该股票的价值为多少？

第八章 营运资金管理

【学习目的与要求】

了解营运资金的概念、特征及其分类，掌握营运资金配置政策类型。掌握短期银行借款的信用条件和实际利率的计算，掌握商业信用资金成本的计算及其应用。

【案例导入】

雷曼兄弟为什么会破产？

2008年9月14日，美国政府和华尔街巨头经过艰难谈判做出了放弃救援雷曼兄弟公司的痛苦抉择。次日一早，雷曼提出破产申请。这一美国历史上最大破产案引发连锁反应——保险业巨头美国国际集团（AIG）以及高盛集团、摩根士丹利等大公司深陷困境，从而引发了震动全球的金融危机。拥有158年历史的雷曼兄弟公司在美国抵押贷款债券业务上连续40年独占鳌头，但在信贷危机的冲击下，公司拥有650亿美元抵押贷款相关的"毒药资产"在短期内价值暴跌，将公司活活压垮。事实上雷曼兄弟公司的商品期货业务、股票业务与传统的固定收益业务运营状况都不错。在2008年之前公司一直是赢利的，直到2008年第二季度公司发生亏损28.7亿美元，这是公司1994年上市以来首次出现亏损。仅仅三个月时间，雷曼兄弟公司就由亏损走向破产。2008年9月雷曼兄弟公司的账面资产为6 390亿美元，负债为6 130亿美元。资产负债状况没有表现出大的问题。事实上美国的五大投资银行的财务状况都不比雷曼兄弟公司好多少，但唯有雷曼兄弟公司一家破产了，其他投资银行至少还可以将自己的股权转让出去，得到新东家的扶持，雷曼兄弟公司连这样的机会也没有，最终只能选择破产倒闭。

其实雷曼兄弟公司也曾试图出售自己的资产筹集资金。2008年7月雷曼兄弟公司计划出售其资产管理部门，以获得80亿美元的资金；2008年8月初计划出售300亿美元的商业抵押资产和其他证券资产。在与潜在的买家磋商过程中，雷曼兄弟公司认为对方的出价太低，没有舍得出售，从而浪费了一次绝好的自救机会。到了 2008 年 9 月金融环境进一步恶化，雷曼兄弟的现金支付压力进一步放大，急于筹集现金的雷曼兄弟再想低价出售自己的资产时，已无人问津了，因为人人自危，谁还愿意拿出保命的现金，雷曼兄弟公司只能自食其果了。

[思考] 雷曼兄弟公司破产的主要原因是什么？

第一节 营运资金概述

一、营运资金的含义

（一）营运资金的概念

营运资金有广义和狭义之分。广义的营运资金是指总营运资金，包含企业生产经营活动中的流动资产和流动负债（但两者不能简单相加）；狭义的营运资金则是指净营运资金，是流动资产减去流动负债的差额。通常所说的营运资金多指后者。

（二）营运资金的具体分类

1. 将流动资产划分为临时性流动资产和永久性流动资产

临时性流动资产：因经营的季节性、周期性波动所需要的流动资产。其所需资本以流动负债即短期资本来筹集。

永久性流动资产：为保证企业长期、稳定运营所需的流动资产。其所需资本主要通过自发性流动负债筹集。

2. 将流动负债划分为临时性流动负债和自发性流动负债

临时性流动负债：指企业为应付临时性资本需求而筹集到的短期负债，如各种临时性短期借款。

自发性流动负债：指随着生产经营活动的进行而自动形成和增加的负债，如应付账款、应交税费、应付职工薪酬、应付利润、其他应付款等，也称经营性流动负债。这类负债一般不需要专门开展筹资工作也不需要专门签署债务协议。

（三）营运资金管理的内容

营运资金管理主要解决两个问题，一是如何确定流动资产的最佳持有量；二是如何筹措短期资金（即流动资产是全部还是部分以流动负债取得）。具体而言，这两个问题分别涉及每一种流动资产以及每一种流动负债的管理方式与管理策略的制定。因此，从本质上看，营运资金管理包括流动资产和流动负债的各个项目,体现了公司短期性财务活动的概况。通过对营运资金的分析,我们可以了解流动资产的流动性、变现能力和短期偿债能力。

二、营运资金管理的原则

对营运资金进行管理,既要保证有足够的资金满足企业生产经营需要,又要保证企业能按时、足额地偿还各种到期债务。在营运资金管理过程中,企业要遵循以下原则:

1. 认真分析生产经营状况,合理确定营运资金的需要数量

企业营运资金的需要量取决于生产经营规模和营运资金的周转速度,同时也受到市场以及产、供、销情况的影响。企业应综合考虑各种因素,合理确定营运资金的需要量。

2. 在保证生产经营需要的前提下,节约使用资金

营运资金具有流动性强的特点,但是流动性越强的资产其收益性就越差。例如,如果企业的资产全部都是现金,则不能带来任何投资收益(将现金存入银行而获得的利息收入对于企业而言算不上真正的投资收益)。如果企业持有的营运资金过多,会降低企业的收益。因此,企业在保证生产经营需要的前提下,要控制流动资产的占用,使其纳入计划预算的良性范围,既要满足经营需要,又不能安排过量而造成浪费。

3. 加速营运资金的周转,提高资金的利用效率

当企业的生产经营规模一定时,短期资产的周转速度与流动资产的需要量呈反向变化。适度加快存货的周转,缩短应收账款的收款期,延长应付账款的付款期,可以减少营运资金的需要量,从而提高资金的利用效率。

4. 合理安排流动资产与流动负债的比例关系,保障企业有足够的短期偿债能力

企业的流动负债主要是用流动资产来偿付。当企业的流动资产相对流动负债过少时,一旦流动负债到期,而企业又无法通过其他途径筹措到流动资产,就容易出现到期无法偿债的情况。因此,企业要安排好二者的比例关系,从而保证有足够的资金偿还流动负债。

三、营运资金持有政策

营运资金持有政策就是要解决在既定的总资产水平下,流动资产与固定资产及无形资产之间的比例关系问题。这一比例关系可由流动资产占总资产的百分比来表示。

(一)企业的流动资产数量按其在生产经营中的功能分类

(1)正常需要量。流动资产的正常需要量主要是指为了满足企业正常的生产经营活动而需要的流动资产数量,这是流动资产的主要部分,是维持企业经营活动必不可少的。

(2)正常保险储备量。流动资产的正常保险储备量主要是指为了应付意外情况的发生,在流动资产正常需要量的基础之上增加的正常保险储备,正常保险储备可以起到降低企业风险的作用。

(3)额外保险储备量。流动资产的额外保险储备量是指在流动资产的正常需要量和正常保险储备量的基础之上,再增加一部分额外的储备量,以备非常情况发生时对流动资产的需要。

(二) 企业营运资金持有政策的类型

(1) 适中的营运资金持有政策。企业流动资产占总资产的比例比较适中,流动资产在保证正常需要量的情况下,再适当增加一定的正常保险储备量。

(2) 紧缩的营运资金持有政策。企业流动资产占总资产的比例相对较少,流动资产一般只能满足正常需要量,不安排或只安排很少的正常保险储备量。

(3) 宽松的营运资金持有政策。企业流动资产占总资产的比例相对较大,除正常需要量及正常保险储备量外,再增加一定的额外保险储备量。

(三) 企业营运资金在不同持有政策下的风险和收益

(1) 在紧缩政策下,由于收益率较高的长期资产所占比例相对较大,企业将具有较高的获利能力;但由于流动资产比例较低,在既定的流动负债水平下,其流动性相对较差,从而面临的无力偿债风险也相应较高。

(2) 在宽松政策下,由于收益率较低的流动资产所占比例相对较大,导致企业的获利能力较低;但高流动资产持有率将使企业有足够的流动资产用于支付到期债务,偿债风险较低。

(3) 在适中政策下,由于其流动资产比例在宽松政策和紧缩政策之间,因此其风险水平和收益水平也介于二者之间。

因此,在营运资金持有政策的决策中,首要的问题是风险和收益的权衡。企业应根据自身的具体情况,结合其对风险的态度和对收益的偏好程度,做出符合企业价值最大化目标的相应选择。一般来说,不存在一种适用于所有企业的单一的营运资金最优持有政策。

四、营运资金配置政策

营运资金配置政策就是要解决在既定的总资产水平下,流动负债融资与长期资本融资比例关系的问题。这一比例关系可由流动负债占总资产的百分比来表示。企业营运资金配置政策可归纳为如下三种:

1. 配合性融资政策（见图 8-1）

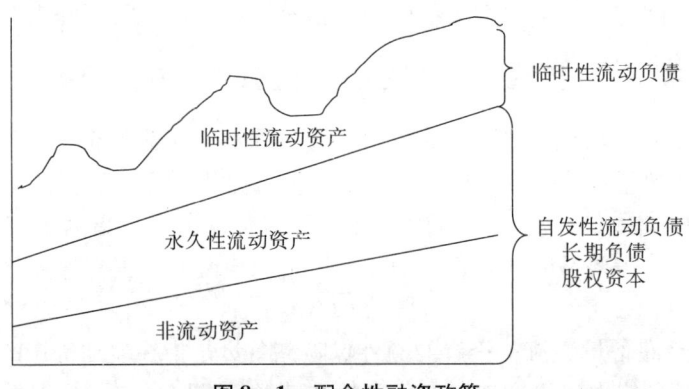

图 8-1 配合性融资政策

配合性融资政策的特点是，融资来源的到期日与资本占用的期限长短相匹配，即临时性流动资产所需资本以流动负债即短期资本来筹集，而永久性流动资产、固定资产、无形资产等非流动资产所需资本则由长期负债、自有资本等长期资本筹集。

配合性融资政策要求企业临时负债筹集计划严密，实现现金流动与预期安排相一致。季节性低谷时，企业应当除了自发性负债外没有其他流动负债；只有在临时性流动资产的需求高峰期，企业才举借各种临时性债务。

配合性融资政策的基本思想是将资产与负债的期间相配合，以降低企业不能偿还到期债务的风险和尽可能降低债务的资本成本。但是，事实上由于资产使用寿命的不确定性，往往达不到资产与负债的完全配合。如果一旦企业生产经营高峰期内的销售不理想，未能取得销售现金收入，便会发生偿还临时性负债的困难。因此，配合性融资政策是一种理想的、对企业有着较高资金使用要求的营运资金筹集政策。

2. 激进性融资政策（见图8-2）

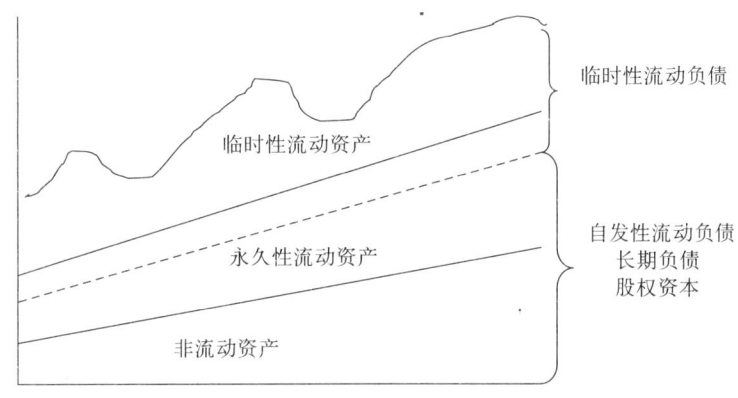

图8-2 激进性融资政策

激进性融资政策的特点是，临时性流动资产和一部分永久性流动资产由流动负债即短期资本来筹集，其余的非流动资产则由长期资本来筹集。更加极端的表现是，有的企业所有的永久性流动资产乃至一部分非流动资产所需资本也是由流动负债即短期资本来筹集。在这种情况下，短期融资过度利用流动负债，即短期资本占全部资产的比例大大提高。

激进性融资政策下临时性负债在企业全部资金来源中所占比重大于配合性融资政策。如果企业的权益资本、长期负债和自发性负债的筹资额低于正常经营期的永久性流动资产占用与非流动资产占用之和，那么就会使一部分永久性流动资产和临时性流动资产都由临时性负债筹资解决。这种情况，表明企业实行的是激进性融资政策。

由于临时性负债（如短期银行借款）的资本成本一般低于长期负债和权益资本的资本成本，而激进性筹资政策下临时性负债所占比重较大，所以该政策下企业的资本成本较低。但是在另一方面，为了满足永久性资产的长期资金需要，企业必然要在临时性负债到期后重新举债或是申请债务展期，这样企业便会更为经常的举借和还债，从而加大筹资困难和风险，还可能面临由于短期负债利率的变动而增加企业资本成本的风险。所以激进性融资政策是一种收益性和风险性均较高的营运资金筹集政策。

3. 保守性融资政策（见图 8-3）

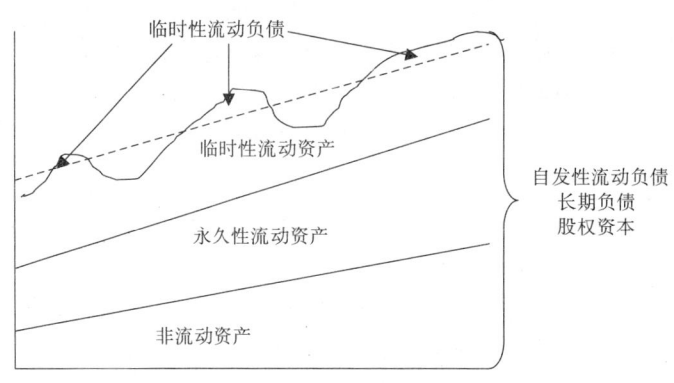

图 8-3　保守性融资政策

保守性融资政策的特点是，全部非流动资产以及部分临时性流动资产所需资本均由长期资本来筹集，其余部分临时性流动资产由短期资本来筹集。在这种情况下，短期融资的使用以及流动负债占全部资产比例均被限制在一个较低的水平上。

与配合性融资政策相比，保守性融资政策下临时性负债占企业全部资金来源的比例较小。在这种做法下由于临时性负债所占比重较小，所以企业无法偿还到期债务的风险较低，同时蒙受短期利率变动损失的风险也较低。然而，另一方面，却会因长期负债资本成本高于临时性负债的资本成本，以及经营淡季时仍需负担长期负债利息，从而降低企业的收益。所以，保守性融资政策是一种风险性和收益性均较低的营运资金筹集政策。

不同的融资政策下的风险和收益水平也有着明显的差异：在激进政策下，由于流动负债的比例大大提高，从而使企业的资本成本下降，利息支出减少，企业收益增加。但由于大量使用了期限较短的流动负债，导致企业流动比率下降，偿债压力较大，从而使企业所面临的无力偿债的风险也相应增加。在保守性政策下，由于流动负债处于一个较低的水平，从而偿债风险相应降低，但由于长期融资比重较高而使资本成本上升，企业须承担大量的利息支出，从而使企业的收益水平下降。在配合性政策下，由于其流动负债比例介于激进政策和保守政策之间，首要的问题仍然是风险和收益的权衡。企业应根据自身的具体情况，结合其对风险的态度和对收益的偏好程度，做出以企业价值最大化为目标的相应选择。一般来说，不存在一种适用于所有企业的单一的最优营运资金配置决策。

第二节　营运资金筹措

一、短期银行借款筹资

短期银行借款筹资是指企业向银行或其他非银行金融机构借入的使用期限在一年以内

的借款。短期银行借款又称银行流动资金借款,是企业为解决短期资金需求而向银行申请借入的款项,是企业一种重要的短期负债融资方式。

(一) 短期银行借款的种类

我国目前的短期借款按照目的和用途分为若干种,主要有生产周转借款、临时借款、结算借款等。按照国际通行做法,短期借款还可依偿还方式的不同,分为一次性偿还借款和分期偿还借款;依利息支付方法的不同,分为收款法借款、贴现法借款和加息法借款;依有无抵押,分为抵押借款和信用借款。

(二) 短期银行借款的程序

银行短期借款的程序与银行长期借款的程序基本相同。现结合流动资金借款的特点说明如下:

(1) 企业提出申请。向银行借入短期借款时,必须在批准的资金计划占用额范围内,按生产经营的需要,逐笔向银行提出申请。企业在申请书上应写明借款种类、借款数额、借款用途、借款原因、还款日期。另外,还要详细写明流动资金的占用额、借款限额、预计销售额、销售收入资金率等有关指标。

(2) 银行对企业申请的审查。银行接到企业提出的借款申请书后,应对申请书进行认真的审查。这主要包括如下几方面内容:①审查借款的用途和原因,做出是否贷款的决策;②审查企业的产品销售和物资保证情况,决定贷款的数额;③审查企业的资金周转和物资耗用情况,确定借款的期限。

(3) 签订借款合同。为了维护借贷双方的合法权益,保证资金的合理使用,企业向银行借入流动资金时,双方应签订借款合同。借款合同应包括如下四方面内容:①借款合同的基本条款。这是借款合同的基本内容,主要强调双方的权利和义务。具体包括借款数额、借款方式、款项发放的时间、还款期限、还款方式、利息支付方式、利息率的高低等。②保证条款。这是保证款项能顺利归还的一系列条款,包括借款按规定的用途使用、有关的物资保证、抵押财产、保证人及其责任等内容。③违约条款。这是对双方若有违约现象时应如何处理的条款,主要载明对企业逾期不还或挪用贷款等如何处理和银行不按期发放贷款的处理等内容。④其他附属条款。这是与借贷双方有关的其他一系列条款,如双方经办人、合同生效日期等条款。

(4) 企业取得借款。借款合同签订后,如无特殊原因,银行应按合同规定的时间向企业提供贷款,企业便可取得借款。如果银行不按合同按期发放贷款,应偿付违约金。

(5) 短期借款的归还。借款企业应依贷款合同的规定按时、足额支付贷款本息,贷款银行在短期贷款到期1个星期前,应当向借款企业发送还本付息通知单,借款企业应当及时筹备资金,按期还本付息。

不能按期归还借款的,借款人应当在借款到期日期之前向贷款人申请贷款展期,但是否同意展期由贷款人视情况决定。申请保证借款、抵押借款、质押借款展期的,还应当由保证人、抵押人、出质人出具同意的书面证明。

(三) 短期银行借款筹资的信用条件

按照国际通行做法，银行发放短期借款的信用条件，一般包括以下几个方面：

(1) 信贷额度。信贷额度是银行对借款人规定的无担保贷款的最高额。信贷额度的有效期通常为一年，但根据情况也可延期一年。一般而言，企业在批准的信贷额度内，可随时使用银行借款，但是银行并不承担必须提供全部信贷限额的义务，如果企业信誉恶化，即使银行曾经同意按信贷限额提供贷款，企业也可能得不到借款，这时，银行不会承担法律责任。

(2) 周转信贷协定。周转信贷协定是银行承诺向企业提供不超过某一最高限额的贷款协定。在协定的有效期内，只要企业借款总额未超过最高限额，银行必须满足企业任何时候提出的借款要求。企业享用周转协定，通常要对贷款限额的未使用部分付给银行一笔承诺费。

【例8-1】A公司与一家银行有周转信贷协定。在该协定下，它可以按8%的利率借到100万元贷款，但A公司必须为周转信贷协定中未被使用部分支付0.6%的承诺费。如果A公司在此协议下全年平均使用借款为60万元，余额40万元。则在该融资中支付协议承诺费用2 400元（1 000 000 - 600 000）×0.6%，全年利息及承诺费合计50 400元（600 000×8% + 2 400）。这是银行向企业提供此项贷款的一种附加条件，同时也加大了企业使用资金成本。

(3) 补偿性余额。补偿性余额是银行要求借款企业在银行中保留一定比例（通常为10%~20%）的贷款余额。补偿性余额有助于银行降低贷款风险，补偿其可能遭受的风险。但对借款企业来说，补偿性余额则提高了借款的实际利率。

【例8-2】某企业向银行借款100万元，期限1年，利率8%，银行要求企业保持20%的补偿性余额，该企业实际可用借款只有80万元，而实际支付利息8万元，使借款的实际利率为 $8 \div 80 \times 100\% = 10\%$，实际利率高于8%。

(4) 借款抵押。银行向财务风险较大、信誉情况不确定的企业发放贷款，往往要求有抵押品作担保，以减少风险。借款的抵押品通常是借款企业的应收账款、存货、股票、债券等。银行接受抵押品后，将根据抵押品的账面价值决定贷款金额，一般为抵押品账面价值的30%~90%。这一比率的高低取决于抵押品的变现能力和银行的风险偏好。此外，银行管理抵押贷款比管理非抵押贷款更为困难，为此往往另外收取手续费。企业取得抵押借款还会限制其抵押财产的使用和将来的借款能力。

(5) 偿还条件。无论何种借款，一般都会规定还款的期限。根据我国金融制度的规定，贷款到期后仍无能力偿还的，视为逾期贷款，银行将照章加收逾期罚息。贷款的偿还有到期一次偿还和在贷款期内分期等额偿还两种方式。一般说来，企业不希望采用后种方式，因为这会提高贷款的实际利率；而银行则不希望采用前种方式，因为这会加重企业还款时的财务负担，增加对银行的拒付风险。

(6) 以实际交易为贷款条件。当企业发生经营性临时资金需求，向银行申请贷款以求解决时，银行则以企业将要进行的实际交易为贷款基础，单独立项、单独审批，最后做出决定并确定贷款的相应条件和信用保证。

(7) 其他承诺。除了上述的信用条件外，银行有时还要求企业为取得借款而做出其他承诺，如及时提供财务报表，保持适当资产流动性等。如企业违背所做出的承诺，银行可要求企业立即偿还全部贷款。

（四）短期银行借款利率及利息的支付方式

1. 短期银行借款的利率

利率是资金的增值和投入资金的价值之比。资金作为一种特殊的商品，在资金市场上的买卖是以利率为价值标准的，资金的融通实质上是资源通过利率这个价格体系在市场机制作用下实行再分配。借款利率分为以下三种：

（1）优惠利率。优惠利率是银行向财力雄厚、经营状况好的企业贷款时收取的名义利率，是贷款利率的最低限。

（2）浮动优惠利率。浮动优惠利率是一种随其他短期利率的变动而浮动，随市场条件的变化而随时调整的优惠利率。

（3）非优惠利率。非优惠利率是银行借款给一般企业时收取的高于优惠利率的利率，通常在优惠利率的基础上加一定的百分比。非优惠利率与优惠利率之间的差距，由贷款企业的信誉、与银行的往来关系以及当时的市场信贷状况决定。

2. 短期银行借款的利息支付方式与实际利率

短期银行借款的利息支付方式主要有收款法、贴现法、加息法三种。短期银行借款一般按照单利法计算利息，不同的利息支付方式下，借款企业的利息实际负担不同，因而其实际利率也存在差别。

（1）收款法及其实际利率。收款法又称利随本清法，是在借款到期时向银行支付全部本息的方法。银行向工商企业贷款大都采用这种方法收息。这种方法下的利息计算方法、还本付息方法、信用条件，与单利计息方式下的名义利率的条件完全相同，因此其借款的名义利率（报价利率）与实际利率相等。

（2）贴现法及其实际利率。贴现法是银行向企业发放贷款时，先从本金中扣除利息部分，而到期时借款企业则要偿还贷款全部本金的一种计息方法。采用这种方法，企业可利用的贷款额只有本金扣除利息后的差额部分。因此，其实际利率高于名义利率（报价利率）。

贴现法的实际利率可按以下公式计算：

$$实际利率 = \frac{名义利率}{1 - 名义利率} \times 100\%$$

【例 8-3】某公司从银行取得一年期，年利率 5% 的借款 100 万元，年利息 5 万元，按贴现法付息，企业实际可利用资金 95 万元，该项借款的实际利率为：

$5\% \div (1 - 5\%) \approx 5.26\%$

或　　　$5 \div (100 - 5) \approx 5.26\%$

（3）加息法及其实际利率。加息法是指借款人在借款期内分期等额偿还全部本息的方法。由于贷款分期均衡偿还，借款企业实际上只平均使用了贷款本金的半数，却支付了全部利息，这样，企业负担的实际利率便高于名义利率（报价利率）约一倍。加息法的实际利率可按以下公式计算：
$$实际利率 = 2 \times 名义利率$$

【例8-4】某企业借入年利率8%的一年期贷款400 000元，按月等额偿还本息，实际支付年息32 000元，而一年内平均使用借款为200 000元，其实际利率为$2 \times 8\% = 16\% = $（或32 000/200 000 = 16%）。

值得注意的是，上述实际利率的计算都未考虑其他特殊信用条款的要求，若有应将其一并考虑。如【例8-3】中，若银行要求10%的贷款补偿性余额，则实际利率应按下式计算：

$$实际利率 = \frac{名义利率}{1-名义利率-补偿性余额的比例} \times 100\%$$
$$= 5\% \div (1 - 5\% - 10\%)$$
$$\approx 5.88\%$$

(4) 周转信贷协定条件下的实际利率

$$实际利率 = \frac{支付的利息与承诺费}{年均实际使用借款额} \times 100\%$$

【例8-5】根据【例8-1】资料计算如下：
$$实际利率 = (600\,000 \times 8\% + 400\,000 \times 0.6\%)/600\,000 = 8.4\%$$

(五) 短期银行借款筹资的优缺点

1. 短期银行借款筹资的优点

(1) 取得简单。由于银行发放短期贷款的风险要小于长期贷款，故银行对申请短期贷款的企业所进行的审核较为简单，企业比较容易取得短期银行借款资金。

(2) 使用灵活。对于与银行签订了信贷限额或周转信贷协议的企业而言，只要在贷款限额和有效期内，企业一般可以根据对短期资金的需求情况随借随还、灵活运用。

(3) 资金成本低。短期银行借款的利率一般低于长期借款，资金成本更低。

2. 短期银行借款筹资的缺点

短期银行借款必须在短期内归还，往往给企业带来较大的还款压力，筹资风险大，特别是在带有诸多附加条件的情况下更使风险加剧。

二、商业信用筹资

(一) 商业信用筹资的概念及形式

1. 商业信用筹资的概念

商业信用是指在商品交易中由于延期付款或预收货款所形成的企业间的借贷关系。商业信用产生于商品交易之中，是企业之间由于商品和货币在时间和空间上的分离而形成的直接信用行为。商业信用是一种"自发性负债筹资"方式，它运用广泛，在短期负债筹资中占有相当大的比重。

2. 商业信用筹资的形式

商业信用的具体形式有应付账款、应付票据、预收账款等。

（1）应付账款。应付账款是企业购买货物暂未付款而欠对方的账项，即卖方允许买方在购货后一定时间内支付货款的一种形式。卖方利用这种方式促销，而对买方来说延期付款则等于向卖方借用资金购进商品，可以满足短期的资金需要。

（2）应付票据。应付票据是企业进行延期付款商品交易时开具的反映债权债务关系的票据。根据承兑人的不同，应付票据分为商业承兑汇票和银行承兑汇票两种。应付票据可以带息，也可以不带息。应付票据的利率一般比银行借款的利率低，且不用保持相应的补偿余额和支付协议费，所以应付票据的筹资成本低于银行借款成本。但是应付票据到期必须归还，如延期便要交付罚金，因而风险较大。

（3）预收账款。预收账款是卖方企业在交付货物之前向买方预先收取部分或全部货款的信用形式。对于卖方来讲，预收账款相当于向买方借用资金后用货物抵偿。预收账款一般用于生产周期长、资金需要量大而市场上供不应求的货物销售。

（二）商业信用筹资的特点

1. 筹资方便

在商品交易中，卖方只要确认了买方信用条件或为了促销的情况下，就可以提供商业信用。无须提供担保和抵押，不需要办理筹资手续，也无附加条件。

2. 是伴随商品交易自然产生并取得的

商业信用是在商品买卖及劳务提供过程中经交易双方协商而自然形成的，只要企业生产经营活动不间断，这种信用筹资方式就会持续下去，而且市场经济越发达，商业信用越普遍。

3. 建立在企业信誉之上

企业获得商业信用的机会大小取决于企业信誉和生产经营规模两个因素，前者决定商业信用的可能性；后者决定商业信用的规模大小。

4. 有时筹资成本为零

企业在取得商业信用时，无须花费筹资费用。如果企业获得的商业信用属下列情况之一，也不必支付资金占用费：（1）没有现金折扣；（2）使用不带息票据；（3）虽然有现金折扣，但企业享受了现金折扣优惠。

5. 期限较短，在放弃现金折扣时的成本较高

就单笔交易所形成的商业信用而言，其信用期是比较短的，应付账款的付款期一般短于两个月，应付票据的付款期最长不超过 6 个月。如果卖方提供的是有现金折扣的商业信用，放弃现金折扣所损失的资金成本是相当高的。

（三）商业信用资金成本

1. 商业信用条件

商业信用条件是指债权人对付款期限、现金折扣及其折扣期限所做的规定。其中付款期限是指债务人使用商业信用资金的最长期限；现金折扣是指债务人在折扣期限内付款可享受的价格优惠；折扣期限是指可享受现金折扣的付款时间。信用条件通常如下表示："$N/30$"表示30天内按发票金额全数支付，"$1/10$，$N/30$"分别表示10天内付款可享受1%的现金折扣；若买方放弃折扣，最长付款期限为30天。

2. 商业信用成本

与应收账款相对应，应付账款也有付款期、现金折扣等信用条件。根据应付账款的最终付款期可以将应付账款分为免费信用、有代价信用和展期信用。免费信用是指买方企业在规定的现金折扣期内享受折扣而获得的商业信用；有代价信用是指买方企业在现金折扣期满后的信用期内付款，以放弃现金折扣为代价而获得的商业信用；展期信用是指买方企业超过规定的信用期付款，以丧失企业信用为代价所强制获得的商业信用。

【例8-6】某企业赊购价值100 000元的材料，供应商A给出的信用条件是（2/10，$N/30$）。试分别确定企业在第10天、第30天、第50天付款的商业信用成本。

（1）免费信用：第10天内付款时即可获得最长为10天的免费筹资，并可取得折扣2 000元（100 000×2%），免费信用筹资额98 000元（100 000－2 000），免费信用没有任何资金成本，即第10天付款的商业信用成本为0。

（2）有代价信用：如果企业放弃这笔折扣，第30天付款时，付款总额为100 000元。企业推迟付款20天，需多支付2 000元。这种情况可以看作一笔为期20天、金额为98 000元的借款，利息2 000元，则借款的实际利率为：

20天的实际利率＝2 000÷98 000×100%＝2.0408%

利息率通常以年为时间单位表示，因此，必须把20天的利率折算为360天的利率。假设按单利计算，则实际年利率为：

实际年利率＝2.040 8%×（360÷20）×100%＝36.73%

则该企业放弃现金折扣的信用成本＝[2%/(1－2%)]×[360/(30－10)]＝36.73%

故该企业放弃现金折扣，在10天后（不超过30天）付款时的商业信用成本为36.73%。

通过上述分析可以看出，必须放弃现金折扣延期付款才能实现筹资目的。这就意味着要多付货款，因此所放弃的现金折扣就构成了这种筹资方式下的筹资成本（隐含利息成本）。企业放弃现金折扣的信用成本（或机会成本）可按下式计算：

商业信用成本率＝放弃现金折扣的信用成本率

$$=\frac{现金折扣百分比}{1-现金折扣百分比}\times\frac{360}{信用期（付款期）-折扣期}$$

公式表明，放弃现金折扣的信用成本与折扣百分比的大小、折扣期的长短同方向变化，与信用期的长短反方向变化。

（3）展期信用：第50天付款时，即该企业超过规定的信用期付款，则：

放弃现金折扣的信用成本＝[2%/(1－2%)]×[360/(50－10)]＝18.37%

故该企业超过规定的信用期第50天付款时的商业信用成本为18.37%。

上述分析和案例说明，如果买方企业放弃折扣而获得信用，其代价是较高的。然而，企业在放弃折扣的情况下，推迟付款的时间越长，其成本就会越低。

(四) 利用有代价信用的决策

在附有信用条件的情况下，因为获得不同信用要负担不同的代价，企业便要在利用哪种信用之间做出决策。一般说来，如果从其他渠道取得资金的筹资成本低于放弃现金折扣的筹资成本，便应享受现金折扣，否则就应该放弃现金折扣。当然，假使企业放弃折扣优惠，也应将付款日推迟至信用期内的最后一天，以降低放弃折扣的成本。

(1) 在销货方提供有现金折扣的情况下，如果买方能够以低于放弃现金折扣成本的利率借入资金，便应在现金折扣期内用借入的资金支付货款，从而享受现金折扣。比如，在【例8-6】中，如果银行同期借款利率为36.73%以下，则买方应利用更便宜的银行贷款在折扣期内偿还应付账款；反之，买方应放弃现金折扣。

(2) 如果买方在现金折扣期内将偿还应付账款的资金用于短期投资，所得的投资收益率高于放弃现金折扣的成本，则应放弃现金折扣。反之，则应取得现金折扣。比如，在【例8-6】中，如果投资收益率为50%，则应该放弃现金折扣，而将资金用于投资。

(3) 面对两家以上提供不同信用条件的供应商，如果买方事前即知道要放弃现金折扣，则买方应该根据放弃现金折扣成本选择放弃现金折扣成本较低的供应商，以使企业丧失现金折扣的机会成本最小。比如，【例8-6】中，另有一家供应商B提出"1/20、N/40"的信用条件，其放弃折扣的成本为：

$$[1\%/(1-1\%)] \times [360/(40-20)] = 18.18\%$$

与【例8-6】中"2/10、N/30"信用条件的情况相比后，供应商B的信用条件的成本较低，如果买方企业估计会拖延付款，那么宁肯选择供应商B。

但是，如果企业打算要享受折扣而在折扣期内付款，则应该选择"2/10、N/30"信用条件的商家，因为从该商家获得的折扣收益高于从供应商B所获得的折扣收益。

(4) 若同一供应商给予多种折扣条件，如 (4/10, 2/20.1/40, N/90)，要确定在哪一天付款最经济时，实际是打算要得到某一种折扣，因此应该选择放弃现金折扣成本最高的那天付款，因为在这天付款获得的折扣收益最高。

(五) 利用展期信用的决策

如果企业因缺乏资金而欲展延付款期，应该慎重考虑。虽然企业逾期付款可大幅降低商业信用成本，但因此可能带来的其他方面的损失是难以计量的，这些损失主要是指因企业信誉恶化而丧失供应商乃至其他贷款人的信用或日后招致苛刻的信用条件。

(六) 商业信用筹资的优缺点

1. 商业信用筹资的优点

(1) 商业信用非常方便。因为商业信用与商品买卖同时进行，属于一种自发性融资，不用做非常正规的安排。

(2) 筹资成本可能很低。大部分商业信用都是由卖方免费提供的，如果没有现金折扣，或企业不放弃现金折扣，则利用商业信用融资没有实际成本。

(3) 限制条件少。商业信用比其他筹资方式条件宽松，无须担保或抵押，如果企业利用银行借款融资，银行往往对借款的使用规定一些限制条件，而商业信用则限制较少。

2. 商业信用筹资的缺点

（1）资金使用时间有限。商业信用的时间较短，一般为付款期，有时也允许延展，但延展毕竟有限，多次延展会影响买方企业的信誉。如果企业享受现金折扣，则时间会更短。

（2）可筹资金数量有限。商业信用额的大小是受企业经营业务规模大小限制的。

（3）如果放弃现金折扣，则要付出很高的资金成本。

第三节 现金管理

现金是比较特殊的资产，一方面，其流动性最强，代表着企业直接的支付能力和应变能力；另一方面，其收益性最弱。现金管理的过程就是管理人员在现金的流动性与收益性之间进行权衡选择的过程，既要维护适度的流动性，又要尽可能提高其收益性。

一、现金管理的动机与意义

现金是指在生产过程中暂时停留在货币形态的资金，包括库存现金、银行存款、银行本票和银行汇票等。现金管理的目标是在现金的流动性和收益性之间进行合理选择，即在保证正常业务经营需要的同时，尽可能降低现金的占用量，并从暂时闲置的现金中获得最大的投资收益。

现金是变现能力最强的资产，可以用来满足生产经营开支的各种需要，也是还本付息和履行纳税义务的保证。因此，拥有足够的现金对于降低企业的风险、增强企业资产的流动性和债务的可清偿性有着重要的意义。但是，现金属于非盈利性资产，即使是银行存款，其利率也非常低。也就是说现金是变现力最强、盈利能力最差的资产。由此可见，企业持有太多的现金虽然可以保证生产经营的正常需要，但同时也会降低资产的盈利性。

企业持有现金往往出于以下动机：

（1）交易动机。在企业的日常经营中，为了正常的生产销售的运行必须保持一定的现金余额。销售产品得到的收入往往不能马上收到现金，而采购原材料、支付工资等则需要现金支持，为了进一步的生产交易需要一定的现金余额。所以基于这种企业购、产、销行为需要的现金，就是交易动机要求的现金持有。

（2）预防动机。现金的流入和流出经常是不确定的，这种不确定性取决于企业所处的外部环境和自身经营条件的好坏。为了应对一些突发事件和偶然情况，企业必须持有一定的现金余额来保证生产经营的安全顺利进行，这就是预防动机要求的现金持有。

（3）投资动机。投资动机是指企业持有现金准备用于不寻常的购买机会，以获得意外利润，如购买股票和其他有价证券，或者购买特殊一次性降价的商品等。投资动机只是企业确定现金余额时所需考虑的次要因素之一,其持有量大小与企业在金融市场的投资机会以及企业对待风险的态度有关。

二、现金预算的编制

现金预算亦称现金收支计划,它是在企业长期发展战略的基础上,以现金管理的目标为导向,充分调查和分析各种现金收支影响因素,运用一定的方法合理估测企业未来一定时期的现金收支状况,并对预期差异采取相应对策的活动。其基本原理是通过将预算期内可能发生的一切现金收支分类列入现金预算表内,从而确定收支差异并采取适当财务对策。它具有直观、简便、便于控制等特点。在收支预算法下,现金预算主要分为四个步骤进行:

(1) 计算预算期内现金收入,即根据企业收入预算(包括销售收入预算、投资收入预算及其他收入预算)计算企业在预算期内所能获得的现金收入;

(2) 计算预算期内现金支出,即根据企业现金支出计划(例如采购原材料、支付工资、支付期间费用、支付税金等)计算企业预算期内的现金支出;

(3) 计算现金不足或结余,即根据下列公式估算企业在预算期内的现金余缺水平:

预算期内现金结余 = 预算期初现金余额 + 预算期内现金流入 − 预算期内现金流出 − 预算期末现金结余

(4) 现金融通,即根据计算出的期末现金结余情况进行短期投融资。如果现金不足,则提前安排筹资(比如向银行借款等);若现金富余,则提前归还贷款或投资于有价证券,以增加收益。

【例 8-7】使用收支预算法编制的 M 公司的现金收支预算表如表 8-1 所示。

表 8-1　　　　　　　　　　M 公司的现金收支预算　　　　　　　　　　单位:万元

序号	现金收支项目	上月实际数	本月预算数
1	现金收入		
2	营业现金收入		
3	现销和当月应收账款的收回		1 000
4	以前月份应收账款的收回		625
5	营业现金收入合计		1 625
6	其他现金收入		
7	固定资产变价收入		120
8	利息收入		30
9	租金收入		105
10	股利收入		45
11	其他现金收入合计		300
12	现金收入合计(12 = 5 + 11)		1 925
13	现金支出		

续表

序号	现金收支项目	上月实际数	本月预算数
14	营业现金支出		
15	材料采购支出		800
16	当月支付的采购材料支出		480
17	本月支付的以前月份采购材料支出		320
18	工资支出		160
19	管理费用支出		128
20	销售费用支出		128
21	财务费用支出		64
22	营业现金支出合计		1 280
23	其他现金支出		
24	厂房、设备投资支出		340
25	税款支出		85
26	利息支出		85
27	归还债务		100
28	股利支出		100
29	证券投资		130
30	其他现金支出合计		840
31	现金支出合计（31＝22＋30）		2 120
32	净现金流量		
33	现金收入减现金支出（33＝12－31）		－195
34	现金余缺		
35	期初现金余额		150
36	净现金流量		－195
37	期末现金余额		－45
38	最佳现金余额		180
39	现金富余或短缺		－225

从表 8－1 可以看到，M 公司预算期末发生了现金短缺，公司应当及时进行合理的短期资金筹措，防止由于库存现金不足而导致的机会成本。

三、现金的持有成本

（一）现金管理成本

现金管理成本是指企业因持有现金，对现金进行管理所发生一定的管理费用，如管理人员的工资及必要的安全措施费等。这部分费用在一定范围内与现金持有量的多少关系不大，一般属于固定成本。

（二）现金机会成本

现金机会成本是指企业因保留一定现金余额而丧失的再投资收益。现金的流动性最强但盈利性最低，持有现金会使企业丧失再投资的机会，以及该项投资所能带来的收益，即形成持有现金的机会成本，这种成本在数额上等同于资金成本。假定某企业的资金成本为10%，年均持有60万元，则该企业每年现金持有的机会成本为6万元（60×10%）。放弃的投资收益即机会成本，属于变动成本，与现金持有量成正比例关系，即现金持有量越大，机会成本越高；反之，就越低。

（三）现金转换成本

现金转换成本是指现金与有价证券之间相互转换时发生的有关交易费用，如经纪人佣金、委托手续费、证券过户费、交割手续费等。转换成本与交易转换的次数有关，二者成反向变化关系。在现金需要量既定的前提下，现金持有量越少，有价证券变现的次数就越多，相应的转换成本就越大；反之，证券变现的次数就越少，相应的转换成本也就越小。

（四）现金短缺成本

现金短缺成本是指在现金持有量不足而又无法及时通过有价证券变现等方式加以补充而给企业造成的损失，包括直接损失与间接损失。现金的短缺成本与现金持有量成反向变化关系。

四、最佳现金持有量的确定

在现金预算中，为了确定预算期末现金资产的余缺状况，除了要合理估计预算期内的现金收入与支出项目，还应当确定期末应当保留的最佳现金余额，这就是现金持有量决策所要解决的主要问题，也是现金管理的首要任务之一。企业出于各种动机的要求持有一定的货币，但出于成本与效益关系的考虑，必须确定最佳现金持有量。当前应用比较广泛的现金持有量确定方法主要包括成本分析模型、存货模型、随机模型和现金周转模式。

（一）成本分析模型

成本分析模型是通过分析企业现金的决策相关成本，预测使现金的综合成本之和最低的现金持有量的一种方法。该种模式下，现金的决策相关成本包括机会成本和短缺成本。

成本分析模式下，最佳现金持有量的确定可通过图8-4进行。

在图8-4所示的平面坐标图中，横坐标表示现金持有量，纵坐标表示成本。一般而言，机会成本是一条随现金持有量增加而从原点（0点）出发向右上方延伸的直线；短缺成本是一条随现金持有量增加从左上方向右下方延伸的直线或曲线，它与横坐标的交接点这条线的右下角表示现金持有量比较多，短缺成本接近为"零"。总成本体现为一条抛物线型的曲线，它的最低处为最小综合成本，所对应横坐标的点即为最佳现金持有量。

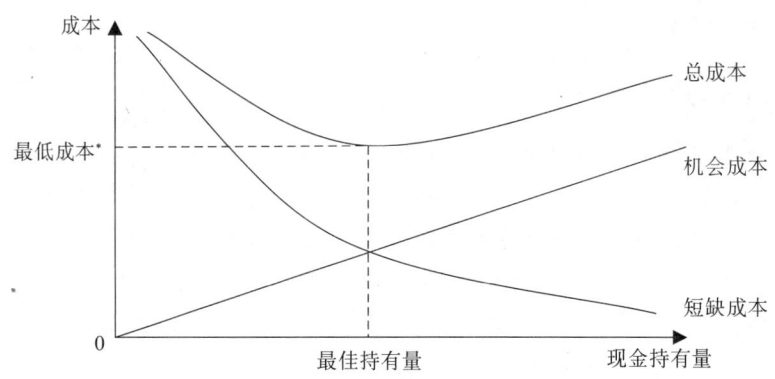

图 8-4 确定现金余额的成本分析模型

实际工作中,成本分析模式下的最佳现金持有量是通过成本分析表来确定的。具体可以分为如下三个步骤:

(1) 根据企业的实际情况提出多种现金持有量的备选方案;
(2) 计算、确定不同现金持有量下现金的成本;
(3) 比较不同备选方案的现金成本,最低持有总成本所对应的现金持有量即为最佳现金持有量。

【例 8-8】某企业现有 A、B、C、D 四个现金持有量的备选方案,相关成本、有价证券利率等资料如表 8-2 所示:

表 8-2　　　　　　　　　现金持有量备选方案表　　　　　　　　单位:元

项目	A	B	C	D
现金持有量(元)	200 000	300 000	400 000	500 000
有价证券利率	8%	8%	8%	8%
短缺成本(元)	50 000	20 000	5 000	0

根据表 8-2 提供的资料,按照成本分析模式的分析步骤,可以编制出下面的"成本分析表"(见表 8-3):

表 8-3　　　　　　　　　成本分析表　　　　　　　　　　　单位:元

项目	A (200 000)	B (300 000)	C (400 000)	D (500 000)
机会成本	16 000	24 000	32 000	40 000
短缺成本	50 000	20 000	5 000	0
总成本	66 000	44 000	37 000	40 000

注:机会成本 = 现金持有量 × 有价证券利率

从成本分析的比较可以看出,C 方案的总成本最低,所以该企业的最佳现金持有量为 400 000 元。

(二) 存货模型

现金持有量的存货模型又称鲍默尔模型,是美国经济学家威廉·鲍默尔(William

Baumol)提出的用以确定目标现金持有量的模型,该模型来源于存货的经济批量模型。鲍默尔认为企业现金持有量在很多方面与存货相似,由此建立了鲍默尔模型。存货模型的出发点是持有现金的相关成本最低。在现金持有成本中,管理成本一般是固定成本,与现金持有量的多少关系不大,属于与决策无关的成本而不予考虑。此外,由于现金的短缺情形存在很大的不确定性,因而存货模型对于短缺成本也不予考虑。因此,在利用存货模型计算现金持有量的最低成本时,只考虑机会成本和转换成本。也就是说,能使现金管理的机会成本与转换成本之和保持最低的现金持有量就是最佳的现金持有量。

假定企业一定时期现金的总需要量一定,且现金支出均衡,则现金的机会成本与现金的持有量成正比,同时,假定每次有价证券转换都按最佳持有量 Q 实施转换,因而现金的转换成本同现金与有价证券的转换次数成正比,与现金持有量成反比。由此可知,现金的机会成本与转换成本之间呈反方向变化。因此,两种成本之和最低的现金持有量就是企业的最佳现金持有量。如果将图 8–4 中的短缺成本换成转换成本,则可以反映现金持有的总成本与机会成本和转换成本的关系。当持有现金的机会成本与转换成本相等时,现金管理的总成本最低。图 8–5 则描绘了现金持有量随时间推移的变化特征。

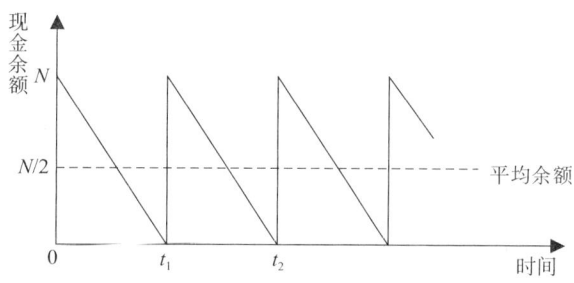

图 8–5 现金持有量随时间推移的变化特征

设 TC 为一定时期企业现金持有总成本;T 为一定时期现金总需求量;b 为每次转换有价证券的固定成本;Q 为最佳现金持有量;i 为有价证券的利率。

则:现金持有总成本 = 机会成本 + 转换成本

= 现金平均余额 × 利率 + 转换次数 × 每次转换成本

即:$TQ = \dfrac{Q}{2} \times i + \dfrac{T}{Q} \times b$

则:最佳现金持有量 $Q = \sqrt{\dfrac{2Tb}{i}}$

最佳现金持有总成本 $TQ = \sqrt{2Tbi}$

【例 8–9】某企业预计全年需要现金 8 000 元,现金与有价证券每次的转换成本为 100 元,有价证券的利息率为 10%。则最佳现金持有量为:

$Q = \sqrt{\dfrac{2 \times 8\,000 \times 100}{10\%}} \times \sqrt{\dfrac{2 \times 8\,000 \times 100}{10\%}} = 4\,000$(元)

现金持有量的存货模型是一种简单、直观的确定最佳现金持有量的方法;其主要缺点是假定现金的流出量稳定不变,但实际工作中货币资金支出并非总是均匀、稳定的。因此,在现金流出不稳定情形下,不宜采用这种方法。

(三) 随机模型

随机模型是在现金需求量难以预知的情况下进行现金持有量控制的方法。对企业来讲,现金需求量往往波动大并且难以预知,但企业可以根据历史经验和现实需要,测算出一个现金持有量的控制范围,即制定出现金持有量的上限和下限,将现金量控制在上下限之内。当现金存量达到控制上限时,用现金购入有价证券,使现金持有量下降;当现金存量降到控制下限时,则卖出有价证券换回现金,使现金持有量回升。若现金存量在控制的上下限之内,便不必进行现金与有价证券的转换,保持它们各自的现有存量。这种对现金持有量的控制,如图8-6所示:

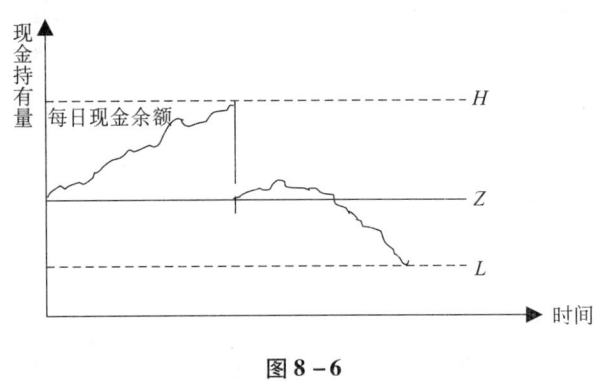

图 8-6

图中,虚线 H 为现金存量的上限,虚线 L 为现金存量的下限,实线 Z 为最优现金返回线。图示表明,现金存量(表现为现金每日余额)是随机波动的,企业应根据实际现金存量的变化及时进行调整以保持现金存量维持在 Z 的水平。具体调整方法是:

设实际存量为 M,当现金存量超过了现金控制的上限,企业应购买 $(M-Z)$ 有价证券,使现金持有量回落到现金返回线的水平;当现金存量低于现金控制的下限,企业应转让 $(Z-M)$ 金额的有价证券,使其存量回升至现金返回线的水平。现金存量在 H 和 L 线之间波动属控制范围内的变化,是合理的,不予理会。以上关系中的上限、现金返回线可按下列公式计算:

$$Z = \sqrt[3]{\frac{3b\delta^2}{4i}} + L$$

$$H = 3Z - 2L$$

式中:b 为每次有价证券的固定转换成本;i 为有价证券的日利息率;δ 为预期每日现金余额变化的标准差(可根据历史资料测算)。

在确定下限时,则要受到企业每日最低现金需要量、管理人员的风险偏好倾向等因素的影响。

【例8-10】某企业有价证券的年利率为9%,每次固定转换成本为100元,企业认为任何时候其银行活期存款及现金余额均不能低于1 000元,根据历史数据测算出现金余额波动的标准差为900元,则最优现金返回线、现金控制的上限的计算为:

$$Z = \sqrt[3]{\frac{3b\delta^2}{4i}} + L$$

$$= \sqrt[3]{\frac{3 \times 100 \times 900^2}{4 \times \left(\frac{9\%}{360}\right)}} + 1\ 000 = 6\ 240 + 1\ 000 = 7\ 240\ (元)$$

$H = 3Z - 2L = 3 \times 7\ 240 - 2 \times 1\ 000 = 19\ 720$（元）

由以上计算可知，当企业的现金余额超过 19 720 元（如为 20 000 元）时，应以 12 760 元（20 000 - 7 240）的现金投资于有价证券，使现金持有量回落到 7 240 元；当企业的现金余额降至 1 000 元以下（如为 900 元）时，则应转让 6 340 元（7 240 - 900）的有价证券，使现金持有量回升为 7 240 元。随机模式建立在企业现金未来需求总量和收支不可预测的前提下，因此计算出来的现金持有量比较保守。

（四）现金周转模式

现金周转模式是从现金周转的角度出发，根据现金的周转速度来确定最佳现金持有量的一种方法。利用这一模式确定最佳现金持有量，包括以下三个步骤：

1. 计算现金周转期

现金周转期是指企业从购买材料支付现金到销售商品收回现金的时间。

现金周转期 = 应收账款周转期 - 应付账款周转期 + 存货周转期

（1）应收账款周转期是指从应收账款形成到收回现金所需要的时间。

（2）应付账款周转期是指从购买材料形成应付账款开始直到以现金偿还应付账款为止所需要的时间。

（3）存货周转期是指从以现金支付购买材料款开始，直到销售产品为止所需要的时间。

2. 计算现金周转率

现金周转率是指一年中现金的周转次数，其计算公式为：

$$现金周转率（次数）= \frac{全年计划天数（360）}{现金周转期}$$

3. 计算最佳现金持有量

其计算公式为：

最佳现金持有量 = 年现金需求额 ÷ 现金周转率

【例 8-11】某公司计划年度预计存货周转期为 90 天，应收账款周转期为 40 天，应付账款周转期为 30 天，每年现金需求额为 720 万元，则最佳现金持有量可计算如下：

现金周转期 = 90 + 40 - 30 = 100（天）

现金周转率 = 360 ÷ 100 = 3.6（次）

最佳现金持有量 = 720 ÷ 3.6 = 200（万元）

也就是说，如果年初企业持有 200 万元现金，它将有足够的现金满足各种支出的需要。

五、现金收支管理

现金收支管理的目的在于提高现金使用效率,则企业应当注意做好以下几方面工作:

(1) 力争现金流量同步。如果企业能尽量使它的现金流入与现金流出发生的时间趋于一致,就可以使其所持有的交易性现金余额降到最低水平。这就是所谓现金流量同步。

(2) 使用现金浮游量。从企业开出支票,收票人收到支票并存入银行,至银行将款项划出企业账户,中间需要一段时间。现金在这段时间的占用称为现金浮游量。在这段时间里,尽管企业已开出了支票,却仍可动用在活期存款账户上的这笔资金。不过,在使用现金浮游量时,一定要控制好使用的时间,否则会发生银行存款的透支。

(3) 加速收款。这主要指缩短应收账款的时间。发生应收账款会增加企业资金的占用;但它又是必要的,因为它可以扩大销售规模、增加销售收入。问题在于如何既利用应收款吸引顾客,又缩短收款时间。这要在两者之间找到适当的平衡点,并需实施妥善的收账策略。

(4) 推迟应付款的支付。推迟应付款的支付,是指企业在不影响自己信誉的前提下,尽可能地推迟应付款的支付期,充分运用供货方的折扣优惠,在信用期的最后一天支付款项。例如企业购买材料时,供货方提供的信用条件是($1/10$, $n/30$),则企业应在开票后第 10 天付款,若急需现金则可放弃现金折扣,在开票后的第 30 天付款。当然,这要权衡折扣优惠与急需现金之间的利弊得失而定。

第四节

应收账款管理

应收账款是企业流动资产的一个重要项目。在高度集中的计划经济体制下,应收账款在流动资产中所占比重不大,不是管理重点。这些年来,随着市场经济的发展,商业信用的推行,企业应收账款数额明显增多,已成为流动资产管理中一个日益重要的问题。

一、应收账款及其管理意义

应收账款是指企业采用信用销售(赊销)方式对外销售产品、材料、供应劳务等,应向购货单位或接受劳务的单位及其他单位收取的款项,包括应收销货款、其他应收款、应收票据等。企业发生应收账款的主要原因是扩大销售、减少存货、增强竞争力,这可以看作是企业的一种投资,而这项资金的投放也要发生成本,这就需要在应收账款信用政策所增加的盈利和其发生的成本之间做出权衡。只有当应收账款投资所增加的盈利超过所增加的成本时,才应当实施赊销政策;如果应收账款赊销有着良好的盈利前景,应当放宽信用条件以增加赊销量。

二、应收账款的功能与成本

(一) 应收账款的功能

应收账款的功能是指它在企业生产经营中所具有的作用。主要有:

1. 增加销售

在市场竞争比较激烈的情况下,赊销是促进销售的一种重要方式。进行赊销的企业,实际上是向顾客提供了两项交易:向顾客销售产品;在一个有限的时期内向顾客提供资金。虽然赊销仅仅是影响销售量的因素之一,但在银根紧缩、市场疲软、资金匮乏的情况下,赊销的促销作用是十分明显的,特别是在企业销售新产品、开拓新市场时,赊销更具有重要的意义。

2. 减少存货

赊销可以加速产品销售的实现,加快产成品向销售收入的转化速度,从而对降低存货中的产成品数额有着积极的影响。这有利于缩短产成品的库存时间,降低产成品存货的管理费用、仓储费用和保险费用等各方面的支出。

(二) 应收账款的成本

企业在应收账款上占用了资金,那么就要付出代价,这种代价就是应收账款的成本。它主要包括以下几项:

1. 应收账款的机会成本

应收账款的机会成本是指企业的资金因占用在应收账款上而丧失的其他投资收益,如投资于债券上的利息收益等。机会成本的大小与应收账款占用资金的数量密切相关,占用的资金数量越大,机会成本就越高。这种机会成本的水平可以用有价证券的利息率来衡量。其计算公式如下:

$$应收账款机会成本 = 应收账款占用资金 \times 资金成本率$$

$$应收账款占用资金 = 应收账款平均余额 \times 变动成本率$$

$$应收账款平均余额 = \frac{年赊销额}{360} \times 平均收现期$$

$$= 平均每日赊销额 \times 平均收现期$$

平均收现期,是指企业从形成应收账款到收回现金所需要的时间,也称为应收账款周转期或应收账款平均回收期。当不同客户的收账期不一致时,平均收现期按赊销比例计算加权平均数,如某公司预测年度赊销收入净额为 250 000 元,估计约有 60% 的顾客会在 20 天内付款,约有 40% 的顾客在 60 天内付款,则平均收现期为 36 天(20×60% + 60×40% = 36 天)。

【例 8-12】某公司预测年度赊销收入净额为 540 000 元,应收账款周转期为 60 天,变动成本为 60%,资金成本为 8%,试计算该企业应收账款的机会成本。

$$应收账款平均余额 = \frac{540\ 000}{360} \times 60 = 90\ 000\ (元)$$

应收账款占用资金 = 90 000 × 60% = 54 000（元）

应收账款机会成本 = 54 000 × 8% = 4 320（元）

或应收账款机会成本 = $\frac{540\,000}{360}$ × 60 × 60% × 8% = 4 320（元）

2. 应收账款的管理成本

应收账款的管理成本是指企业对应收账款进行管理所发生的耗费，主要包括对客户的资信调查费用、收集各种信息的费用、应收账款账簿记录费用、催收账款费用以及其他费用。

3. 应收账款的坏账成本

应收账款的坏账成本是指因某些原因导致应收账款无法收回而给企业造成的经济损失。这种成本一般与企业的信用政策相关，并且与应收账款的数量成正比，即应收账款越多，坏账损失也就越多。基于此，为规避发生坏账损失给企业生产经营活动的稳定性带来的不利影响，企业应合理提取坏账准备金。

【例 8-13】假设某公司的年度赊销额为 720 万元，应收账款平均收账天数为 60 天，坏账损失为赊销额的 10%，年收账费用为 5 万元；该公司的变动成本率为 50%，资金成本率为 6%。该公司认为通过增加收账人员费用等措施，可以使平均收账期降为 50 天，坏账损失降为赊销额的 7%。计算得出：

（1）原方案应收账款总成本 = 应收账款机会成本 + 管理成本 + 坏账损失。

$$= \left(\frac{720}{360} \times 60 \times 50\% \times 6\% + 5 + 720 \times 10\%\right)$$

$$= 3.6 + 5 + 72 = 80.6（万元）$$

（2）新方案的新增收账费用上限：

$$\left[\frac{720}{360} \times 50 \times 50\% \times 6\% + (新增收账费用 + 5) + 720 \times 7\%\right]万元 \leq 80.6\,万元$$

得：新增收账费用 ≤ 22.2 万元

因此，新增收账费用（属应收账款管理成本）不超过 22.2 万元的上限，才可达到预期目的，且新增收账费用越少越好。

4. 应收账款的现金折扣成本

为加速销售货款的回笼，销售方往往会对在指定时间付款的客户给予一定优惠，如（2/10，N/30）的现金折扣条件，可以使在 10 天内付款的客户获得少支付 2% 的货款，而销货方以减少部分销售收入为代价尽早收回资金。这种因向客户提供现金折扣而减少的销售收入额，即为应收账款信用销售的现金折扣成本。可按照下式计算：

现金折扣成本 = ∑某种折扣率下的销售额 × 该折扣率

三、信用政策的制定

（一）信用政策的内容

信用政策又称为应收账款政策，是指企业在采用信用销售方式时，对应收账款进行规划和控制所确定的基本原则和规范。主要包括信用标准、信用条件和收账政策。

1. 信用标准

信用标准是指企业同意向客户提供商业信用而提出的基本要求，通常以预计的坏账损失率作为判别标准。如果企业的信用标准比较严格，则只有信誉较好的客户能享受商业信用，这可以减少企业的坏账损失，降低应收账款的机会成本和管理成本，但同时也会减少企业的销售；若企业提供比较宽松的信用标准，那么享受信用的客户会增加，销售量也会扩大，但是会同时伴随着机会成本、管理成本和坏账损失的增加。因此，企业必须权衡利弊，制定一个比较合理的信用标准。

2. 信用条件

信用条件是指企业给客户提供商业信用时所提出的付款要求，主要包括信用期限、折扣期限和现金折扣。信用条件通常的表示方法是："2/10，$n/30$"，这表示若客户选择在发票开出后 10 天内付款，可以享受 2% 的现金折扣；若客户放弃现金折扣，也必须在 30 天内付清全部款项。

（1）信用期限。是指企业允许顾客从购货到付款之间的时间，或者说是企业给予顾客的付款时间，如上述信用条件中的信用期限为 30 天。对企业来讲，若信用期过短，则不足以吸引顾客，不利于增加销售额；若信用期过长，虽然可以增加销量，但也会伴随着费用的增加，甚至会造成费用的增加超过收益的增长，导致利润的减少。因此企业必须慎重制定出恰当的信用期。确定合理的信用期，主要是分析改变现行信用期对收入和成本的影响。延长信用期限，会使销售收入增加，这是有利的一面。但是同时也要看到，由此信用期延长也会导致应收账款收账费用和坏账损失的增加，又会对企业产生不利影响。如果前者大于后者，则可以延长信用期。否则，不宜延长。如果缩短信用期，情况与此相反。

（2）现金折扣。现金折扣是企业对顾客在商品价格上所做的扣减，如上述信用条件中的 2%。向顾客提供这种价格上的优惠，主要为了吸引顾客为享受优惠而提前付款，缩短企业的平均收款期，减少应收账款占用资金及坏账损失。此外，现金折扣也能招揽一些视折扣为减价出售的顾客前来购货，借此扩大销售量。企业采用什么程度的现金折扣，要与信用期间结合起来考虑。现金折扣常用 "1/10，$n/30$" 的形式来表示，它表示如果顾客在发票开出后 10 天内付款，可以享受 1% 的价格折扣；如果顾客不想获得折扣，则这笔货款必须在 30 天内付清，其中 30 天为信用期限，10 天为折扣期限，1% 为现金折扣率。不论是信用期间还是现金折扣，都可能给企业带来收益，但也会增加成本。当企业给予一定的现金折扣时，应当考虑折扣所能带来的收益与成本的高低，权衡利弊。

（3）折扣期限。是指为顾客规定的可享受现金折扣的付款期，如上述信用条件中的 10 天。

3. 收账政策

收账政策是指当客户违反信用条件，拖欠甚至拒付款项时企业采取的各种措施。应收账款会因拖欠的时间过长而发生坏账，使企业蒙受损失。款项拖欠时间越长，收回的可能性越小，遭受的损失就更大。由此，企业对于拖欠的应收款项，应采取相应方式进行催收，如对过期较短的顾客，企业应不过多地打扰，可先通知对方，有礼貌地提醒对方交款日期已过；对过期稍长的顾客，可以措辞婉转地写信催款；对过期较长的顾客，应频繁的信件催款并电话催问；对过期很长的顾客，可在催款时措辞严厉，必要时提请有关部门仲裁或提起诉讼等。

企业在收账的过程中也需要付出一定的代价，如收账时发生的邮电通讯费、收账人员的差旅费、法律诉讼费等。一般来说，收账的花费越大，收账措施越有力，可收回的款项就越多，坏账损失就越小。因此企业应在收账费用和所减少的坏账损失之间做出权衡，制定出有效、得当的收账政策。

（二）信用政策的财务评价方法——比较信用收益法

信用收益，是指应收账款投资收入与其持有成本之间的差额。应收账款的持有成本已在前面讨论过，应收账款的投资收入可用应收账款所获取的贡献毛益（或者销售毛利）来衡量，其计算公式如下：

$$应收账款的贡献毛益 = 预计年赊销额 \times (1 - 变动成本率)$$

或

$$应收账款的销售毛利 = 预计年赊销额 \times (1 - 变动成本率) - 固定成本$$

因此，某信用政策下的信用收益可用下式计算：

$$应收账款信用收益 = 应收账款贡献毛益 - 应收账款持有成本合计$$

或

$$= 应收账款销售毛利 - 应收账款持有成本合计$$

若信用收益大于 0，说明该信用政策可行，否则该信用政策不可行。在多个可行的信用政策条件中，信用收益最大的为最佳政策条件。

【例 8 – 14】某企业生产甲产品的固定成本为 100 000 元，变动成本率为 60%。该企业有两种信用标准可供选择，若采用 A 标准，则其坏账损失率为 5%，销售收入为 500 000 元，平均收账期为 45 天，可能的收账费用为 5 000 元；若采用 B 标准，则其坏账损失率为 10%，销售收入为 700 000 元，平均收账期为 60 天，可能的收账费用为 8 000 元。企业的综合资金成本为 12%。试对信用标准进行选择。

(1) 采用 A 标准时：

贡献毛益 = 500 000 × (1 – 60%) = 200 000（元）

应收账款占用资金的机会成本 = 500 000 ÷ 360 × 45 × 60% × 12% = 4 500（元）

可能的坏账损失 = 500 000 × 5% = 25 000（元）

管理成本 = 5 000（元）

应收账款信用收益 = 200 000 – 4 500 – 25 000 – 5 000 = 165 500（元）

(2) 采用 B 标准时：

贡献毛益 = 700 000 × (1 – 60%) = 280 000（元）

应收账款占用资金的机会成本 = 700 000 ÷ 360 × 60 × 60% × 12% = 8 400（元）

可能的坏账损失 = 700 000 × 10% = 70 000（元）

管理成本 = 8 000（元）

应收账款信用收益 = 280 000 – 8 400 – 70 000 – 8 000 = 193 600（元）

比较两种信用标准的净收益可知，应选择 B 标准。

【例 8-15】沿用【例 8-14】，假定该企业在放宽信用期的同时，为了吸引顾客尽早付款，提出了"1/20，n/60"现金折扣条件，估计会有一半的顾客（按 60 天信用期所能实现的销售量计）将享受现金折扣。

采用有现金折扣新的信用条件时：

平均收现期 = 50% × 20 + 50% × 60 = 40（天）

贡献毛益 = 700 000 × (1 − 60%) = 280 000（元）

应收账款占用资金的机会成本 = 700 000 ÷ 360 × 40 × 60% × 12% = 5 600（元）

可能的坏账损失 = 700 000 × 10% = 70 000（元）

管理成本 = 8 000（元）

现金折扣成本 = 新的销售水平 × 新的现金折扣率 × 享受现金折扣的顾客比例
= 700 000 × 1% × 50% = 3 500（元）

应收账款信用收益 = 280 000 − 5 600 − 70 000 − 8 000 − 3 500 = 192 900（元）

比较两种信用条件带来的信用收益，应采用不提供现金折扣的信用条件。

> 【思考】
> ①请用应收账款销售毛利作为应收账款信用收入，重新计算应收账款信用收益，你会发现什么呢？
> ②如果改变销售政策需要增加固定成本 3 万元，相关计算有哪些变化？

四、应收账款的日常控制

信用政策建立以后，企业要做好应收账款的日常控制工作，进行信用调查和信用评价，以确定是否同意客户赊欠货款，当客户违反信用条件时，还要做好账款催收工作。

（一）客户的信用调查

企业的信用调查是指企业对客户的信用品质、偿债能力、财务状况、担保情况、经营情况等信用状况进行调查，收集客户的信用记录，这是决定是否给赊销客户产品的准备工作，也是做出赊销决策的关键。它主要包括两种方法：直接调查法和间接调查法。

1. 直接调查法

直接调查法是指企业的信用调查人员与客户直接接触，通过当面访谈、询问、观察、记录等方式获取客户的信用资料。这种方法的优点在于及时性，但准确性往往不够，客户的缺点和不足容易被掩盖。

2. 间接调查法

间接调查法是以客户或者其他单位保存的有关客户的各种原始记录和核算资料为基础，通过加工整理获得客户信用资料的方法。采用间接调查法的信用资料主要包括客户的财务报表、信用评估机构的资料、银行的资料等。这些资料主要来自：财务报表、信用评估机构、银行等。

【知识拓展】

信用评估机构与信用等级

我国的信用评估机构目前有三种形式：①独立的社会评估机构，它们只根据自身的业务吸收有关专家参加，不受行政干预和集团利益的牵制，独立自主地开办信用评估业务；②政策性银行负责组织的评估机构，一般由银行有关工作人员和各部门专家进行评估；③由商业银行组织的评估机构，由商业银行组织专家对其客户进行评估。

在评估等级方面，目前主要有两种：①采用三类九等级制，即 AAA、AA、A、BBB、BB、B、CCC、CC、C 九级，AAA 为最优等级，C 为最差等级；②采用三级制，即分成 AAA、AA、A 三级。专门的信用评估部门通常评估方法先进，评估调查细致，评估程序合理，可信度较高。

（二）客户的信用评估

经过对客户的信用状况进行调查，收集好信用资料后，就要对这些资料进行分析，并对客户的信用状况进行评估。信用评估的方法很多，下面主要介绍两种常用的方法：5C 评估法和信用评分法。

1. 5C 评估法

这是西方国家常用的信用评估方法，是指对客户信用的五个方面进行评估。这五个方面是：品质（Character）、能力（Capacity）、资本（Capital）、抵押品（Collateral）和条件（Conditions）。

（1）品质。品质指顾客的信誉，即履行偿债义务的可能性。企业必须设法了解顾客过去的付款记录，看其是否有按期如数付款的一贯做法及与其他供货企业的关系是否良好。这一点经常被视为评价顾客信用的首要因素。

（2）能力。能力指客户的偿债能力，即其流动资产的数量和质量以及流动负债的比例。这主要根据客户的经营状况、过去的偿债记录等情况来判断。

（3）资本。资本指顾客的财务实力和财务状况，表明客户可能偿还债务的背景。企业可通过分析客户的注册资本数额、资产总额、主要的财务比率等来判断。

（4）抵押品。抵押品指顾客拒付款项或无力支付款项时可能被用作抵押的资产。这对于不知底细和信用状况有争议的顾客尤为重要。一旦收不到这些顾客的款项，便以抵押品补充。如果这些顾客提供足够的抵押，就可以考虑向他们提供相应的信用。

（5）条件。条件指可能影响顾客付款能力的经济环境。如客户所处的市场环境、国家经济政策等。比如，万一出现经济不景气，会对顾客的付款产生什么影响，顾客会如何做等等，这需要了解顾客在过去困难时期的付款历史。

通过以上五个方面的分析，基本上可以了解客户的信用状况，为最后决定是否向客户提供商业信用做好准备。5C 评分法是对客户信用状况进行定性评估的方法。

2. 信用评分法

在信用评估中，也可以采用信用评分法对客户的信用状况进行定量分析。所谓信用评估法就是对客户的一系列财务比率和信用情况指标进行评分,然后进行加权平均,计算出客户的综合信用分数,并据此进行信用评估的方法。

(三) 监控应收账款

由于投资规模相当大,应收账款的监控相当重要。如果应收账款质量惊人的高或低,就会产生几个相关的问题:公司的信用标准太高还是太低?总的经济情况的变化是否影响了顾客的信誉?评估制度是否发生了根本性错误?

在任何情况下,有关应收账款恶化的提早警告,都可以促使企业采取行动以阻止进一步恶化。相反,有关应收账款质量提高的提早警示,则可能激励企业在应收账款政策上更富有进取性。

企业控制应收账款的最好方法是拒绝向具有潜在风险的客户赊销商品,或在某些情况下,特别是对耐用消费品的销售,可将赊销的商品作为附属担保品进行有担保的销售。对于已发生的应收账款,则必须加强收账工作的管理,及时了解账款回收情况,根据客户偿付货款的不同情况做出反应,这主要通过账龄分析、观察应收账款平均账龄等来实现。

(四) 催收拖欠款项

企业对逾期时间不同的过期应收款项实施催收时,要尽快催收以及确定账款的收款方式,包括准备为此付出的代价之间进行权衡,采取区别对待的政策等措施形成收账政策,这是信用管理中重要的一个方面。一般的方式是:对过期较短的客户,不宜过多打扰,以免以后失去市场;对过期稍长的客户,可写信催款;对过期很长的顾客,则频繁催款,且措辞严厉。

由于收取账款的各个步骤都要发生费用,因而收账政策还要在收账费用和所减少的坏账损失之间权衡,这一点在很大程度上要依靠企业管理人员的经验,也可根据应收账款总成本最小化的原理,通过对各收账方案成本大小的比较,确定收账方式。

企业在收款过程中所遵循的一系列特定步骤,取决于账款过期逾期时间的长短、负债账款数额的大小和其他因素。典型的收款过程可包括信件通知、电话提示、个人拜访、收款机构追讨、诉讼等步骤。

第五节 存货管理

企业存货占流动资产的比重较大,一般为40%~60%。存货利用的好坏,对企业财务状况的影响极大。因此,加强存货的规划与控制,使存货保持在最优水平,便成为财务管理的一项重要内容。

存货是指企业在生产经营过程中为销售或耗用而储备的物资,包括材料、燃料、周转材料、在产品、半成品、产成品、协作件以及商品等。由于存货经常处于不断地销售和重置或耗用和重置之中，具有鲜明的流动性。因此存货是流动资产的一个极其重要的组成部分。

一、存货的功能与成本

（一）存货的功能

（1）储存必要的原材料和在产品存货，可以保证生产、销售正常进行。如果企业能保证原材料的供应速度与生产过程中原材料的消耗速度完全相同，则企业不需要储存原材料；同样，如果企业销售产品的速度与生产产品的速度相一致，则企业也不需要储存存货，但是这种理想状态几乎是不可能的。尽管有些企业自动化程度很高，并借助电脑加强管理，提出了"零存货"的管理目标，但要完全达到这一目标并非易事。

存货在生产不均衡和商品供求关系波动时，可起到缓和矛盾的作用。即使生产能按事先规定好的程序来进行，但要每天都采购材料也不现实，经济上也不一定合算。

（2）获取价差收益。成批地购进原材料，不仅可以获得价格上的优惠，而且可以减少采购费用。

（3）预防偶然性事件的不利影响。即使高度程序化管理的企业，其供、产、销在数量上和时间上也难以保持与预先安排程序的绝对吻合，在采购、运输、生产和销售过程中，都可能发生意外事故导致停工待料、订单逾期等事故，留有各种存货的保险储备，可以防止意外事件造成的损失。在采购、运输、生产和销售过程中，都可能发生意外事故，因此保持必要的存货保险储备，可避免或减少损失。

（二）存货的持有成本

为了维持企业的正常生产经营销售活动，企业必须储备一定数量的存货，但是存货过多也会影响企业的经济效益，因为采购、储存存货要发生各种费用支出，这些费用就构成了企业存货的成本。本书主要讨论的是原材料和外购商品存货的成本，具体归纳为以下几个方面：

1. 购置成本

购置成本也即存货的买价，反映存货本身的价值，等于存货购买单价与购买数量的乘积。如果存货购买单价不受采购数量的影响，也即不存在批量折扣时，存货购置成本与采购批量无关而属于存货批量决策的无关成本。只有当供货方给予一定的批量折扣时，购置成本才是存货采购批量决策时必须考虑的相关成本。

2. 订货成本

订货成本是指为订购材料、商品而发生的成本。订货成本中有一部分与订货次数无关，如常设采购机构的基本开支等，称为订货的固定成本，属于存货采购批量决策的无关成本；另一部分则与订货次数有关，如差旅费、邮资等，称为订货的变动成本，等于每次进货费用与进货次数的乘积，用于每次进货费用额基本稳定但进货次数会随着采购批量的变化而变化，属于存货采购批量决策的相关成本。要降低订货成本就要降低订货的变动成本，即大批量采购。采购批量越大，订货次数越少，订货变动成本越小；反之就越大。

3. 储存成本

储存成本是指为保存存货而发生的成本，包括存货占用资金所应计的利息、仓库费用、仓储费用、保险费用、存货破损和变质损失等等。按照这些成本与储存数量的关系特征也分为固定成本和变动成本。固定成本与存货数量的多少无关，如仓库折旧、仓库职工的固定月工资等；变动成本与存货的数量有关，如存货资金的应计利息、存货的破损和变质损失、存货的保险费用等。

4. 缺货成本

缺货成本是指由于存货供应中断而造成的损失，包括材料供应中断造成的停工损失、产成品库存缺货造成的拖欠发货损失和丧失销售机会的损失、紧急采购的额外成本等。缺货成本应否作为存货采购批量的决策相关成本，视企业是否允许存货发生短缺而定，若允许缺货则缺货成本与存货储存数量反向相关；若不允许缺货，则缺货成本为零，也就属于决策无关成本。

二、存货采购经济批量的确定

经济批量又称经济订货量，是指一定时期储存成本和订货成本总和最低的采购批量。

从前述存货成本的构成可以发现，储存成本与订购量之间具有同向变动的关系，订购批量越大，企业储存的存货就越多，这会使存货储存成本上升；与此同时，由于订货次数减少，总订货成本将会降低。反之，降低订购批量能够降低储存成本，但由于订货次数增加，订货成本将会上升。储存成本与订货成本之间是此消彼长的关系，见图8-7所示。确定经济批量的目的，就是要寻找使这两种成本之和最小的订购批量。

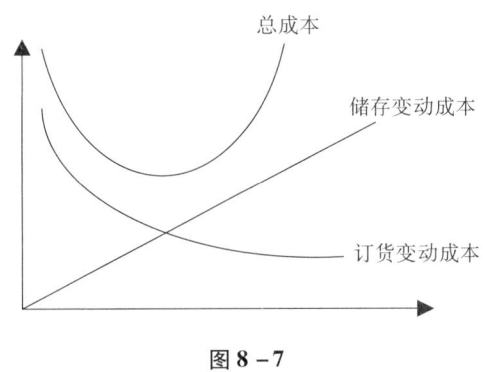

图 8-7

（一）经济批量的基本模型——集中到货模型

该模型需要这样一些假设：①能够及时补充存货，即企业在有订货需求时能够立即购得足够存货；②所订购的全部存货能够一次到位，不需陆续入库；③没有缺货成本；④存货供应稳定且单价不变；⑤需求量稳定且能准确预测；⑥企业现金充足不会因为现金短缺而影响进货。

在上述假设的基础上，令 A 表示某种原材料的全年需要量，F 表示每次订货变动成本，Q 表示每次订货批量，C 表示单位存货的年储存变动成本，TC 表示存货全年的总成本。则有：

订购批数 $= \dfrac{A}{Q}$；平均库存量 $= \dfrac{Q}{2}$；订货成本 $= F \times \dfrac{A}{Q}$；储存成本 $= C \times \dfrac{Q}{2}$

$$总成本(TC) = F \times \frac{A}{Q} + C \times \frac{Q}{2}$$

其中平均库存量是根据假设条件下存货库存量变化特征计算，该特征图示可参考本章第三节图 8-5 了解。

从图 8-7 可知，该总成本随 Q 的变化呈抛物线运动，总成本最低的采购批量应为抛物线拐点的横坐标。据此，令上式的一阶导数等于 0，即：

$$TC' = \left(F \times \frac{A}{Q} + C \times \frac{Q}{2} \right)' = \frac{C}{2} - \frac{AF}{Q^2} = 0$$

可得：经济批量 $(Q) = \sqrt{\dfrac{2AF}{C}}$

经济批数 $\left(\dfrac{A}{Q} \right) = \sqrt{\dfrac{AC}{2F}}$

经济批量下的相关总成本 $(TC) = \sqrt{2AFC}$

【例 8-16】某企业每年耗用某种材料 6 000 千克，该材料单位成本为 20 元，单位储存成本为 4 元，每次进货费用为 30 元。则：

经济批量 $(Q) = \sqrt{\dfrac{2AF}{C}} = \sqrt{\dfrac{2 \times 6\,000 \times 30}{4}} = 300$（千克）

与经济批量下相关的总成本 $(TC) = \sqrt{2AFC} = \sqrt{2 \times 6\,000 \times 30 \times 4} = 1\,200$（元）

年订购批数 $= \dfrac{A}{Q} = \dfrac{6\,000}{300} = 20$（批）

或 $= \sqrt{\dfrac{AC}{2F}} = \sqrt{\dfrac{6\,000 \times 4}{2 \times 30}} = 20$（批）

订货间隔期 $= \dfrac{360}{20} = 18$（天）

（二）经济批量的陆续到货模型

经济批量的基本模型是在前述各假设条件下建立的，但实际工作中能够满足这些假设条件的情况很少。因此需要在基本模型的基础上逐步放宽假设，提高模型的实用性。

在基本模型中，是假设存货一次全部入库，但事实上，各批存货可能陆续入库，使存量陆续增加，如图 8-8 所示。尤其是产成品入库和在产品转移，几乎总是陆续供应和陆续耗用的。在这种情况下，就需要对基本模型进行一些修改。

设每批订货数量为 Q，由于每日送货量为 p，故该批货物全部送达所需天数为 Q/p，称之为送货期。因零件每日耗用量为 d，则送货期内的全部耗用量为：$Q/p \times d$。

由于零件边送到边耗用，所以每批送完时最高库存量为：

$$Q - \frac{Q}{p} \times d = Q \times \left(1 - \frac{d}{p}\right)$$

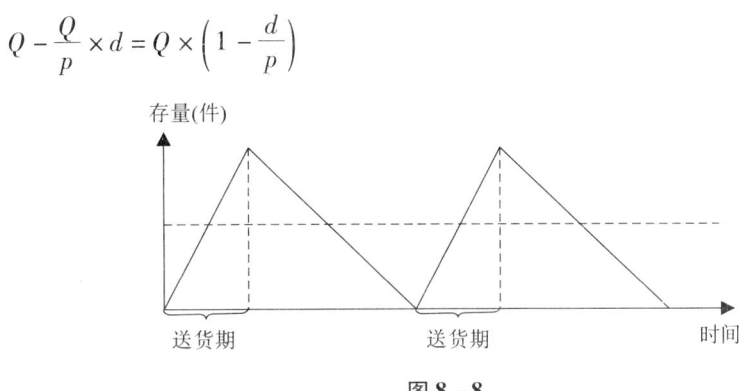

图 8-8

$$\text{平均库存} = \frac{1}{2}Q \times \left(1 - \frac{d}{p}\right)$$

那么,与批量有关的总成本为:

$$\text{TC}(Q) = \frac{A}{Q} \times F + \frac{1}{2}Q\left(1 - \frac{D}{P}\right) \times C$$

仍然是求上式的一阶导数,并令该导数为0。可知,在订货变动成本与储存变动成本相等时,TC(Q) 有最小值,故存货陆续供应和使用的经济订货量和相关总成本计算公式为:

$$Q^* = \sqrt{\frac{2AF}{C \times \left(1 - \frac{d}{p}\right)}}$$

$$\text{TC}(Q^*) = \sqrt{2AFC\left(1 - \frac{d}{p}\right)}$$

【例8-17】某零件年需用量(A)为7 200件,每日送货量(p)为50件,每日耗用量(d)为20件,单价(U)为15元,一次订货成本进货费用(F)为300元,单位变动储存成本(C)为5元。

则经济订货批量 $Q^* = \sqrt{\dfrac{2AF}{C \times \left(1 - \dfrac{d}{p}\right)}} = \sqrt{\dfrac{2 \times 7\,200 \times 30}{5 \times \left(1 - \dfrac{20}{50}\right)}} = 1\,200$(件)

$\text{TC}(Q^*) = \sqrt{2AFC\left(1 - \dfrac{d}{p}\right)} = \sqrt{2 \times 7\,200 \times 300 \times 5 \times \left(1 - \dfrac{20}{50}\right)} = 3\,600$(元)

陆续供应和使用的经济订货量模型,还可以用于自制和外购的选择决策。自制零件属于边送边用的情况,单位成本可能较低,但每批零件投产的生产准备成本比一次外购订货的订货成本进货费用可能高出许多。外购零件的单位成本可能较高,但订货成本进货费用可能比较低。企业要在自制零件和外购零件之间做出选择,需要全面衡量它们各自的总成本,进而做出决策。这时,就可借用陆续供应或瞬时补充的模型。

(三) 有批量折扣的经济批量模型

前述两个经济批量模型均假设存货采购单价不随批量而变动。但事实上,许多企业在销售时都有批量折扣,即对大批量采购在价格上给予一定的优惠(会计核算上的商业折扣)。在这种情况下,确定存货订购批量,不仅要考虑订货成本和储存成本,还要考虑采购成本。有批量折扣的经济订货批量一般按下列步骤进行决策:

(1) 计算无批量折扣情况下的经济订货批量及其存货总成本;

(2) 计算在不同批量下的相关总成本(注意不同批量下购置成本计算时价格有差别);

(3) 比较不同批量下的存货相关总成本,相关总成本最低的批量就是最佳订货批量。

【例 8-18】某企业年需要甲零件 90 000 件,采购价格为 60 元/件,每次订货成本进货费用为 200 元,每件年储存成本为 4 元。供应商规定,如果一次订货达 4 000 件,就可得到 2% 的价格折扣。要求确定该企业采购甲零件的经济订货量。

(1) 在计算无价格折扣情况下的订货批量:

经济批量为:

$$Q^* = \sqrt{\frac{2 \times 90\,000 \times 200}{4}} = 3\,000 \text{(件)}$$

(2) 计算不同批量下的相关总成本:

按 3 000 件批量计算的存货相关总成本为:

$$TC = \frac{90\,000}{3\,000} \times 200 + \frac{3\,000}{2} \times 4 + 90\,000 \times 60 = 5\,412\,000 \text{(元)}$$

按 4 000 件批量计算的相关总成本为:

$$= \frac{90\,000}{4\,000} \times 200 + \frac{4\,000}{2} \times 4 + 90\,000 \times (1 - 2\%) \times 60 = 5\,304\,500 \text{(元)}$$

所以,每次订购 4 000 件时,存货的总成本可以降低,因此经济订货量是 4 000 件。

三、存货的再订货点

一般情况下,企业的存货不能做到随时补充,因此不能等存货用光再去订货,而需要在没有用完时提前订货。在提前订货的情况下,企业再次发出订单时,尚有存货的库存量,称为再订货点,用 R 来表示,它的数量等于交货时间(L:自发出订单至货物到达所需的时间也称订货提前期)和每日平均需用量(d)的乘积:

$$R = L \times d$$

【例 8-19】承接【例 8-18】假设企业的订货提前期为 10 天,每日存货需要量为 250 件,那么:

$$R = L \times d = 10 \times 250 = 2\,500 \text{(件)}$$

即当企业的存货量下降到 2 500 件时,就应考虑再次订货,等到下批订货到达时,原有库存刚好用完。此时,有关存货的每次订货批量、订货次数、订货间隔时间等并无变化,与之前瞬时补充时相同。这也就是说,订货提前期对经济订货量并无影响,可仍以原来瞬时补充情况下的 4 000 件为订货批量,只不过在达到再订货点(库存 2 500 件)时即发出订货单罢了。

四、存货的 ABC 控制法

ABC 控制法是 19 世纪的意大利经济学家巴雷特首创的。经过长期的生产实践，现已成为存货管理、成本管理和生产管理的重要管理方法。

所谓 ABC 控制法就是按照一定的标准，将企业的存货划分为三类，分别实行分品种重点管理、分类别一般控制和按总额灵活掌握的存货管理方法。对一个大型企业来说，常常有成千上万个存货项目。在这些项目中，有些存货的价值大，有些存货的价值小；有些存货的数量多，有些存货数量少。如果不分重点、主次，对每一个项目的存货都进行周密的规划和严格的控制，不仅会使管理工作变得复杂，而且容易造成顾此失彼的局面。ABC 控制法正是针对这种情况而提出来的，使企业对于存货的管理分清主次、突出重点，提高存货管理的效率。

运用 ABC 控制法进行存货管理，一般应遵循以下几个步骤：

（1）按存货单价由高到低顺序编制存货清单；

（2）计算每类（种）存货的资金占用额及其占存货总额的比重；

（3）根据事先制定好的标准，将各项存货划分为 A、B、C 三类。一般的划分标准是：将单价高、资金占用额大、对企业十分重要的存货作为 A 类，给予重点管理；将单价和资金占用中等的存货作为 B 类，给予次重点管理；将单价低、品种数量多、资金占用比重小、管理价值低的存货项目作为 C 类，给予一般管理。

【本章小结】

营运资金有广义和狭义之分。广义的营运资金是指总营运资金，包含企业生产经营活动中的流动资产和流动负债；狭义的营运资金则是指净营运资金，是流动资产减去流动负债的差额。通常所说的营运资金多指后者。营运资金管理要做好其持有、配置和筹集的规划。

营运资金的筹集主要有银行短期借款和商业信用两种方式。银行借款：筹资速度快、成本较低、资金弹性好、便于利用财务杠杆效应，但财务风险高、筹资数额有限；商业信用：筹资方便、可能没有实际成本、限制条件少，但资金使用时间较短、可筹资金数量有限，如果放弃现金折扣，则要付出很高的资金成本。

营运资金主要占用在现金、应收款和存货这三种流动资产上面，需要对这三类流动资产合理规划和使用。

【技能训练题】

1. 丙公司是一家汽车配件制造企业，近期的销售量迅速增加。为满足生产和销售的需求，丙公司需要筹集资金 495 000 元用于增加存货，占用期限为 30 天。现有三个可满足资金需求的筹资方案：

方案1：利用供应商提供的商业信用，选择放弃现金折扣，信用条件为"2/10，N/40"。

方案2：向银行贷款，借款期限为 30 天，年利率为 8%。银行要求的补偿性余额为借款额的 20%。

方案3：以贴现法支付利息向银行借款，借款期限为 30 天，月利率为 1%。要求：

(1) 如果丙公司选择方案1，计算其放弃现金折扣的机会成本。

(2) 如果丙公司选择方案2，为获得 495 000 元的实际用款额，计算该公司应借款总额和该笔借款的实际年利率。

(3) 如果丙公司选择方案3，为获得 495 000 元的实际用款额，计算该公司应借款总额和该笔借款的实际年利率。

(4) 根据以上各方案的计算结果，为丙公司选择最优筹资方案。

2. 如果 A 公司正面对着甲、乙两家提供不同信用条件的卖方，甲公司的信用条件为"3/10，n/30"；乙公司的信用条件为"2/20，n/30"。要求：

(1) 计算这两家放弃现金折扣的成本；

(2) 如果 A 公司在 10～30 天之间用该笔应付账款有一投资机会，投资回报率为 60%，A 公司是否应在 10 天内归还甲公司的应付账款？

(3) 如果 A 公司短期借款筹集资金的资金成本是 30%，则企业是否应当享受乙公司提供的现金折扣？

(4) 当 A 公司准备享有现金折扣，那么应选择哪家供应商？

3. 已知：某公司现金收支平衡，预计全年（按 360 天计算）现金需要量为 250 000 元，现金与有价证券的转换成本为每次 500 元，有价证券年利率为 10%。要求：

(1) 计算最佳现金持有量。

(2) 计算最佳现金持有量下的全年现金管理相关总成本、全年现金转换成本和全年现金持有机会成本。

(3) 计算最佳现金持有量下的全年有价证券交易次数和有价证券交易间隔期。

(4) 若企业全年现金管理的相关总成本想控制在 4 500 元以内，想通过控制现金与有价证券的转换成本达到此目标，则每次转换成本的限额为多少？

4. 某企业预测年度销售收入净额为 4 500 万元，现销与赊销比例为 1:4，应收账款平均收账天数为 60 天，变动成本率为 50%，企业的资金成本率为 10%。一年按 360 天计算，要求：

(1) 计算年赊销额。

(2) 计算应收账款的平均余额。

(3) 计算维持赊销业务所需要的资金额。

(4) 计算应收账款的机会成本。

(5) 若应收账款平均余额需控制在 400 万元，在其他因素不变的情况下，应收账款平均收账天数应调整为多少天？

5. 某企业全年需用某种零件 72 000 件，每件价格为 3 元，若一次购买量达到 4 000 件时，则可获 3% 的价格优惠。已知固定订货成本每年为 10 000 元，变动订货成本每次 600 元，固定储存成本每年为 50 000 元，单位变动储存成本 15 元。如自行生产，每件成本为 2.5 元，每天可生产 400 件，每天耗用 200 件，固定的生产准备费用每年 12 000 元，每次变动生产准备费用 240 元，自制零件的单位变动储存成本 12 元，固定储存成本每年为 50 000 元。要求：

（1）企业每次订购多少件才能使该零件的总成本最低？
（2）若自制该零件，应分多少批生产才能使生产准备成本与储存成本之和最低？
（3）比较企业自制与外购的总成本，应选择何方案？
（4）计算最高库存量和平均库存量。

第九章 财务分析

【学习目的与要求】

了解企业财务分析的概念与内容；掌握偿债能力、营运能力和盈利能力分析的基本财务指标；熟悉年度财务分析报告的形式与内容。

【案例导入】

莲花味精公司出了啥问题？①

资料一： 河南莲花味精股份有限公司（以下简称莲花味精公司）是国务院最早确定的520家重点企业之一，也是国家农业产业化重点龙头企业。莲花味精公司以食品生产经营为主营业务，并于1998年8月在上交所挂牌上市，2010年末资产总额达到32.77亿元，年产销味精30万吨，长期占据中国市场主导地位，号称中国味精生产龙头企业。2010年4月25日，一则出人意料的消息使这家模范企业受到了广泛的关注。河南莲花味精公司因"非正常调查发现公司涉嫌虚增会计利润、重大事项未披露等原因，涉嫌违反证券法律法规"，收到证监会正式立案通知书。

资料二： 莲花味精公司相关年份年报显示，短期借款2007年末为6.10亿元、2008年末为7.29亿元、2009年末为6.9亿元、2010年末为8.32亿元，以上短期借款均在年末逾期并且未办理展期手续。截至2010年末，莲花味精公司应收账款总额为7.36亿元，其中一年内到期的应收账款为1.80亿元，占应收账款总额的25.12%；三年期以上的应收账款达4.33亿元，占应收账款总额的61.90%（一般上市公司一年内到期应收账款占总应收账款比例均在70%左右）；应收账款最多的4家客户合计达到应收账款总额的8.02%。莲花味精公司坏账准备计提方法为：账龄在1年以内的计提5%；1～2年的计提7%；2～3年的计提10%；3年以上的计提15%（上市公司对2～

---

① 资料来源：施天霞，李奇丽，陈蓉："莲花味精应收账款内部控制案例研究"，《会计之友》，2011年第5期，第24～26页。

3 年的应收账款大多以 20%～50% 计提坏账准备，对 3 年以上的应收账款按 50%～100% 计提坏账准备）。2010 年度莲花味精公司净利润 0.22 亿元。

【思考】根据案例给出的信息，你对莲花味精公司的财务状况和经营业绩有什么看法？如果你是投资人，应该怎样搜集和理解企业的财务报表信息？

基本财务能力分析

一、财务分析的概念与内容

财务分析是以企业财务报表和其他资料为依据和起点，采用专门方法，系统分析和评价企业过去和现在的经营成果、财务状况及其变动。目的是了解过去、评价现在、预测未来，帮助利益关系集团改善决策。财务分析最基本的功能，是将大量的报表数据转换成对特定决策有用的信息，减少决策的不确定性。

财务报表分析的起点是财务报表，分析使用的数据大部分来源于公开发布的财务报表。因此，财务分析的前提是正确理解财务报表。财务分析的结果是对企业的偿债能力、盈利能力和营运能力做出评价，或找出存在的问题。财务报表分析是认识过程，通常只能发现问题而不能提供解决问题的现成答案，只能做出评价而不能改善企业的状况。如同医疗上的检测设备和程序，能检查一个人的健康状况但不能治病，但分析越深入越容易对症治疗。因此，财务分析又是十分重要的。企业基本财务能力分析包括：（1）偿债能力分析；（2）营运能力分析；（3）盈利能力分析。

【知识拓展】

财务报表分析的变迁

一般认为，财务报表分析产生于 19 世纪末 20 世纪初。最早的财务报表分析主要是为银行服务的信用分析，资本市场形成后发展出了盈利分析，财务报表分析由主要为贷款银行服务扩大到为投资人服务。随着社会筹资范围扩大，非银行的贷款人和股权投资人增加，公众进入资本市场，财务报表分析开始对企业的盈利能力、筹资结构、利润分配进行分析，发展为比较完善的外部分析体系。公司组织发展起来后，财务报表分析由外部分析扩大到内部分析，以改善内部经营管理服务。经理人员为改善盈利能力和偿债能力，以取得投资人和债权人的支持，开发出了内部分析。内部分析不仅可以利用公开财务报表的数据，而且可以利用内部成本、预算方面的数据进行深入的分析，找出管理行为和报表数据的关系，通过管理来改善未来的财务报表。

二、基本财务能力分析

(一) 偿债能力分析

偿债能力是指企业偿还到期债务的能力。偿债能力包括短期偿债能力分析和长期偿债能力分析两个方面。

1. 短期偿债能力分析

短期偿债能力,是指企业以流动资产偿还流动负债的能力,它是企业可以在近期由流动资产转变为多少现金的能力。反映短期偿债能力的指标主要有流动比率、速动比率和现金比率。

(1) 流动比率。流动比率是流动资产除以流动负债的比值,表明企业每1元流动负债有多少元流动资产作为偿还的保证,反映企业可在短期内转变为现金的流动资产偿还到期流动负债的能力。其计算公式为:

$$流动比率 = 流动资产 \div 流动负债$$

企业能否偿还短期债务,要看有多少短期债务,以及有多少可变现偿债的流动资产。流动资产越多,短期债务越少,则偿债能力越强。如果用流动资产偿还全部流动负债,企业剩余的是营运资金(流动资产-流动负债=营运资金),营运资金越多,说明不能偿还短期债务的风险越小。营运资金的多少可以反映偿还短期债务的能力。但是,营运资金是绝对数,如果企业之间规模相差很大,绝对数相比意义有限,而流动比率是流动资产和流动负债的比值,是个相对数,排除了企业之间以及本企业不同历史时期的比较。

一般认为,生产企业合理的最低流动比率是2。这是因为流动资产中变现能力最差的存货金额约占流动资产总额的一半,剩下的流动性较大的流动资产至少要等于流动负债,企业的短期偿债能力才有保证。

虽然流动比率越高,企业偿还短期债务的流动资产保证程度越强,但这并不等于说企业已有足够的现金或存款用来偿债。流动比率高也可能是存货积压、应收账款增多,甚至可能是待摊费用等增加所致,而真正能够用来偿债的现金和存款却严重短缺。所以,企业应在分析流动比率的基础上,进一步对现金流量加以考察。

尽管从短期债权人的角度看,自然希望流动比率越高越好。但从企业经营角度看,过高的流动比率通常意味着企业闲置现金的持有量过多,必然造成企业机会成本的增加和获利能力的降低。因此,企业应尽可能将流动比率维持在不使货币资金闲置的水平。

计算出来的流动比率,只有和同行业平均流动比率、本企业历史的流动比率进行比较,才能知道这个比率是高还是低。

(2) 速动比率。速动比率是企业速动资产与流动负债的比率。所谓速动资产,是指流动资产中扣除存货部分,再除以流动负债的比值。速动比率的计算公式为:

$$速动比率 = (流动资产 - 存货) \div 流动负债$$

为什么在计算速动比率时要把存货从流动资产中剔除呢?主要原因是:①在流动资产中存货的变现速度最慢;②由于某种原因,部分存货可能已损失报废还没做处理;③部分存货已抵押给某债权人;④存货估价还存在着成本与合理市价相差悬殊的问题。综合以上原因,在不希望用变卖存货的办法还债情况下,速动比率反映的短期偿债能力更加可信。

西方企业传统经验认为,速动比率为1时比较正常,低于1则被认为短期偿债能力偏低。当然,这仅是一般的看法,因为在不同行业,速动比率会有很大差别,没有统一标准的速动比率。例如,采用大量现金销售的商店,几乎没有应收账款,速动比率大大低于1是很正常的。相反,一些应收账款较多的企业,速动比率可能要大于1。影响速动比率可信性的重要因素是应收账款的变现能力。

在分析速动比率时需注意的是:尽管速动比率更能比流动比率反映出流动负债偿还的安全性和稳定性,但并不能认为速动比率较低的企业的流动负债到期绝对不能偿还。实际上,如果企业存货流转通畅,变现力较强,即使速动比率较低,只要流动比率高,企业仍然有望偿还到期的债务本息。

【知识拓展】

影响速动比率的其他因素

流动资产还包括待摊费用等已不具备变现能力费用化资产、变现时间比存货还要长的预付账款等项目,也不应归入速动资产。因此,当这些资产占用较多的时候,按照下式计算速动比率反映的偿债能力更加可靠。

速动比率=(流动资产-存货-预付账款-待摊费用)÷流动负债

(3)现金比率。现金比率,是现金资产与流动负债的比值。企业速动资产中流动性最强、可直接用于偿还债务的资产称为现金资产,包括货币资金、交易性金融资产等,它们与其他速动资产有区别,其本身就是可以直接偿债的资产,其他速动资产需要等待不确定的时间再转换为不确定金额的现金。其计算公式如下:

现金比率=(货币资金+交易性金融资产)÷流动负债

现金比率假设现金资产是可用于偿还债务的资产,表明每1元流动负债有多少现金资产作为偿还保障。

【知识拓展】

影响变现能力的其他因素

上述变现能力指标,都是从财务报表资料中取得的。还有一些财务报表中资料没有反映出来的因素,也会影响企业的短期偿债能力。财务报表的使用者多了解些这方面的情况,有利于做出正确的判断。

1. 增强变现能力的因素

企业流动资产的实际变现能力,可能比财务报表项目反映的变现能力要好一些,主要有以下几个因素:①可以动用的银行贷款指标:银行已同意、企业未办理贷款手续的银行贷款限额,可以随时增加企业的现金,提高支付能力。②准备很快变现的长期资产:由于某种原因,企业可能将一些长期资产很快出售变为现金,增强短期偿债能力。③偿债能力的声誉：如果企业的长期偿债能力一贯很好，有一定的声誉，在短期偿债能力方面出现困难时，可以很快地通过发行债券和股票等办法解决资金的短缺问题，提高短期偿债能力。这个增强变现能力的因素，取决于企业自身的信用声誉和当时的筹资环境。

2. 减弱变现能力的因素

减弱企业流动资产变现能力的因素中未在财务报表中反映的主要是未作记录的或有负债。这些没有记录的或有负债一旦成为事实上的负债，将会加大企业的偿债负担。

2. 长期偿债能力分析

长期偿债能力，是指企业偿还长期负债的能力。其分析指标主要有四项：

（1）资产负债率。资产负债率又称负债比率，是企业负债总额除以资产总额的百分比，也就是负债总额与资产总额的比例关系。资产负债率反映在总资产中有多大比例是通过借债来筹资的，也可以衡量企业在清算时保护债权人利益的程度。其计算公式如下：

$$资产负债率 = （负债总额 \div 资产总额）\times 100\%$$

公式中的负债总额不仅包括长期负债，还包括短期负债。这是因为，短期负债作为一个整体，企业总是长期占用着，可以视为长期性资本来源的一部分。例如，一个应付账款明细科目可能是短期的，但企业总是长期性地保持一个相对稳定的应付账款总额。这部分应付账款可以看成是长期性资本来源的一部分。本着稳健原则，将短期债务包括在用于计算资产负债率的负债总额中是合适的。

资产负债率指标值越小，表明企业的长期偿债能力越强。但对于理性分析者来说，不能只简单地观察每1元债务有多少资产作担保就匆匆下结论，还必须对资产结构进行分析，简单地说，就是流动资产与固定资产的比例关系如何。长期偿债能力分析的目的是长期债务的安全性保障程度，资产结构对其影响主要有两个方面：其一，长期资产是企业长期债务的重要保障；其二，资产结构对经营风险有较大影响，在某种程度上对未来的收益水平发挥作用，因为固定资产与流动资产不同，其流动性较弱，但其收益性要高于流动资产，如果企业提高固定资产比重，就能为企业未来创造更多收益提供条件，却会削弱企业的短期偿债能力。

资产负债率还要注意与同行业平均水平相比较，不同行业的资产负债率有较大的差异。通过同行业水平的比较，可据以评价企业的偿债风险水平。

不同分析主体往往因不同利益驱动而从不同角度来评价资产负债率。对债权人来说，他们最为关心的是所提供的信贷资金的安全性，希望能于约定的时间收回本息，这必然决定了债权人总是希望资产负债率越低越好。对所有者而言，首要目标就是要提高投资收益水平，并且将投入的资本维持在适度的风险水平上。由于负债能为所有者投入资本带来杠杆收益，而且不会稀释其股权，所有者自然会期望利用债务以提高企业的盈利水平。因此在所有者看来，只要全部资本利润率超过借入款项的利率（即借入资本的成本），负债比率越高越好。从企业经营管理者的立场看，如果举债很大，超出债权人心理承受程度，企业就借不到钱。如果企业不举债，或举债比例很小，说明企业畏缩不前，对前途信心不足，利用债权人资本进行经营活动的能力很差。从财务管理角度来看，企业应当审时度势，全面考虑，在利用资产负债率制定借入资本决策时，必须充分估计预期的利润和增加的风险，在二者之间权衡利害得失，做出正确决策。

（2）产权比率。是资产负债表右边两类不同性质资本来源的比值，即企业两类不同产权人的投资额之比，也称为债务股权比率。产权比率也是衡量长期偿债能力的指标之一。其计算公式如下：

产权比率 =（负债总额÷股东权益总额）×100%

该项指标反映了债权人提供的资本与股东提供的资本的相对关系，反映企业基本财务结构是否稳定。产权比率高，是高风险、高报酬的财务结构；产权比率低，是低风险、低报酬的财务结构，但同时也说明了企业不能充分地发挥负债的财务杠杆效应。

产权比率与资产负债率的关系是：

产权比率 = 资产负债率÷（1 - 资产负债率）

产权比率与资产负债率对评价偿债能力的作用基本相同，但资产负债率侧重于债务偿还的物质保障程度，产权比率则侧重于揭示财务结构的稳健程度以及自有资金对偿债风险的承受能力。该指标同时也表明债权人投入资本受到股东权益保障的程度，或者说是企业清算时对债权人利益的保障程度。

【知识拓展】

股东权益比率、权益乘数

股东权益比率：是股东权益总额与资产总额的比率，该比率反映资产总额中有多大比例是所有者投入的。其计算公式为：

股东权益比率 =（股东权益总额÷资产总额）×100%

由上式可知，股东权益比率与资产负债率之和等于1。因此，这两个比率是从不同的侧面来反映企业长期财务状况的，股东权益比率越大，负债比率就越小，企业的财务风险也越小，偿还长期债务的能力就越强。

权益乘数：股东权益比率的倒数称为权益乘数，即资产总额是股东权益总额的多少倍。权益乘数反映了企业股权资本的放大倍数，是财务杠杆的另一种表现。权益乘数越大，说明股东投入的资本在资产中所占比重越小，财务杠杆越大。其计算公式为：

权益乘数 = 资产总额÷股东权益总额
　　　　 = 1÷（1 - 资产负债率）
　　　　 = 1 + 产权比率

（3）有形净值债务率。有形净值债务率是企业负债总额与有形净值的百分比。有形净值是股东权益减去无形资产净值后的净值，即股东具有所有权的有形资产的净值。其计算公式为：

有形净值债务率 = [负债总额÷（股东权益总额 - 无形资产净值）]×100%

有形净值债务率实质上是产权比率指标的延伸，它更为谨慎、保守地反映在企业清算时投入的资本受到股东权益保障的程度。从长期偿债能力来讲，该比率越低越好。

（4）已获利息倍数。已获利息倍数指标是指企业息税前利润与利息费用的比率，用以衡量企业偿付债务利息的能力，也叫利息保障倍数。其计算公式如下：

已获利息倍数 = 息税前利润 ÷ 利息费用

公式中的"息税前利润"是指损益表中未扣除利息费和所得税之前的利润。由于我国损益表并未将利息费用单列，企业外部报表分析者只好用"利润总额加上财务费用"来确定息税前利润。公式中的利息是指企业当期全部应计利息，不仅包括利息费用，而且还包括已资本化的利息，因为计入长期资产成本的资本化利息，虽不在损益表中反映，但仍需定期偿还，与计入财务费用的利息并无本质上的差别。

已获利息倍数指标反映企业息税前利润为所需支付的债务利息的多少倍。只要已获利息倍数足够大，企业就有充足的能力偿付利息，否则相反。

究竟企业已获息税前利润是应付利息的多少倍，才算偿付利息能力强？这需要将该企业的这一指标与其他企业，特别是本行业平均水平进行比较，来分析决定本企业的指标水平。同时从稳健性角度出发，最好比较本企业连续几年的该项指标，并选择最低指标年度的数据，作为标准。这是因为，企业在经营好的年头要偿债，而在经营不好的年头也要偿还大约同量的债务。采用指标最低年度的数据，可保证最低的偿债能力。

【知识拓展】

现金流量比率与现金流量债务比

现金流量比率，是经营活动现金流量净额与期末流动负债的比值。其计算公式为：

现金流量比率 = 经营活动现金流量净额 ÷ 期末流动负债

现金流量债务比，是经营活动现金流量净额与期末负债总额的比值。其计算公式为：

现金流量债务比 = 经营活动现金流量净额 ÷ 期末债务总额

上述两式中的分子，使用现金流量表中的"经营活动产生的现金流量净额"，已经扣除了经营活动自身所需的现金流出，是可以用于偿债的现金流量；式中的分母，使用负债的期末数而非平均数，因为实际需要偿还的债务是期末数而非平均数。

上述两个指标表明，企业每1元负债的经营活动现金流量保障程度，该比率越高，债务偿还越有保障。

在反映企业债务偿还能力方面，该两项比率比其他以存量资产作为计算依据的偿债能力指标更具有说服力。其一，现金流量克服了其他可偿债存量资产未来变化及变现能力等问题；其二，实际用来偿还债务的通常是现金而不是其他可偿债存量资产。

（二）营运能力分析

营运能力是反映企业对生产经营资金利用效率的能力，体现着企业的经营绩效。营运能力分析相当重要，其财务分析指标主要包括：营业周期、存货周转率、应收账款周转率、流动资产周转率和总资产周转率。

1. 营业周期

营业周期是指从取得存货开始到销售存货并收回现金为止的这段时间。营业周期的长短取决于存货周转天数和应收账款周转天数。营业周期的计算公式如下：

营业周期 = 存货周转天数 + 应收账款周转天数

把存货周转天数和应收账款周转天数加在一起计算出来的营业周期，指的是取得的存货需要多长时间能变为现金。一般情况下，营业周期短，说明资金周转速度快；营业周期长，说明资金周转速度慢。

2. 存货周转率

在流动资产中，存货所占的比重较大。存货的流动性，将直接影响企业的流动比率，因此，必须特别重视对存货的分析。存货的流动性，一般用存货的周转速度指标来反映，即存货周转率或存货周转天数。

存货周转率是销售收入或主营业务成本与存货平均资金占用额的比例，是反映企业流动资产流动性的一个指标，也是衡量和评价企业购入存货、投入生产、销售收回等各环节管理状况的综合性指标。其计算公式是：

存货周转率(次数) = 销售收入 ÷ 存货平均余额

或　　　　　　　　 = 主营业务成本 ÷ 存货平均余额

存货周转率(天数) = 360 ÷ 存货周转次数

公式中的销售收入、主营业务成本数据来自利润表，存货平均余额来自资产负债表中的"期初存货"与"期末存货"的平均数。

计算存货周转率时，使用"销售收入"还是"销售成本"作为周转额，要看分析的目的。在短期偿债能力分析中，为了评估资产的变现能力需要计量存货转换为现金的金额和时间，应采用"销售收入"。在分解总资产周转率时，为系统分析各项资产的周转情况并识别主要的影响因素。应统一使用"销售收入"计算周转率。如果是为了评估存货管理的业绩，应当使用"销售成本"计算存货周转率，使其分子和分母保持口径一致。实际上，两种周转率的差额是毛利引起的，用哪一个计算都能达到分析目的。

一般说来，存货周转速度越快，存货的占用水平越低，流动性越强，存货转换为现金、应收账款等的速度越快。提高存货周转率可以提高企业的变现能力，而存货周转速度越慢，则变现能力越差。

【知识拓展】

存货周转率指标分析应注意的问题

（1）存货计价方法对存货周转率指标具有较大的影响。因此，在分析企业不同时期或不同企业的存货周转率时，应注意存货计价口径的一致。

（2）应注意应付款项、存货和应收账款（或销售）之间的关系。一般说来，销售增加会拉动应收账款、存货、应付账款增加，不会引起周转率的明显变化。但是，当企业接受一个大的订单时，先要增加采购，然后依次推动存货和应收账款增加。最后才引起收入上升。因此，在该订单没有实现销售以前先表现为存货等周转天数增加，这种周转天数增加并非是坏事；与此相反，预见到销售会萎缩时，先行减少采购，依次引起存货周转天数的下降，这种周转天数下降也并非就是好事，并非说明资产管理得到改善。

（3）应关注构成存货的产成品、自制半成品、原材料、在产品和低值易耗品之间的比例关系。各类存货的明细资料以及存货重大变动的解释，在报表附注中应有披露，正常情况下，它们之间存在某种比例关系。如果产成品大量增加，其他项目减少，很可能是销售不畅，放慢了生产节奏。此时，总的存货金额可能并没有显著变动，甚至尚未引起存货周转率的显著变化。因此，在分析时既要重点关注变化大的项目，也不能完全忽视变化不大的项目，其内部可能隐藏着重要问题。对此，可通过计算各项目周转率指标进行进一步的分析，相关计算公式如下：

$$原材料周转率 = 耗用成本 \div 平均原材料存货$$

$$在产品周转率 = 制造成本 \div 平均在产品存货$$

$$产成品周转率 = 主营业务成本 \div 产成品平均余额$$

（4）存货的批量因素、季节性生产的变化情况等，也会对存货周转率指标产生影响。

存货周转率分析的目的是从不同的角度和环节找出存货管理中的问题，使存货管理在保证生产经营连续性的同时，尽可能少占用经营资金，提高资金的使用效率，增强企业短期偿债能力，促进企业管理水平的提高。

3. 应收账款周转率

应收账款周转率是一定时期内商品或产品销售收入净额与平均应收账款余额的比值，是反映应收账款周转速度的指标，表示年度内应收账款转为现金的平均次数。用时间表示的应收账款周转速度是应收账款周转天数，也称为平均应收账款回收期或平均收现期，它表示企业从取得应收账款的权利到收回款项（转换为现金）所需要的时间。其计算公式为：

$$应收账款周转率(次数) = 销售收入净额 \div 应收账款平均余额$$

$$应收账款周转率(天数) = 360 \div 应收账款周转率$$

$$= (应收账款平均余额 \times 360) \div 销售收入净额$$

公式中的"销售收入"数据来自利润表，是指扣除折扣和折让后的销售净额。"应收账款平均余额"是指未扣除坏账准备的应收账款金额，它是资产负债表中"期初应收账款余额"与"期末应收账款余额"的平均数。

一般说来，应收账款周转率越高，平均收现期越短，说明应收账款的收回越快。周转率高表明：①收账迅速、账龄较短；②资产流动性强，短期偿债能力强；③可以减少收账费和坏账损失，从而相对增加企业流动资产的投资收益。否则，企业的营运资金会过多地呆滞在应收账款上，影响该指标正常周转。

应收账款分析应与销售额分析、现金分析联系起来。应收账款的起点是销售，终点是现金。正常的情况是销售增加引起应收账款增加，现金的存量和经营现金流量也会随之增加。如果一个企业应收账款日益增加，而销售和现金日益减少，则可能是销售出了比较严重的问题。比如放宽信用政策、随意发货等导致现金收不回来，甚至可能是虚报收入。

【知识拓展】

应收账款周转率指标的影响因素及其化解

影响应收账款周转率指标正确计算的因素有：第一，季节性经营企业使用这个指标时不能反映实际情况；第二，大量使用分期收款结算方式；第三，大量使用现金结算的销售；第四，年末销售大量增加或年末销售大幅度下降；第五，应收账款减值准备金额较大。这些因素对该指标计算结果产生较大的影响。财务报表的外部使用人可以将计算出的指标与该企业前期指标、与行业平均水平或其他类似企业的指标相比较，判断该指标的高低。

4. 流动资产周转率

流动资产周转率是销售收入净额与全部流动资产的平均余额的比值。其计算公式为：

流动资产周转率（次数）= 销售收入净额 ÷ 流动资产平均余额

流动资产周转率（天数）=（流动资产平均余额 × 360）÷ 销售收入净额

其中：流动资产平均余额 =（年初流动资产 + 年末流动资产）÷ 2

流动资产周转率反映流动资产的周转速度。在一定时期内，流动资产周转次数越多，表明以相同的流动资产完成的周转额越多，流动资产利用效果越好。周转速度快，会相对节约流动资产，等于相对扩大资产投入、增强企业盈利能力；而延缓周转速度，需要补充流动资产参加周转，会形成资金浪费，降低企业盈利能力。流动资产周转天数表明流动资产在经历生产和销售各阶段时所占用的时间。

5. 总资产周转率

总资产周转率是销售收入净额与总资产平均余额的比值。其计算公式为：

总资产周转率（次数）= 销售收入净额 ÷ 总资产总额平均余额

总资产周转率（天数）=（总资产平均余额 × 360）÷ 销售收入净额

其中：总资产总额平均余额 =（年初资产总额 + 年末资产总额）÷ 2

该指标反映资产总额的周转速度。周转越快，反映销售能力越强，表明企业全部资产的使用效率越高；如果这个比率较低，说明使用效率较差，最终会影响企业的盈利能力。企业可以通过薄利多销的办法，处理多余资产的办法来加速资产的周转，带来利润绝对额的增加。

上述各项资产的周转率指标主要用于衡量企业运用资产赚取收入的能力，还可以与反映盈利能力的指标结合在一起使用，用于全面评价企业的盈利能力。

（三）盈利能力分析

盈利能力就是企业赚取利润的能力。它是企业内外有关各方都日益重视和关心的中心问题。因此，企业盈利能力分析十分重要。反映企业盈利能力的指标很多，通常使用的主要有销售毛利率、主营业务利润率、成本费用利润率、总资产报酬率、资产净利率等。

1. 销售毛利率

销售毛利率是指企业的销售毛利与销售收入净额的比率。其计算公式为：

销售毛利率＝（销售毛利÷销售收入净额）×100%

其中，销售收入净额是扣除销售退回、销售折让及折扣的差额，销售毛利是销售收入净额与销售成本的差额，商品流通企业商品销售成本为商品的进价成本，而制造企业则为产品的生产或制造成本。

【知识拓展】

毛利是什么？

毛利是利润形成的基础，销售毛利扣除经营期间费用后即为经营利润。可见，销售毛利率反映了企业产品或商品销售的初始获利能力，有的企业习惯使用销售成本率指标，两者本质上是相同的，两指标的关系可用公式表示为：

销售毛利率＝1－销售成本率

以上关系说明，要提高销售毛利率，唯一措施就是降低销售成本率。要达到此目的，一方面要根据市场对商品需求制定合理的价格政策，价格过高，虽然提高了毛利率，但影响销售总量，为此，有的企业采用薄利多销的价格策略；另一方面，要加强对商品的进货成本控制，把住进货渠道这一关，努力降低进货成本，强化生产环节成本的控制。

不可忽视的是，企业会计政策的选择也可能在一定程度上影响生产成本的确定，如存货计价方法、坏账的处理方法及固定资产折旧方法的使用等，这要求企业在对不同时期毛利率进行纵向比较或不同企业进行横向比较时予以关注。

2. 主营业务利润率

主营业务利润率是指企业一定时期实现的主营业务利润同主营业务收入净额的比率。它表明企业每单位主营业务收入所能实现的销售利润，是反映企业主营业务的获利能力的重要指标。其计算公式为：

主营业务利润率＝（主营业务利润÷主营业务收入净额）×100%

其中：主营业务利润是企业销售收入净额扣除主营业务成本、主营业务税金及附加后的利润额，不包括其他业务利润、长期投资收益及营业外收支等项目。

主营业务利润是企业利润总额最主要的组成部分，其盈利能力的强弱将对企业最终盈利水平起决定性作用，而且主营业务具有相对稳定的特点，能够保证企业持续稳定经营下去，主营业务利润率越高，说明企业产品附加价值越高，营销策略得当，产品获利水平高。

在价格一定的情况下，主营业务利润和成本费用存在着此消彼长的关系，主营业务利润率分析要注意结合成本费用分析。另外，各行业的主营业务利润率存在着较大的差异。一般说来，越是资本密集型的企业，其主营业务利润率就可能越高；反之，资本密集程度低的行业，其主营业务利润率可能低些，分析时应结合相应行业标准，观察被分析企业在该行业中的地位和竞争能力。

3. 成本费用利润率

成本费用利润率是企业一定时期的利润总额同企业成本费用总额的比率。该指标表示

企业为取得利润而付出的代价,反映所耗与所得关系,从企业支出方面评价企业的收益能力,其计算公式为:

$$成本费用利润率 = (利润总额 \div 成本费用总额) \times 100\%$$

其中,成本费用总额指企业主营业务成本、营业费用、管理费用、财务费用之和,利润总额包括营业利润、投资净收益和营业外收支净额。该比率越高,表明企业为取得利润而付出的代价越小,企业成本费用控制得越好,获利能力越强。由于该指标从耗费角度评价企业收益状况,有利于促进企业加强内部管理、节约开支,提高经济效益。

4. 总资产报酬率

总资产报酬率是指企业一定时期内获得的报酬总额(息税前利润)与总资产平均余额的比率。该指标是用来衡量企业全部资产的总体获利能力,是评价企业资产运营效益的重要指标。其计算公式为:

$$总资产报酬率 = [(利润总额 + 利息支出) \div 总资产平均余额] \times 100\%$$

其中,利息支出是计入财务费用中的利息支出。

一般情况下,该指标数值越高,则表明企业投入产出水平越好,资产运营效果越好。总资产报酬率作为评价资产运营效果的财务指标,要求企业选择获利能力高的投资项目,充分有效地运用企业控制的资产,合理进行资产组合和重组,及时处理闲置、积压资产,最大限度地发挥企业全部资产的效率。此外,分析总资产报酬率也有利于企业资金筹措和融资决策,通过总资产报酬率与市场利率的比较可为筹措债务资本提供基本的决策依据,如果总资产报酬率大于市场利率,则表明企业可适当利用财务杠杆,进行负债经营,以获取尽可能多的收益;相反,企业负债筹资将得不偿失。

5. 净资产利润率

净资产利润率是指企业一定时期内实现的净利润同净资产平均余额的比率,亦称权益报酬率、权益净利率、净资产报酬率等。净资产利润率充分体现了投资者投入企业的自有资本获取利润的能力,是综合性最强、评价企业资本经营效益的核心指标,备受投资者的关注。该指标通用性强,适用范围广,不受行业局限。在我国上市公司业绩综合排序中,该指标居于首位。其计算公式为:

$$净资产利润率 = 净利润 \div 净资产平均余额$$

其中,净资产是指总资产扣除负债后的余额,包括实收资本、资本公积、盈余公积和未分配利润。

该指标越高,表明企业自有资本获取收益能力越强,资产运营效果越好,对投资者、债权人的保证程度越高。

【思考】
你有没有发现:在营运能力、盈利能力分析指标计算公式中,凡是涉及资产负债表数据都是用平均余额,这是为什么?

第二节 综合财务分析

单独分析任何一类财务指标，都不足以全面地评价企业的财务状况和经营成果，只有对各种财务指标进行系统的、综合的分析，才能对企业的财务状况做出全面、合理的评价。因此，必须对企业进行综合的财务分析。下面介绍两种常用的综合分析法：财务比率综合评分法和杜邦分析法。

一、财务比率综合评分法

财务比率综合评分法也称沃尔评分法，是指通过对选定的几项财务比率进行评分，然后计算出综合得分，并据此评价企业的综合财务状况的方法。因为最早采用这种方法的是亚历山大·沃尔，故称沃尔评分法。1928年亚历山大·沃尔在《信用晴雨表研究》和《财务报表比率分析》两本著作中采用评分方法对企业的信用状况进行综合评价，并提出了信用能力指数的概念。他选择了七个财务比率，包括流动比率、产权比率、销售净利率、存货周转率、应收账款周转率、固定资产周转率和股权资本周转率，并且对各项财务比率分别给定不同的权重，然后以行业平均数为基础确定各项财务比率的标准值，将各项财务比率的实际值与标准值进行比较，得出一个关系比率，将此关系比率与各项财务比率的权重相乘得出总评分，以此来评价企业的信用状况。在沃尔之后，这种方法不断发展，成为对企业进行财务综合分析的一种重要方法。

采用财务比率综合评分法对企业财务状况进行综合分析，一般要遵循如下程序：

（1）选定评价财务状况的财务比率。在选择财务比率时，需要注意以下三个方面：①财务比率要求具有全面性。一般来说，反映企业的偿债能力、营运能力和盈利能力的三类财务比率都应当包括在内。②财务比率应当具有代表性。所选择的财务比率数量不一定很多，但应当具有代表性，要选择能够说明问题的重要的财务比率。③各项财务比率要具有变化方向的一致性。当财务比率增大时，表示财务状况的改善；反之，当财务比率减小时，表示财务状况的恶化。

（2）确定财务比率标准评分值。根据各项财务比率的重要程度，确定其标准评分值，即重要性系数。各项财务比率的标准评分值之和应等于100分。各项财务比率评分值的确定是财务比率综合评分法的一个重要问题，它直接影响到对企业财务状况的评分多少。对各项财务比率的重要程度，不同的分析者会有截然不同的态度，但一般来说，应根据企业的经营活动的性质、企业的生产经营规模、市场形象和分析者的分析目的等因素来确定。

（3）确定财务比率评分值的上下限。规定各项财务比率评分值的上限和下限，即最高评分值和最低评分值。这主要是为了避免个别财务比率的异常给总分造成不合理的影响。

（4）确定财务比率的标准值。财务比率的标准值是指各项财务比率在本企业现时条件下最理想的数值，亦即最优值。财务比率的标准值，通常可以参照同行业的平均水平，并经过调整后确定。

（5）计算关系比率。计算企业在一定时期各项财务比率的实际值，然后，计算出各项财务比率实际值与标准值的比值，即关系比率。关系比率反映了企业某一财务比率的实际值偏离标准值的程度。

（6）计算出各项财务比率的实际得分。各项财务比率的实际得分是关系比率和标准评分值的乘积，每项财务比率的得分都不得超过上限或下限，所有各项财务比率实际得分的合计数就是企业财务状况的综合得分。企业财务状况的综合得分反映了企业综合财务状况是否良好。如果综合得分等于或接近100分，说明企业的财务状况是良好的，达到了预先确定的标准；如果综合得分远远低于100分，则说明企业的财务状况较差，应当采取适当的措施加以改善；如果综合得分远远超过100分，则说明企业的财务状况很理想。

下面采用财务比率综合评分法，对A公司某年的财务状况进行综合评价（见表9-1）。

表9-1　　　　　　　　　A公司某年财务比率综合评分表

财务比率	评分值 (1)	上/下限 (2)	标准值 (3)	实际值 (4)	关系比率 (5)=(4)/(3)	实际得分 (6)=(1)×(5)
流动比率	10	20/5	2	1.98	0.99	9.90
速动比率	10	20/5	1.2	1.18	0.98	9.8
资产/负债	12	20/5	2.20	2.10	0.95	11.4
存货周转率	10	20/5	7.50	7.20	0.96	9.6
应收账款周转率	8	20/4	15	16.22	1.08	8.64
总资产周转率	10	20/5	2.40	2.28	0.95	9.5
资产净利率	15	30/7	30.50%	31.36%	1.03	15.45
股东权益报酬率	15	30/7	48.33%	59.90%	1.24	18.6
销售净利率	10	20/5	16%	13.75%	0.86	8.6
合计	100					101.49

表9-1所选择的财务比率包括偿债能力比率、营运能力比率和盈利能力比率三类财务比率。由于发展能力比率需要观察多个会计年度的数据才有效，因此在评价一年的财务状况时没有选用这一比率。根据表9-1的综合评分，A公司财务状况的综合得分为101.49分，非常接近100分，这说明该公司的财务状况是良好的，与选定的标准基本是一致的。

二、杜邦分析法

利用前面介绍的趋势分析法和财务比率综合评分法，虽然可以了解企业各方面的财务状况，但是不能反映企业各方面财务状况之间的关系。例如，通过财务比率综合评分法，可以比较全面地分析企业的综合财务状况，但无法揭示企业各种财务比率之间的相互关系。实际上，企业的财务状况是一个完整的系统，内部各种因素都是相互依存、相互作用的，任何一个因素的变动都会引起企业整体财务状况的改变。因此，财务分析者在进行财务状况综合分析时，必须深入了解企业财务状况内部的各项因素及其相互之间的关系，这样才能比较全面地揭示企业财务状况的全貌。杜邦分析法正是这样的一种分析方法，它利用几种主要的财务比率之间的关系来综合分析企业的财务状况。因这种分析法是由美国杜邦公司首先创造的，故称杜邦分析法。这种分析法一般用杜邦系统图来表示（见图9-1）。

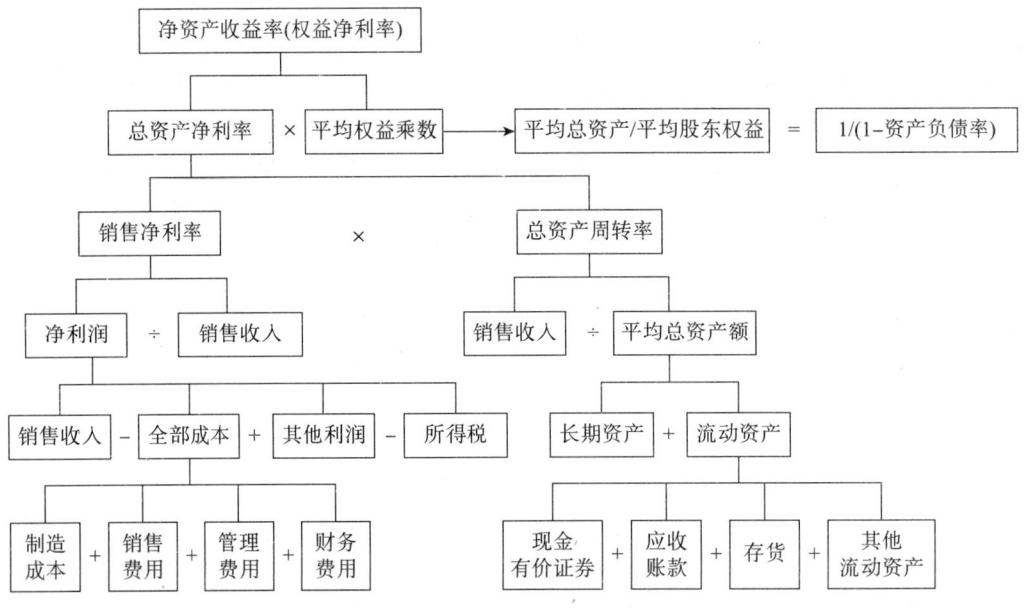

图9-1 杜邦分析系统图

杜邦系统主要反映了以下几种主要的财务比率关系。
(1) 净资产收益率与总资产净利率及权益乘数之间的关系。
　　净资产收益率 = 总资产净利率 × 平均权益乘数
(2) 资产净利率与销售净利率及总资产周转率之间的关系。
　　总资产净利率 = 销售净利率 × 总资产周转率
(3) 销售净利率与净利润及销售收入之间的关系。
　　销售净利率 = 净利润 ÷ 销售收入
(4) 总资产周转率与销售收入及资产总额之间的关系。
　　总资产周转率 = 销售收入 ÷ 平均总资产额
(5) 二大财务能力指标之间的关系。
　　净资产净利率 = 销售净利率 × 总资产周转率 × 权益乘数
该式又被称为"杜邦恒等式"。

杜邦分析系统在揭示上述几种关系之后，再将净利润、总资产进行层层分解，这样就可以全面、系统地揭示企业的财务状况，以及这个系统内部各个因素之间的相互关系。从杜邦分析系统可以了解到以下财务信息：
(1) 净资产收益率就是净资产净利率，也称股东权益报酬率、权益净利率，是一个综合性极强、最有代表性的财务比率,它是杜邦系统的核心。企业财务管理的重要目标就是实现股东财富的最大化,股东权益报酬率恰恰反映了股东投入资金的盈利能力,反映了企业筹资、投资和生产运营等各方面经营活动的效率。股东权益报酬率取决于企业资产净利率和权益乘数。总资产净利率主要反映企业运用资产进行生产经营活动的效率如何,权益乘数则主要反映企业的财务杠杆情况,即企业的资本结构。

(2)总资产净利率是反映企业盈利能力的一个重要财务比率,它揭示了企业生产经营活动的效率,综合性也极强。企业的销售收入、成本费用、资产结构、资产周转速度以及资金占用量等各种因素,都直接影响到资产净利率的高低。资产净利率是销售净利率与总资产周转率的乘积。因此,可以从企业的销售活动与资产管理两个方面来进行分析。

【本章小结】

财务分析是以企业财务报表和其他资料为依据,采用专门方法,系统分析和评价企业的经营成果、财务状况及其变动情况,目的是了解过去、评价现在、预测未来,帮助利益关系主体改善决策。财务基本分析设置企业三大财务能力主要指标及其一般分析。其中,偿债能力指标又区分为短期偿债能力指标和长期偿债能力指标,短期偿债能力可用流动比率、速动比率和现金比率衡量,长期偿债能力可用资产负债率、产权比率、有形净值债务率、已获利息倍数衡量;营运能力指标主要有营业周期、存货周转率、应收账款周转率、流动资产周转率和总资产周转率;盈利能力指标主要有销售毛利率、主营业务利润率、成本费用利润率、总资产报酬率、资产净利率等。财务综合分析主要有杜邦财务分析体系和沃尔评分法,净资产收益率是杜邦分析法的核心指标,"净资产收益率=销售净利率×资产周转率×权益乘数"称为杜邦分析法基本恒等式。

【技能训练题】

1. 公司某年末有关数据如表9-2所示。

表9-2
单位:万元

项目	金额	项目	金额
货币资金	300	短期借款	200
短期投资	200	应付账款	200
应收票据	102(年初168)	一年内到期的长期负债	100
		应付债券	950
应收账款	98(年初82)	所有者权益	1 025(年初775)

续表

项目	金额	项目	金额
存货	500（年初460）	主营业务收入	3 000
固定资产净值	1 286（年初214）	主营业务成本	2 400
无形资产	14	主营业务利润	600
		财务费用	10
		税前利润	90
		税后利润	54

要求：据以上资料，计算该公司的流动比率、速动比率、存货周转率、应收账款周转天数、资产负债率、已获利息倍数、主营业务利润率、总资产报酬率（年初资产总额1 500万元）、净资产收益率。

2. 某公司年末会计报表上部分数据为：流动负债60万元，流动比率为2，速动比率为1.2，销售成本100万元，年初存货为52万元，若非速动资产只有存货，则本年度存货周转次数为多少？

3. 某公司流动资产由速动资产和存货构成，年初存货为145万元，年初应收账款为125万元，年末流动比率为3，年末速动比率为1.5，存货周转率为4次，年末流动资产余额为270万元。一年按360天计算。要求：

(1) 计算该公司流动负债年末余额。

(2) 计算该公司存货年末余额和年平均余额。

(3) 计算该公司本年销货成本。

(4) 假定本年营业收入为960万元，应收账款以外的其他速动资产忽略不计，计算该公司应收账款周转期。

4. 根据表9-3，表9-4所示资料，计算资产负债表和利润表的有关数值。（一年按360天计算）

表9-3　　　　　　　　　　　　资产负债表

2010年12月31日　　　　　　　　　　　　　　　　　单位：万元

项目	金额	项目	金额
资产		负债及所有者权益	
流动资产		流动负债	
现金		长期负债（利息率为6%的应付公司债）	
交易性金融资产	50 000	负债合计	600 000
应收账款		实收资本	
存货		资本公积	200 000
流动资产合计		留存收益	
固定资产		所有者权益合计	
资产总计		负债及所有者权益总计	

表 9-4　　　　　　　　　　　　　利　润　表

2010 年　　　　　　　　　　　　　　　　　　　　　　　　　　　　　　　单位：万元

项　目	金额
销售收入	
销售成本	360 000
销售毛利	
销售费用	
财务费用（公司债利息）	
利润总额	
所得税（25%）	
净利润	

其他资料：①产权比率为 50%；②应收账款平均收现期是 30 天，期初应收账款余额为 60 000 万元；③存货周转率为 3（按销售成本计算），期初存货余额为 160 000 万元；④利息保障倍数为 10；⑤销售成本率为 60%；⑥速动比率为 1.2；⑦销售费用占销售收入的 10%；⑧期初留存收益为 314 950 万元，股利支付率为 30%。

5. 已知公司某年会计报表的有关资料如表 9-5 所示。

表 9-5　　　　　　　　　　　　　　　　　　　　　　　　　　　　　　　　单位：万元

资产负债表项目	年初数	年末数
资产	8 000	10 000
负债	4 500	6 000
所有者权益	3 500	4 000
利润表项目	上年数	本年数
营业收入净额	（略）	20 000
净利润	（略）	500

要求：

（1）计算杜邦财务分析体系中的下列指标：净资产收益率；资产净利率；销售净利率；总资产周转率；权益乘数。

（2）分析该公司提高净资产收益率可以采取哪些措施？

第十章 资金需求与增长率分析

【学习目的与要求】

掌握资金需求量预测的主要方法——销售百分比法；了解销售增长与外部融资的关系；掌握内含增长率的含义和计算；了解可持续增长率的概念；了解可持续增长率的计算与分析。

【引导案例】

中国香港百富勤案例

在中国香港证券史上，百富勤是港人推崇的白手起家、勇于进取的典范。1988年，杜辉廉和梁伯韬携手创立百富勤公司，起始资本仅为3亿港元，通过收购、买壳上市，市值一度逾25亿港元，总资产达240亿港元，在东南亚和欧美拥有28家分支机构。

大陆公司在中国香港上市的红筹股中，有70%以上是由百富勤担任承销的，而约有20%的大陆股份有限公司的H股也是由它来包销发售。其创始人之一的梁伯韬更是被称之为"红筹股之父"。1997年6月至8月期间，百富勤向印尼一家出租车公司提供2.6亿美元的无担保贷款，以寻求为该公司包销一笔高息债券。

1997年年底，东南亚金融风暴来临，印尼盾迅速贬值，印尼盾兑美元汇率从1:5 000狂泻至1:11 000。由于汇率大跌，股市疲软，发债计划落空，出租车公司无法偿付这笔巨额贷款，使百富勤资金周转陷入困境，财务出现严重危机。为解决资金周转问题，百富勤曾于1997年11月16日宣布引进苏黎世中心集团（ZCI）作为策略性股东，投资2亿美元认购可赎回可换股优先股。并定于1998年1月9日批准此交易，1月13日付款。苏黎世中心集团于1998年1月9日宣布取消已承诺认购百富勤的可赎回可换股优先股，从而导致百富勤财务状况进一步恶化。这时，百富勤正好有一笔6 000万美元的短期贷款于1月9日到期，为此，百富勤与一家美资银行安排一笔6 000万美元的短期贷款作为过渡，定于1月9日到账。恰在此时，出租车公司明确表示无法偿付 2.6 亿美元巨额贷款。

闻此消息，美资银行拒绝安排过渡贷款。1月9日百富勤业务被迫中止，1月12日申请自动清盘。1月14日记者招待会上，董事长杜辉廉说：这令人伤感，但这却是事实，集团业务是有盈利的，我们不过需要一笔十分短暂的应急贷款。一位资深金融评论家说：百富勤的破产经过，就像一位精力旺盛的小伙子，由于一口痰卡在喉咙里，自己无法吐出，又没有别人帮助，最后窒息而死。

[思考] 资金需求与增长率之间是怎样的关系？

资金需求预测

一、资金需求预测的意义和目的

资金需求预测是融资计划的前提。狭义的资金需求预测仅指估计企业未来的融资需求，广义的资金需求预测包括编制全部的预计财务报表。企业要对外提供产品和服务，必须要有一定的资产。销售增加时，要相应增加流动资产，甚至还需要增加固定资产。为取得扩大销售所需增加的资产，企业要筹集资金。这些资金，一部分来自利润留存，另一部分来自外部融资。通常，销售增长率较高时利润留存不能满足资金需要，即使获利良好的企业也需要外部融资。对外融资，需要寻找提供资金的人，向他们做出还本付息的承诺或提供盈利前景，并使之相信其投资安全并且可以获利，这个过程往往需要较长时间。因此，企业需要预先知道自己的财务需求，提前安排融资计划，否则就可能发生资金周转问题。

资金需求预测有助于改善投资决策。根据销售前景估计出的融资需要不一定总能满足，因此，就需要根据可能筹措到的资金来安排销售增长以及有关的投资项目，使投资决策建立在可行的基础上。

预测的真正目的是有助于应变。资金需求预测与其他预测一样都不可能很准确。从表面上看，不准确的预测只能导致不准确的计划，从而使预测和计划失去意义。事实并非如此，预测给人们展现了未来的各种可能的前景，促使人们制订出相应的应急计划。预测和计划是超前思考的过程，其结果并非仅仅是一个资金需要量数字，还包括对未来各种可能前景的认识和思考。预测可以提高企业对不确定事件的反应能力，从而减少不利事件带来的损失，增加利用有利机会带来的收益。

二、资金需求预测的步骤

资金需求预测的基本步骤如下:

(一) 销售预测

资金需求预测的起点是销售预测。一般情况下,资金需求预测把销售数据视为已知数,作为财务预测的起点。销售预测本身不是财务管理的职能,但它是资金需求预测的基础,销售预测完成后才能开始资金需求预测。

销售预测对资金需求预测的质量有重大影响。如果销售的实际状况超出预测很多,企业没有准备足够的资金添置设备或储备存货,则无法满足顾客需要,不仅会失去盈利机会,并且会丧失原有的市场份额。相反,销售预测过高,筹集大量资金购买设备并储备存货,则会造成设备闲置和存货积压,使资产周转速度下降,导致权益净利率降低,股价下跌。

(二) 估计经营资产和经营负债

通常,经营资产是销售收入的函数,根据历史数据可以分析出该函数关系。根据预计销售收入以及经营资产与销售收入的函数,可以预测所需经营资产的数额。大部分经营负债也是销售收入的函数,亦应预测经营负债的自发增长,这种增长可以减少企业外部融资的数额。

(三) 估计各项费用和保留盈余

假设各项费用也是销售收入的函数,可以根据预计销售收入估计费用和损失,并在此基础上确定净利润。净利润和股利支付率共同决定所能提供的资金数额。

(四) 估计所需融资

根据预计经营资产总量,减去已有的经营资产、自发增长的经营负债、可动用的金融资产和内部提供的利润留存便可得出外部融资需求。

三、筹资数量的预测——销售收入百分比法

关于筹资需要量的预测方法有因素分析法、回归分析法和销售收入百分比法。销售收入百分比法是筹资数量预测的一种最为复杂的方法。下面主要说明销售收入百分比法的原理和运用。

(一) 销售收入百分比法的原理

销售收入百分比法是根据销售收入与资产负债表和利润表项目之间的内部依存关系即上文所述函数关系,预测各项目资本需要额的方法。例如,某企业每年为销售100元货

物，需有25元存货，存货与销售收入的比例是25%（25÷100）。若销售收入增至200元，那么，该企业需有50元（200×25%）存货。由此可见，在某项目与销售收入比例既定的前提下，便可预测未来一定销售额下该项目的资本需要额。

销售收入百分比法需要建立一定的假设条件：资产负债表和利润表各项目与销售收入之间存在紧密的依存关系并且该依存关系在预测期保持不变。这些报表项目有些会对销售收入的变动非常敏感且随着销售收入的变动成正比率变动，如前述存货；有些则对销售收入的变动不敏感而呈现一种固定不变或者跳跃式变化的特性，如机器设备等固定资产，通常当销售收入变动不大时不需要增加固定资产投资，当销售收入大幅增加且超出现有生产能力时就必须增加固定资产投入。销售收入百分比法将前者称为敏感项目，其中的敏感资产和敏感负债又被称为经营性资产和经营性负债，将后者称为非敏感项目。

敏感项目包括敏感资产项目、敏感负债项目、敏感损益项目。其中，敏感资产项目一般包括现金、应收款项、存货等项目；敏感负债项目一般包括应付账款、应交税费等项目；敏感损益项目包括利润表利润总额之前各项目。

非敏感项目包括固定资产、长期股权投资、递延所得税资产、短期借款、应付票据、非流动负债、股本（实收资本）等所有者权益项目。

销售收入百分比法的主要优点是能为财务管理提供短期预计的财务报表，以适应外部筹资的需要，且易于使用。但这种方法也有缺点，倘若有关项目与销售收入的比例与实际不符，据以进行预测就会形成错误的结果。因此，在有关因素发生变动的情况下，必须相应地调整原有的销售百分比。

（二）销售收入百分比法的运用

1. 预计报表法

运用销售收入百分比法，一般要借助预计利润表和预计资产负债表。通过预计利润表预测企业留用利润这种内部资本来源的增加额；通过预计资产负债表预测企业资本需要总额和外部筹资的增加额。

（1）编制预计利润表，预测留用利润所形成的内部筹资来源数。预计利润表是根据利润表各项目的销售收入百分比来测算预测期数值，据以预测留用利润的一种预计报表。预计利润表与实际利润表的内容、格式相同。通过提供预计利润表，可预测留用利润这种内部筹资的数额，也可为预计资产负债表预测外部筹资数额提供依据。编制预计利润表的主要步骤如下：

第一步，收集基年实际利润表资料，计算确定利润表各项目的销售收入百分比。

第二步，取得预测年度销售收入预计数，计算预测年度预计利润表各项目的预计数，并编制预测年度预计利润表。

第三步，利用预测年度税后利润预计数和预定的利润留用比例，测算留用利润的数额。

【例10-1】企业基年实际利润表（简化）的主要项目及其与销售收入的比例如表10-1所示，企业所得税税率为25%，税后利润留用比例为50%。试编制该企业预测年预计利润表，并预测留用利润。

表 10-1　　　　　　　　　　基年实际利润表（简化）　　　　　　　　　　单位：万元

项目	金额	占销售收入的比例（%）
销售收入	20 000	100
减：营业成本	15 000	75.0
销售费用	1 000	5.0
管理费用	2 080	10.4
财务费用	800	4.0
营业利润	1 120	5.6
加：营业外收入	70	—
减：营业外支出	100	—
利润总额	1 090	5.45
减：所得税费用	272.5	—
净利润	817.5	—

若该企业预测年预计销售收入为 25 000 万元，则预计利润表经测算如表 10-2 所示。

表 10-2　　　　　　　　　　预计利润表（简化）　　　　　　　　　　单位：万元

项目	基年实际数	占销售收入的比例（%）	预测年预计数
销售收入	20 000	100	25 000
减：营业成本	15 000	75.0	18 750
销售费用	1 000	5.0	1 250
管理费用	2 080	10.4	2 600
财务费用	800	4.0	1 000
营业利润	1 120	5.6	1 400
加：营业外收入	70	—	80
减：营业外支出	100	—	117.5
利润总额	1 090	5.45	1 362.5
减：所得税费用	272.5	—	340.63
净利润	817.5	—	1 021.87

已知税后利润留用比例为 50%，则预测年内部筹资额（留用利润增加额）计算如下：
1 021.87 × 50% = 510.94（万元）

根据上述编表方法可以推导出下述计算公式测算留用利润的数额：

留用利润数额 = 预计销售收入 × 预计销售净利率 × （1 - 预计股利支付率）
　　　　　　 = 基年的销售收入 × （1 + 预计销售收入增长率） × 预计销售净利率 × （1 - 预计股利支付率）

（2）编制预计资产负债表，预测外部筹资额。预计资产负债表是运用销售收入百分比法的原理预测外部筹资额的一种报表。预计资产负债表与实际资产负债表的内容、格式相同。通过提供预计资产负债表，可预测资产、负债及留用利润有关项目的数额，进而预测企业需要外部筹资的数额。

【例10-2】企业基年实际销售收入20 000万元,资产负债表及其敏感项目与销售收入的比例如表10-3所示。预测年预计销售收入为25 000万元。试编制该企业预测年预计资产负债表(简化),并预测外部筹资额。

表10-3　　　　　　　　　　　　　基年实际资产负债表　　　　　　　　　　　　　单位:元

资产			负债及股东权益		
项目	金额	销售百分比	项目	金额	销售百分比
现金	110	0.55%	应付票据	800	—
应收账款	3 500	17.50%	应付账款	2 850	14.25%
存货	3 090	15.45%	其他流动负债	200	1.00%
其他流动资产	20	—	流动负债合计	3 850	15.25%
流动资产合计	6 720	33.50%	非流动负债	100	—
固定资产	430	—	负债合计	3 950	15.25%
			股本	1 200	—
			留存收益	2 000	—
			股东权益合计	3 200	—
资产总计	7 150	33.50%	负债及股东权益合计	7 150	15.25%

根据上述资料,编制该企业预测年预计资产负债表(简化)如表10-4所示。

表10-4　　　　　　　　　　　　　　预计资产负债表　　　　　　　　　　　　　单位:万元

资产			负债及股东权益		
项目	金额	销售百分比	项目	金额	销售百分比
现金	137.50	0.55%	应付票据	800	—
应收账款	4 375.00	17.50%	应付账款	3 562.50	14.25%
存货	3 862.50	15.45%	其他流动负债	250.00	1.00%
其他流动资产	20.00	—	流动负债合计	4 612.50	15.25%
流动资产合计	8 395.00	33.50%	非流动负债	100.00	—
固定资产	430.00	—	负债合计	4 712.50	15.25%
			股本	1 200.00	—
			留存收益	2 510.94	—
			股东权益合计	3 710.94	—
			追加外部筹资	401.56	—
资产总计	8 825.00	33.50%	负债及股东权益合计	8 825.00	15.25%

该企业预测年预计资产负债表的编制过程如下:

第一步,取得基年资产负债表资料,并计算其敏感项目的销售收入百分比(见表10-3)。该比例表明,该企业销售收入每增长100元,资产将增加33.5元;每实现100元销售收入所需的资本额,可由敏感负债解决15.25元。这里增加的敏感负债是自动增加的（第八章中的自发性流动负债），如应付账款会因存货增加而自动增加。

每增加100元销售收入需要增加的资本与增加的敏感负债的差额为18.25元（33.5 – 15.25），表示销售收入每增长100元所需追加的资本净额，可以从企业内部和外部来筹措。在本例中，销售收入增长5 000万元（25 000 – 20 000），需净增资本912.5万元（5 000×0.182 5）。

第二步，用预测年预计销售收入25 000万元乘以各敏感项目的销售百分比，求得表10－4所列示的预测年敏感项目金额，预测年非敏感项目金额按基年实际数额填列。由此确定预测年除留用利润外的其他各个项目的数额。

第三步，确定预测年留用利润增加额及资产负债表中的留用利润累计额。留用利润增加额即预测年内部筹资来源数，可根据预计利润表和利润留用比率测算确定。从【例10－1】可知为510.94万元。故预测年累计留用利润为：

2 000 + 510.94 = 2 510.94（万元）

从筹资总需要额（第一步得到的912.5万元）中减去内部筹资额510.94万元，求得需要外部筹资额为401.56万元。

第四步，加总预计资产负债表的两方：预测年预计资产总额为8 825万元，其中已有负债及所有者权益之和为8 423.44万元，两者之间的差额为401.56万元。它既是使资产负债表两方相等的平衡数，也是企业需要的外部筹资额。

2. 预测模型法

以上介绍的预计报表法预测外部筹资额的过程较为烦琐，为简便起见，亦可改用预测模型预测需要追加的外部筹资额。该预测模型的基本依据是会计基本恒等式，也是可以根据资产负债表的平衡关系推导得出的，其模型为：

$$\begin{aligned}需要追加的外部筹资额 &= 资产的增加额 - 负债的增加额 - 留存收益的增加额\\ &= 预计销售增长额\times(资产销售百分比 - 负债销售百分比)\\ &\quad + 非敏感资产增加额 - 基年的销售收入\times(1 + 预计销售\\ &\quad 收入增长率)\times 预计销售净利率\times 利润留用比例\end{aligned}$$

其中： 利润留用比率 = （1 – 预计股利支付率）

如【例10－2】资料，若保持销售净利率不变，计算过程如下：

①计算资产销售百分比 =（110 + 3 500 + 3 090）/20 000 = 33.5%

②计算负债销售百分比 =（2 850 + 200）/20 000 = 15.25%

③留存收益的增加额 = 25 000 ×（817.5/20 000）× 50% = 510.94（万元）

④外部筹资额为：

（25 000 – 20 000）×（33.5% – 15.25%） – 510.94 = 401.56（万元）

这种方法是根据预计资产负债表的原理，预测企业追加外部筹资数额的简便方法。

上述销售收入百分比法的介绍，基于预测年度非敏感项目、敏感项目及其与销售收入的百分比均与基年保持不变的假定。在实践中，非敏感项目、敏感项目及其与销售收入的比例有可能发生变动，具体情况有：①非敏感资产、非敏感负债的项目构成以及数量的增减变动；②敏感资产、敏感负债的项目构成以及与销售收入比例的增减变动。这些变动对预测资金需要总量和追加外部筹资额都会产生一定的影响，必须相应地予以调整。

【例10-3】根据表10-4的资料，倘若该企业预测年由于情况变化，敏感资产项目中的存货与销售收入的比例提高为16.2%，敏感负债项目中的应付账款与销售收入的比例降低为13.9%，预计长期借款（系非敏感负债项目）增加90万元。针对这些变动，该企业预测年度有关资本需要额的预测调整如下：

资产总额：8 825 + 25 000 × (16.2% - 15.45%) = 9 012.5（万元）
负债总额：4 712.5 - 25 000 × (14.25% - 13.9%) + 90 = 4 715（万元）
追加外部筹资额 = 9 012.5 - 4 715 - 3 710.94 = 586.56（万元）

第二节

增长率与资金需求关系分析

由于企业要以发展求生存，销售增长是任何企业都要追求的目标。企业增长的财务意义是资金增长。在销售增长时企业往往需要补充资金，这主要是因为销售增加通常会引起存货和应收账款等资产的增加。销售增长得越多，需要的资金越多。

从资金来源上看，企业增长的实现方式有三种：

(1) 完全依靠内部资金增长。有些小企业无法取得借款，有些大企业不愿意借款，它们主要依靠内部积累实现增长。内部有限的财务资源往往会限制企业的发展，使其无法充分利用扩大企业财富的机会。

(2) 主要依靠外部资金增长。从外部筹资，包括增加债务和股东投资，也可以实现增长。但主要依靠外部资金实现增长是不能持久的。增加负债会使企业的财务风险增加，筹资能力下降，最终会使借款能力完全丧失；通过增发股票等方式获取股东投资，不仅会分散控制权，而且会稀释每股收益，除非追加投资有更高的报酬率，否则不能增加股东财富。

(3) 平衡增长。即保持目前的财务结构和与此有关的财务风险，按照股东权益的增长比例增加借款，以此支持销售增长。这种增长，一般不会消耗企业的财务资源，是一种可持续的增长。

一、销售增长率与外部融资的关系

(一) 外部融资销售增长比

既然销售增长会带来资金需求的增加，那么销售增长和筹资需求之间就存在某种函数关系，根据这种关系，就可以直接计算特定销售增长下的筹资需求。假设它们之间成正比例关系，换言之，两者之间有稳定的百分比（代表每增加1元销售收入需要追加的外部融资额）。该百分比也称为"外部融资额占销售增长的百分比"，简称"外部融资销售增长比"。

假设可动用的金融资产为0，资产销售百分比、负债销售百分比保持不变，则计算公式如下：

外部融资额＝销售收入增加额×（资产销售百分比－负债销售百分比）－预计销售收入×预计销售净利率×（1－预计股利支付率）

式中的资产销售百分比和负债销售百分比，可以按通用财务报表的数据计算确定，也可以按管理用财务报表的数据计算确定，后者应该更准确。

两边同时除以"销售收入增加"，则有：

外部融资销售增长比＝$\left(\begin{array}{c}资产\\销售百分比\end{array}\right)$－$\left(\begin{array}{c}负债\\销售百分比\end{array}\right)$－$\frac{1+销售增长率}{销售增长率}$×$\left(\begin{array}{c}预计销售\\净利率\end{array}\right)$×（1－股利支付率）

【例10－4】某公司上年销售收入为5 000万元，本年计划销售收入为6 000万元，销售增长率为20%。假设经营资产销售百分比为60%，经营负债销售百分比为10%，且两者保持不变，可动用的金融资产为0，预计销售净利率为4%，预计股利支付率为40%。

外部融资销售增长百分比＝60%－10%－（1.2÷0.2）×4%×（1－40%）
　　　　　　　　　　＝35.6%

外部融资额＝外部融资销售增长百分比×销售增长额
　　　　　＝35.6%×1 000
　　　　　＝356（万元）

如果销售增长500万元（即销售增长率为10%），则：

外部融资额＝500×[60%－10%－（1.1÷0.1）×4%×（1－40%）]
　　　　　＝500×23.6%
　　　　　＝118（万元）

外部融资销售增长比不仅可以预计外部融资额，而且可用于调整股利政策和预计通货膨胀对筹资的影响。

例如，该公司预计销售增长5%，则：

外部融资销售增长比＝60%－10%－（1.05÷0.05）×4%×（1－40%）
　　　　　　　　　＝－0.4%

这说明企业不仅没有外部融资需求，还有剩余资金1万元（即5 000×5%×0.4%）可用于增加股利或进行短期投资。

又如，预计明年通货膨胀率为10%，公司销量增长5%，则销售额含有通胀的增长率为15.5%，即（1＋10%）×（1＋5%）－1＝15.5%，则：

外部融资销售增长比＝60%－10%－（1.155÷0.155）×4%×（1－40%）
　　　　　　　　　＝32.12%

企业要按销售名义增长额的32.12%补充资金，才能满足需要。

即使销量增长为零，也需要补充资金，以弥补通货膨胀造成的货币贬值损失，即因通货膨胀带来的名义销售增长10%，则：

外部融资销售增长比＝60%－10%－（1.1÷0.1）×4%×（1－40%）＝23.6%

外部融资额 = 5 000 × 10% × 23.6% = 118（万元）

（二）外部融资需求的敏感分析

外部融资需求的多少，不仅取决于销售增长，还要看销售净利率和股利支付率。在股利支付率小于 1 的情况下，销售净利率越大，外部融资需求越少；在销售净利率大于 0 的情况下，股利支付率越高，外部融资需求越大（见图 10-1）。

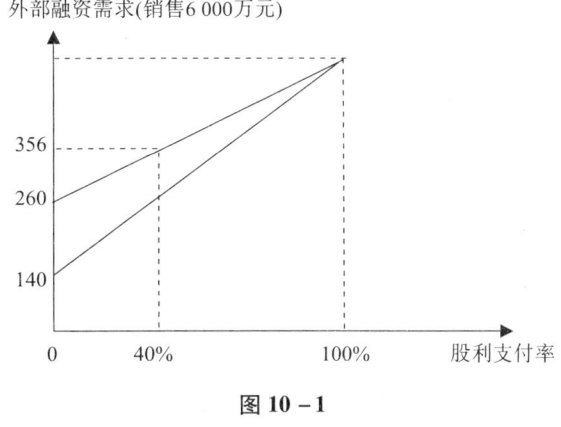

图 10-1

在上例中，企业股利支付率是 40%，外部融资需求为 356 万元。假设预计销售收入仍为 6 000 万元，若股利支付率为 100%，则：

外部融资额 = 1 000 × [0.6 - 0.1 - (1.2 ÷ 0.2) × 4% × (1 - 100%)] = 500（万元）

若股利支付率为零，则：

外部融资额 = 1 000 × [0.6 - 0.1 - (1.2 ÷ 0.2) × 4% × (1 - 0)] = 260（万元）

【例 10-4】中，企业的销售净利率是 4%，外部融资需求为 356 万元。假设预计销售收入仍为 6 000 万元，销售净利率为 10%，则：

外部融资额 = 1 000 × [0.6 - 0.1 - (1.2 ÷ 0.2) × 10% × (1 - 40%)] = 140（万元）

二、内含增长率

销售增长引起的资金需求增长，有两种途径满足：一是增加内部留存收益；二是外部融资（包括借款和股权融资，但不包括经营负债的自然增长）。影响留存收益的因素包括销售收入、销售净利率、股利支付率。企业如果不能或不打算从外部融资，即外部融资为零，则只能靠内部积累；在销售净利率和股利支付率一定的条件下，增加留存收益只能依靠销售收入的增加来实现，此时的销售增长率称为"内含增长率"。

【例 10-5】续上例 [10-4]，假设外部融资额为零，有下式成立：

0 = 经营资产销售百分比 - 经营负债销售百分比 - [(1 + 增长率) ÷ 增长率] × 预计销售净利率 × (1 - 预计股利支付率)

0 = 60% - 10% - [(1 + 增长率) ÷ 增长率] × 4% × (1 - 40%)

增长率 = 5.04%

内含增长率亦可根据销售百分比法下的外部融资预测模型公式计算得出,验算过程如下:

销售收入增加 = 5 000 × 5.04% = 252(万元)

外部融资额 = 销售收入增加 × (经营资产销售百分比 − 经营负债销售百分比) − 预计销售收入 × 预计销售利润率 × (1 − 股利支付率)

= 252 × (60% − 10%) − 5 252 × 4% × (1 − 40%)

= 126 − 126.048 ≈ 0

三、可持续增长率

(一) 可持续增长率的概念

可持续增长率是指不发行新股,不改变经营效率(不改变销售净利率和资产周转率)和财务政策(不改变负债/权益比和利润留存率)时,其销售所能达到的最大增长率。

可持续增长的假设条件如下:

(1) 公司销售净利率将维持当前水平,并且可以涵盖增加债务的利息;
(2) 公司资产周转率将维持当前水平;
(3) 公司目前的资本结构是目标结构,并且打算继续维持下去;
(4) 公司目前的利润留存率是目标留存率,并且打算继续维持下去;
(5) 不愿意或者不打算增发新股(包括股份回购)。

在上述假设条件成立的情况下,销售的增长率与可持续增长率相等。公司的这种增长状态,称为可持续增长或平衡增长。在这种状态下,其资产、负债和股东权益同比例增长。

(二) 可持续增长率的计算

1. 根据期初股东权益计算的可持续增长率

限制销售增长的是资产,限制资产增长的是资金来源(包括负债和股东权益)。在不增发新股,不改变经营效率和财务政策的情况下,限制资产增长的是股东权益增长。因此,可持续增长率的计算公式可推导如下:

可持续增长率 = 股东权益增长率

$$= \frac{股东权益本期增加}{期初股东权益}$$

$$= \frac{本期净利润 \times 本期利润留存率}{期初股东权益}$$

= 期初权益本期净利率 × 本期利润留存率

$$= \frac{本期净利润}{本期销售收入} \times \frac{本期销售收入}{期末总资产} \times \frac{期末总资产}{期初股东权益} \times 本期利润留存率$$

= 销售净利率 × 总资产周转次数 × 期初权益期末总资产乘数 × 利润留存率

应注意,此处的"权益乘数"是用"期初股东权益"而非"期末股东权益"计算;

其余比率均采用发生额或期末数计算。

【例10-6】A公司连续6年的主要财务数据如表10-5所示：

表10-5 单位：万元

年度\项目	1年	2年	3年	4年	5年	6年
收入	909.09	1 000	1 100	1 650	1 375	1 512.5
净利润	45.45	50	55	82.5	68.75	75.63
股利	18.18	20	22	33	27.5	30.25
利润留存	27.27	30	33	49.5	41.25	45.38
股东权益	300	330	363	412.5	453.75	499.13
负债	55.45	60	66	231	82.5	90.75
总资产	355.45	390	429	643.5	536.25	589.88
可持续增长率的计算：						
销售净利率		5%	5%	5%	5%	5%
总资产周转次数		2.564 1	2.564 1	2.564 1	2.564 1	2.564 1
期末总资产/期初股东权益		1.3	1.3	1.772 7	1.3	1.3
利润留存率		0.6	0.6	0.6	0.6	0.6
可持续增长率		10%	10%	13.64%	10%	10%
实际增长率		10%	10%	50%	-16.67%	10%

根据可持续增长率公式（期初股东权益）计算如下：

第1年可持续增长率 = 销售净利率 × 总资产周转率 × 期初权益期末总资产乘数 × 利润留存率

$$= 5\% \times 2.564 1 \times 1.3 \times 0.6 = 10\%$$

或第1年可持续增长率 = 留存收益增加 ÷ 期初股东权益

$$= 30 \div 300 = 10\%$$

第1年实际增长率 =（本年销售 - 上年销售）/ 上年销售

$$= (1 000 - 909.09)/909.09 = 10\%$$

其他年份的计算方法与此相同。

2. 根据期末股东权益计算的可持续增长率

可持续增长率也可以全部用期末数和本期发生额计算，而不使用期初数，这时按下式计算：

$$可持续增长率 = \frac{股东权益本期增加额}{期末股东权益 - 股东权益本期增加额}$$

变形处理后得：

$$可持续增长率 = \frac{利润留存率 \times \frac{净利润}{销售收入} \times \frac{总资产}{股东权益} \times \frac{销售收入}{总资产}}{1 - 利润留存率 \times \frac{净利润}{销售收入} \times \frac{总资产}{股东权益} \times \frac{销售收入}{总资产}}$$

【知识拓展】

用期末数和本期发生额计算可持续增长率的公式推导支持

由于：企业增长所需资金有增加负债和增加股东权益两个来源，

所以：资产增加 = 负债增加 + 股东权益增加

(1) 假设：总资产周转次数不变（即总资产随销售收入正比例增加）

则有：资产增加/期末总资产 = 销售增加/基期销售收入

资产增加 = （销售增加/基期销售收入）×期末总资产

(2) 假设：不增发新股或回购股票，销售净利率不变

则有：股东权益增加 = （基期销售收入 + 销售增加）×（净利润/销售收入）×利润留存率

(3) 假设：资本结构不变（即负债和股东权益同比例增加）

则有：负债增加 = 股东权益增加×（负债/股东权益） = [（基期销售收入 + 销售增加）×（净利润/销售收入）×利润留存率]×（负债/股东权益）

(4) 将（2）、（3）代入（1）：

（销售增加/基期销售收入）×期末总资产 = （基期销售收入 + 销售增加）×（净利润/销售收入）×利润留存率 + （基期销售收入 + 销售增加）×（净利润/销售收入）×利润留存率×（负债/股东权益）

使用【例10-6】数据，根据本公式计算的可持续增长率如表10-6所示。

表10-6

项目 \ 年度	2年	3年	4年	5年	6年
收入	1 000	1 100	1 650	1 375	1 512.5
净利润	50	55	82.5	68.75	75.63
股利	20	22	33	27.5	30.25
利润留存	30	33	49.5	41.25	45.38
股东权益	330	363	412.5	453.75	499.13
负债	60	66	231	82.5	90.75
总资产	390	429	643.5	536.25	589.88
可持续增长率的计算：					
销售净利率	5%	5%	5%	5%	5%
总资产周转次数	2.564 1	2.564 1	2.564 1	2.564 1	2.564 1
期末总资产/期末股东权益（权益乘数）	1.181 8	1.181 8	1.56	1.181 8	1.181 8
利润留存率	0.6	0.6	0.6	0.6	0.6
可持续增长率	10%	10%	13.64%	10%	10%

根据可持续增长率（期末股东权益）公式计算如下：

$$可持续增长率(20 \times 1 年) = \frac{5\% \times 2.5641 \times 1.1818 \times 0.6}{1 - 5\% \times 2.5641 \times 1.1818 \times 0.6} = 10\%$$

其他年份的计算方法与此相同。

通过表 10-5 和表 10-6 可以看出，两个公式计算的可持续增长率一致。

(三) 可持续增长率与实际增长率

可持续增长率与实际增长率经常不一致。通过分析两者差异，可以了解企业经营效率和财务政策有何变化。

沿用【例 10-6】说明该公司经营效率和财务政策有何变化。

(1) 第 3 年的经营效率和财务政策保持了年初的状态（即第 2 年的状态）。第 3 年的实际增长率和可持续增长率均为 10%，公司处于均衡增长状态。第 3 年年初的所有者权益为 330 万元（与第 2 年年末相同），当年创造了税后净利润 55 万元，公司留存了 33 万元，以 22 万元发放股利。因此所有者权益增加到 363 万元，增加了 10%。由于资本结构不变，负债也增加 10%。由于负债和所有者权益均增加 10%，使总资产增加 10%。在资产周转率不变的情况下，资产增加 10% 可以支持销售额增加 10%。

(2) 第 4 年权益乘数提高，另外三个财务比率保持不变。可持续增长率上升为 13.64%，实际增长率上升为 50%。提高财务杠杆，提供了高速增长所需的资金。

(3) 第 5 年权益乘数降为高速增长前的水平，另外三个财务比率保持不变。本年的可持续增长率恢复为 10%，实际增长率下降为 -16.67%。归还借款，使财务杠杆恢复到历史正常水平，同时使总资产减少。在资产周转率不变的情况下，资产减少使销售额下降。

(4) 第 6 年的经营效率和财务政策，保持了年初状态（第 5 年状态）。销售增长率与可持续增长率均为 10%。

通过上述分析可知，可持续增长率是企业当前经营效率和财务政策决定的内在增长能力，它和实际增长率之间有如下关系：

(1) 如果某一年的经营效率和财务政策与上年相同，在不增发新股的情况下，则实际增长率、上年的可持续增长率以及本年的可持续增长率三者相等。这种增长状态，在资金上可以永远发展下去，可称之为平衡增长。当然，外部条件是公司不断增加的产品能为市场接受。

(2) 如果某一年的公式中的 4 个财务比率有一个或多个比率提高，在不增发新股的情况下，则实际增长率就会超过上年的可持续增长率，本年的可持续增长率也会超过上年的可持续增长率。由此可见，超常增长是"改变"财务比率的结果，而不是持续当前状态的结果。企业不可能每年提高这 4 个财务比率，也就不可能使超常增长继续下去。

(3) 如果某一年的公式中的 4 个财务比率有一个或多个比率下降，在不增发新股的情况下，则实际增长率就会低于上年的可持续增长率，本年的可持续增长率也会低于上年的可持续增长率。这是超常增长后的必然结果，公司对此要事先有所准备。如果不愿意接受这种现实，继续勉强冲刺，现金周转的危机很快就会来临。

(4) 如果公式中的 4 个财务比率已经达到公司的极限，只有通过发行新股增加资金，才能提高销售增长率。

【本章小结】

企业要对外提供产品和服务，必须要有一定的资产。销售增加时，要相应增加流动资产，甚至还需要增加固定资产。为取得扩大销售所需增加的资产，企业要筹集资金。这些资金，一部分来自内部筹资（利润留存），另一部分来自外部融资。（1）资金需要量的预测有多种方法，销售百分比法是比较简便易行的方法，需要进行敏感性项目的假设和认定。（2）销售增长与资金需求之间的关系紧密，外部融资销售增长比、内含增长率是两者关系的具体表现，内含增长率是完全依靠自发负债和内源资金的情况下（当外部融资额为零时的）的企业销售增长率。（3）财务可持续增长，是指不发行新股，不改变经营效率（销售净利率、资产周转率）和财务政策（负债/权益比、利润留存率）时，其销售所能达到的最大增长率，可分别从期初股东权益和期末股东权益的角度进行测算；实际增长率与可持续增长率之间存在一定差异，受企业经营效率和财务政策变化的影响。

【技能训练题】

1. 某公司本年末资产负债表（简表）如表 10-7 所示。

表 10-7　　　　　　　　　　资产负债表（简表）　　　　　　　　　　单位：万元

项目	金额	项目	金额
流动资产合计	240	短期借款	53
长期投资净额	3	应付票据	18
固定资产净值	65	应付账款	25
无形及其他资产	12	长期负债合计	32
		股本	90
		资本公积	35
		留存收益	67
资产总计	320	负债及所有者权益总计	320

根据历史资料考察：流动资产、固定资产净值、应付票据和应付账款与销售收入成正比变化，公司本年销售收入为 5 000 万元，实现净利 100 万元，支付股利 60 万元，预计下年度销售收入增长 25%，销售净利润率增长 10%，股利支付率与本年度相同，增加长期投资 2 万元。采用销售百分比法预测下年度需补充的外部资金额。

2. C 公司基年有关的财务数据如表 10-8 所示。

表10-8

项目	金额（万元）	占销售额的百分比
流动资产	1 500	37.5%
长期资产	2 500	62.5%
资产合计	4 000	
短期借款	600	无稳定关系
应付账款	400	10%
长期负债	1 000	无稳定关系
实收资本	1 200	无稳定关系
留存收益	800	无稳定关系
负债及所有者权益合计	4 000	
销售额	4 000	100%
净利	200	5%
现金股利	60	1.5%

要求：假设该公司实收资本一直保持不变，计算并回答以下互不关联的问题。

（1）若预测年度计划销售收入为5 000万元，需要补充多少外部融资（保持目前的股利支付率、销售净利率和资产周转率不变）？

（2）假设预测年度不能增加借款，也不能发行新股，预计其可实现的销售增长率（保持其他财务比率不变）。

（3）若预测年度股利支付率为零，销售净利率提高到6%，目标销售额为4 500万元，需要筹集补充多少外部融资（保持其他财务比率不变）？

3. 企业上年末的资产负债表（简表）如表10-9所示：

表10-9

单位：万元

项目	期末数	项目	期末数
经营流动资产	260	短期借款	48
		应付票据	25
		应付账款	30
		应交税费	8
长期股权投资	5	流动负债合计	111
固定资产	75	长期负债合计	39
无形资产及其他资产	10	股本	100
		资本公积	35
		留存收益	65
		股东权益合计	200
资产总计	350	负债和股东权益合计	350

根据历史资料考察，销售收入与经营流动资产、固定资产、应付票据、应付账款和应交税费等项目成正比，企业上年度销售收入4 000万元，实现净利100万元，支付股利60万元。要求：

（1）预计本年度销售收入5 000万元，销售净利率增长10%，股利支付率与上年度相同，采用销售百分比法预测外部融资额。

（2）根据（1）计算外部融资销售增长比。

（3）预计本年度销售净利率增长10%，股利支付率与上年度相同，预计企业本年的内含增长率。

（4）计算企业上年的可持续增长率。

（5）如果预计本年度不考虑通货膨胀的销售收入为5 000万元，假设本年度通货膨胀率为5%，销售净利率增长10%，股利支付率与上年度相同，假设其他因素不变，企业需再追加多少外部融资额？

（6）假设其他条件不变，预计本年度销售收入5 000万元，预计本年度销售净利率与上年度相同，董事会提议提高股利支付率10%以稳定股价。如果可以从外部融资20万元，你认为是否可行？

附录 资金时间价值计算系数表

附表1：复利终值系数表（$F/P, i, n$）

计算公式：$F = (1+i)^n$

附表1-1

期数	1%	2%	3%	4%	5%	6%	7%	8%	9%	10%
1	1.0100	1.0200	1.0300	1.0400	1.0500	1.0600	1.0700	1.0800	1.0900	1.1000
2	1.0201	1.0404	1.0609	1.0816	1.1025	1.1236	1.1449	1.1664	1.1881	1.2100
3	1.0303	1.0612	1.0927	1.1249	1.1576	1.1910	1.2250	1.2597	1.2950	1.3310
4	1.0406	1.0824	1.1255	1.1699	1.2155	1.2625	1.3108	1.3605	1.4116	1.4641
5	1.0510	1.1041	1.1593	1.2167	1.2763	1.3382	1.4026	1.4693	1.5386	1.6105
6	1.0615	1.1262	1.1941	1.2653	1.3401	1.4185	1.5007	1.5869	1.6771	1.7716
7	1.0721	1.1487	1.2299	1.3159	1.4071	1.5036	1.6058	1.7138	1.8280	1.9487
8	1.0829	1.1717	1.2668	1.3686	1.4775	1.5938	1.7182	1.8509	1.9926	2.1436
9	1.0937	1.1951	1.3048	1.4233	1.5513	1.6895	1.8385	1.9990	2.1719	2.3579
10	1.1046	1.2190	1.3439	1.4802	1.6289	1.7908	1.9672	2.1589	2.3674	2.5937
11	1.1157	1.2434	1.3842	1.5395	1.7103	1.8983	2.1049	2.3316	2.5804	2.8531
12	1.1268	1.2682	1.4258	1.6010	1.7959	2.0122	2.2522	2.5182	2.8127	3.1384
13	1.1381	1.2936	1.4685	1.6651	1.8856	2.1329	2.4098	2.7196	3.0658	3.4523
14	1.1495	1.3195	1.5126	1.7317	1.9799	2.2609	2.5785	2.9372	3.3417	3.7975
15	1.1610	1.3459	1.5580	1.8009	2.0789	2.3966	2.7590	3.1722	3.6425	4.1772
16	1.1726	1.3728	1.6047	1.8730	2.1829	2.5404	2.9522	3.4259	3.9703	4.5950
17	1.1843	1.4002	1.6528	1.9479	2.2920	2.6928	3.1588	3.7000	4.3276	5.0545
18	1.1961	1.4282	1.7024	2.0258	2.4066	2.8543	3.3799	3.9960	4.7171	5.5599
19	1.2081	1.4568	1.7535	2.1068	2.5270	3.0256	3.6165	4.3157	5.1417	6.1159
20	1.2202	1.4859	1.8061	2.1911	2.6533	3.2071	3.8697	4.6610	5.6044	6.7275
21	1.2324	1.5157	1.8603	2.2788	2.7860	3.3996	4.1406	5.0338	6.1088	7.4002
22	1.2447	1.5460	1.9161	2.3699	2.9253	3.6035	4.4304	5.4365	6.6586	8.1403
23	1.2572	1.5769	1.9736	2.4647	3.0715	3.8197	4.7405	5.8715	7.2579	8.9543
24	1.2697	1.6084	2.0328	2.5633	3.2251	4.0489	5.0724	6.3412	7.9111	9.8497
25	1.2824	1.6406	2.0938	2.6658	3.3864	4.2919	5.4274	6.8485	8.6231	10.8347
26	1.2953	1.6734	2.1566	2.7725	3.5557	4.5494	5.8074	7.3964	9.3992	11.9182
27	1.3082	1.7069	2.2213	2.8834	3.7335	4.8223	6.2139	7.9881	10.2451	13.1100
28	1.3213	1.7410	2.2879	2.9987	3.9201	5.1117	6.6488	8.6271	11.1671	14.4210
29	1.3345	1.7758	2.3566	3.1187	4.1161	5.4184	7.1143	9.3173	12.1722	15.8631
30	1.3478	1.8114	2.4273	3.2434	4.3219	5.7435	7.6123	10.0627	13.2677	17.4494

附表 1-2

期数	11%	12%	13%	14%	15%	16%	17%	18%	19%	20%
1	1.1100	1.1200	1.1300	1.1400	1.1500	1.1600	1.1700	1.1800	1.1900	1.2000
2	1.2321	1.2544	1.2769	1.2996	1.3225	1.3456	1.3689	1.3924	1.4161	1.4400
3	1.3676	1.4049	1.4429	1.4815	1.5209	1.5609	1.6016	1.6430	1.6852	1.7280
4	1.5181	1.5735	1.6305	1.6890	1.7490	1.8106	1.8739	1.9388	2.0053	2.0736
5	1.6851	1.7623	1.8424	1.9254	2.0114	2.1003	2.1924	2.2878	2.3864	2.4883
6	1.8704	1.9738	2.0820	2.1950	2.3131	2.4364	2.5652	2.6996	2.8398	2.9860
7	2.0762	2.2107	2.3526	2.5023	2.6600	2.8262	3.0012	3.1855	3.3793	3.5832
8	2.3045	2.4760	2.6584	2.8526	3.0590	3.2784	3.5115	3.7589	4.0214	4.2998
9	2.5580	2.7731	3.0040	3.2519	3.5179	3.8030	4.1084	4.4355	4.7854	5.1598
10	2.8394	3.1058	3.3946	3.7072	4.0456	4.4114	4.8068	5.2338	5.6947	6.1917
11	3.1518	3.4786	3.8359	4.2262	4.6524	5.1173	5.6240	6.1759	6.7767	7.4301
12	3.4985	3.8960	4.3345	4.8179	5.3503	5.9360	6.5801	7.2876	8.0642	8.9161
13	3.8833	4.3635	4.8980	5.4924	6.1528	6.8858	7.6987	8.5994	9.5964	10.6993
14	4.3104	4.8871	5.5348	6.2613	7.0757	7.9875	9.0075	10.1472	11.4198	12.8392
15	4.7846	5.4736	6.2543	7.1379	8.1371	9.2655	10.5387	11.9737	13.5895	15.4070
16	5.3109	6.1304	7.0673	8.1372	9.3576	10.7480	12.3303	14.1290	16.1715	18.4884
17	5.8951	6.8660	7.9861	9.2765	10.7613	12.4677	14.4265	16.6722	19.2441	22.1861
18	6.5436	7.6900	9.0243	10.5752	12.3755	14.4625	16.8790	19.6733	22.9005	26.6233
19	7.2633	8.6128	10.1974	12.0557	14.2318	16.7765	19.7484	23.2144	27.2516	31.9480
20	8.0623	9.6463	11.5231	13.7435	16.3665	19.4608	23.1056	27.3930	32.4294	38.3376
21	8.9492	10.8038	13.0211	15.6676	18.8215	22.5745	27.0336	32.3238	38.5910	46.0051
22	9.9336	12.1003	14.7138	17.8610	21.6447	26.1864	31.6293	38.1421	45.9233	55.2061
23	11.0263	13.5523	16.6266	20.3616	24.8915	30.3762	37.0062	45.0076	54.6487	66.2474
24	12.2392	15.1786	18.7881	23.2122	28.6252	35.2364	43.2973	53.1090	65.0320	79.4968
25	13.5855	17.0001	21.2305	26.4619	32.9190	40.8742	50.6578	62.6686	77.3881	95.3962
26	15.0799	19.0401	23.9905	30.1666	37.8568	47.4141	59.2697	73.9490	92.0918	114.4755
27	16.7387	21.3249	27.1093	34.3899	43.5353	55.0004	69.3455	87.2598	109.5893	137.3706
28	18.5799	23.8839	30.6335	39.2045	50.0656	63.8004	81.1342	102.9666	130.4112	164.8447
29	20.6237	26.7499	34.6158	44.6931	57.5755	74.0085	94.9271	121.5005	155.1893	197.8136
30	22.8923	29.9599	39.1159	50.9502	66.2118	85.8499	111.0647	143.3706	184.6753	237.3763

附表 1-3

期数	21%	22%	23%	24%	25%	26%	27%	28%	29%	30%
1	1.2100	1.2200	1.2300	1.2400	1.2500	1.2600	1.2700	1.2800	1.2900	1.3000
2	1.4641	1.4884	1.5129	1.5376	1.5625	1.5876	1.6129	1.6384	1.6641	1.6900
3	1.7716	1.8158	1.8609	1.9066	1.9531	2.0004	2.0484	2.0972	2.1467	2.1970
4	2.1436	2.2153	2.2889	2.3642	2.4414	2.5205	2.6014	2.6844	2.7692	2.8561
5	2.5937	2.7027	2.8153	2.9316	3.0518	3.1758	3.3038	3.4360	3.5723	3.7129
6	3.1384	3.2973	3.4628	3.6352	3.8147	4.0015	4.1959	4.3980	4.6083	4.8268
7	3.7975	4.0227	4.2593	4.5077	4.7684	5.0419	5.3288	5.6295	5.9447	6.2749
8	4.5950	4.9077	5.2389	5.5895	5.9605	6.3528	6.7675	7.2058	7.6686	8.1573
9	5.5599	5.9874	6.4439	6.9310	7.4506	8.0045	8.5948	9.2234	9.8925	10.6045
10	6.7275	7.3046	7.9259	8.5944	9.3132	10.0857	10.9153	11.8059	12.7614	13.7858
11	8.1403	8.9117	9.7489	10.6571	11.6415	12.7080	13.8625	15.1116	16.4622	17.9216
12	9.8497	10.8722	11.9912	13.2148	14.5519	16.0120	17.6053	19.3428	21.2362	23.2981
13	11.9182	13.2641	14.7491	16.3863	18.1899	20.1752	22.3588	24.7588	27.3947	30.2875
14	14.4210	16.1822	18.1414	20.3191	22.7374	25.4207	28.3957	31.6913	35.3391	39.3738
15	17.4494	19.7423	22.3140	25.1956	28.4217	32.0301	36.0625	40.5648	45.5875	51.1859
16	21.1138	24.0856	27.4462	31.2426	35.5271	40.3579	45.7994	51.9230	58.8079	66.5417
17	25.5477	29.3844	33.7588	38.7408	44.4089	50.8510	58.1652	66.4614	75.8621	86.5042
18	30.9127	35.8490	41.5233	48.0386	55.5112	64.0722	73.8698	85.0706	97.8622	112.4554
19	37.4043	43.7358	51.0737	59.5679	69.3889	80.7310	93.8147	108.8904	126.2422	146.1920
20	45.2593	53.3576	62.8206	73.8641	86.7362	101.7211	119.1446	139.3797	162.8524	190.0496
21	54.7637	65.0963	77.2694	91.5915	108.4202	128.1685	151.3137	178.4060	210.0796	247.0645
22	66.2641	79.4175	95.0413	113.5735	135.5253	161.4924	192.1683	228.3596	271.0027	321.1839
23	80.1795	96.8894	116.9008	140.8312	169.4066	203.4804	244.0538	292.3003	349.5935	417.5391
24	97.0172	118.2050	143.7880	174.6306	211.7582	256.3853	309.9483	374.1444	450.9756	542.8008
25	117.3909	144.2101	176.8593	216.5420	264.6978	323.0454	393.6344	478.9049	581.7585	705.6410
26	142.0429	175.9364	217.5369	268.5121	330.8722	407.0373	499.9157	612.9982	750.4685	917.3333
27	171.8719	214.6424	267.5704	332.9550	413.5903	512.8670	634.8929	784.6377	968.1044	1192.5333
28	207.9651	261.8637	329.1115	412.8642	516.9879	646.2124	806.3140	1004.3363	1248.8546	1550.2933
29	251.6377	319.4737	404.8072	511.9516	646.2349	814.2276	1024.0187	1285.5504	1611.0225	2015.3813
30	304.4816	389.7579	497.9129	634.8199	807.7936	1025.9267	1300.5038	1645.5046	2078.2190	2619.9956

附表2：复利现值系数表（P/F, i, n）

计算公式：$F = (1+i)^{-n}$

附表 2-1

期数	1%	2%	3%	4%	5%	6%	7%	8%	9%	10%
1	0.9901	0.9804	0.9709	0.9615	0.9524	0.9434	0.9346	0.9259	0.9174	0.9091
2	0.9803	0.9612	0.9426	0.9246	0.9070	0.8900	0.8734	0.8573	0.8417	0.8264
3	0.9706	0.9423	0.9151	0.8890	0.8638	0.8396	0.8163	0.7938	0.7722	0.7513
4	0.9610	0.9238	0.8885	0.8548	0.8227	0.7921	0.7629	0.7350	0.7084	0.6830
5	0.9515	0.9057	0.8626	0.8219	0.7835	0.7473	0.7130	0.6806	0.6499	0.6209
6	0.9420	0.8880	0.8375	0.7903	0.7462	0.7050	0.6663	0.6302	0.5963	0.5645
7	0.9327	0.8706	0.8131	0.7599	0.7107	0.6651	0.6227	0.5835	0.5470	0.5132
8	0.9235	0.8535	0.7894	0.7307	0.6768	0.6274	0.5820	0.5403	0.5019	0.4665
9	0.9143	0.8368	0.7664	0.7026	0.6446	0.5919	0.5439	0.5002	0.4604	0.4241
10	0.9053	0.8203	0.7441	0.6756	0.6139	0.5584	0.5083	0.4632	0.4224	0.3855
11	0.8963	0.8043	0.7224	0.6496	0.5847	0.5268	0.4751	0.4289	0.3875	0.3505
12	0.8874	0.7885	0.7014	0.6246	0.5568	0.4970	0.4440	0.3971	0.3555	0.3186
13	0.8787	0.7730	0.6810	0.6006	0.5303	0.4688	0.4150	0.3677	0.3262	0.2897
14	0.8700	0.7579	0.6611	0.5775	0.5051	0.4423	0.3878	0.3405	0.2992	0.2633
15	0.8613	0.7430	0.6419	0.5553	0.4810	0.4173	0.3624	0.3152	0.2745	0.2394
16	0.8528	0.7284	0.6232	0.5339	0.4581	0.3936	0.3387	0.2919	0.2519	0.2176
17	0.8444	0.7142	0.6050	0.5134	0.4363	0.3714	0.3166	0.2703	0.2311	0.1978
18	0.8360	0.7002	0.5874	0.4936	0.4155	0.3503	0.2959	0.2502	0.2120	0.1799
19	0.8277	0.6864	0.5703	0.4746	0.3957	0.3305	0.2765	0.2317	0.1945	0.1635
20	0.8195	0.6730	0.5537	0.4564	0.3769	0.3118	0.2584	0.2145	0.1784	0.1486
21	0.8114	0.6598	0.5375	0.4388	0.3589	0.2942	0.2415	0.1987	0.1637	0.1351
22	0.8034	0.6468	0.5219	0.4220	0.3418	0.2775	0.2257	0.1839	0.1502	0.1228
23	0.7954	0.6342	0.5067	0.4057	0.3256	0.2618	0.2109	0.1703	0.1378	0.1117
24	0.7876	0.6217	0.4919	0.3901	0.3101	0.2470	0.1971	0.1577	0.1264	0.1015
25	0.7798	0.6095	0.4776	0.3751	0.2953	0.2330	0.1842	0.1460	0.1160	0.0923
26	0.7720	0.5976	0.4637	0.3607	0.2812	0.2198	0.1722	0.1352	0.1064	0.0839
27	0.7644	0.5859	0.4502	0.3468	0.2678	0.2074	0.1609	0.1252	0.0976	0.0763
28	0.7568	0.5744	0.4371	0.3335	0.2551	0.1956	0.1504	0.1159	0.0895	0.0693
29	0.7493	0.5631	0.4243	0.3207	0.2429	0.1846	0.1406	0.1073	0.0822	0.0630
30	0.7419	0.5521	0.4120	0.3083	0.2314	0.1741	0.1314	0.0994	0.0754	0.0573

附表 2－2

期数	11%	12%	13%	14%	15%	16%	17%	18%	19%	20%
1	0.9009	0.8929	0.8850	0.8772	0.8696	0.8621	0.8547	0.8475	0.8403	0.8333
2	0.8116	0.7972	0.7831	0.7695	0.7561	0.7432	0.7305	0.7182	0.7062	0.6944
3	0.7312	0.7118	0.6931	0.6750	0.6575	0.6407	0.6244	0.6086	0.5934	0.5787
4	0.6587	0.6355	0.6133	0.5921	0.5718	0.5523	0.5337	0.5158	0.4987	0.4823
5	0.5935	0.5674	0.5428	0.5194	0.4972	0.4761	0.4561	0.4371	0.4190	0.4019
6	0.5346	0.5066	0.4803	0.4556	0.4323	0.4104	0.3898	0.3704	0.3521	0.3349
7	0.4817	0.4523	0.4251	0.3996	0.3759	0.3538	0.3332	0.3139	0.2959	0.2791
8	0.4339	0.4039	0.3762	0.3506	0.3269	0.3050	0.2848	0.2660	0.2487	0.2326
9	0.3909	0.3606	0.3329	0.3075	0.2843	0.2630	0.2434	0.2255	0.2090	0.1938
10	0.3522	0.3220	0.2946	0.2697	0.2472	0.2267	0.2080	0.1911	0.1756	0.1615
11	0.3173	0.2875	0.2607	0.2366	0.2149	0.1954	0.1778	0.1619	0.1476	0.1346
12	0.2858	0.2567	0.2307	0.2076	0.1869	0.1685	0.1520	0.1372	0.1240	0.1122
13	0.2575	0.2292	0.2042	0.1821	0.1625	0.1452	0.1299	0.1163	0.1042	0.0935
14	0.2320	0.2046	0.1807	0.1597	0.1413	0.1252	0.1110	0.0985	0.0876	0.0779
15	0.2090	0.1827	0.1599	0.1401	0.1229	0.1079	0.0949	0.0835	0.0736	0.0649
16	0.1883	0.1631	0.1415	0.1229	0.1069	0.0930	0.0811	0.0708	0.0618	0.0541
17	0.1696	0.1456	0.1252	0.1078	0.0929	0.0802	0.0693	0.0600	0.0520	0.0451
18	0.1528	0.1300	0.1108	0.0946	0.0808	0.0691	0.0592	0.0508	0.0437	0.0376
19	0.1377	0.1161	0.0981	0.0829	0.0703	0.0596	0.0506	0.0431	0.0367	0.0313
20	0.1240	0.1037	0.0868	0.0728	0.0611	0.0514	0.0433	0.0365	0.0308	0.0261
21	0.1117	0.0926	0.0768	0.0638	0.0531	0.0443	0.0370	0.0309	0.0259	0.0217
22	0.1007	0.0826	0.0680	0.0560	0.0462	0.0382	0.0316	0.0262	0.0218	0.0181
23	0.0907	0.0738	0.0601	0.0491	0.0402	0.0329	0.0270	0.0222	0.0183	0.0151
24	0.0817	0.0659	0.0532	0.0431	0.0349	0.0284	0.0231	0.0188	0.0154	0.0126
25	0.0736	0.0588	0.0471	0.0378	0.0304	0.0245	0.0197	0.0160	0.0129	0.0105
26	0.0663	0.0525	0.0417	0.0331	0.0264	0.0211	0.0169	0.0135	0.0109	0.0087
27	0.0597	0.0469	0.0369	0.0291	0.0230	0.0182	0.0144	0.0115	0.0091	0.0073
28	0.0538	0.0419	0.0326	0.0255	0.0200	0.0157	0.0123	0.0097	0.0077	0.0061
29	0.0485	0.0374	0.0289	0.0224	0.0174	0.0135	0.0105	0.0082	0.0064	0.0051
30	0.0437	0.0334	0.0256	0.0196	0.0151	0.0116	0.0090	0.0070	0.0054	0.0042

附表 2-3

期数	21%	22%	23%	24%	25%	26%	27%	28%	29%	30%
1	0.8264	0.8197	0.8130	0.8065	0.8000	0.7937	0.7874	0.7813	0.7752	0.7692
2	0.6830	0.6719	0.6610	0.6504	0.6400	0.6299	0.6200	0.6104	0.6009	0.5917
3	0.5645	0.5507	0.5374	0.5245	0.5120	0.4999	0.4882	0.4768	0.4658	0.4552
4	0.4665	0.4514	0.4369	0.4230	0.4096	0.3968	0.3844	0.3725	0.3611	0.3501
5	0.3855	0.3700	0.3552	0.3411	0.3277	0.3149	0.3027	0.2910	0.2799	0.2693
6	0.3186	0.3033	0.2888	0.2751	0.2621	0.2499	0.2383	0.2274	0.2170	0.2072
7	0.2633	0.2486	0.2348	0.2218	0.2097	0.1983	0.1877	0.1776	0.1682	0.1594
8	0.2176	0.2038	0.1909	0.1789	0.1678	0.1574	0.1478	0.1388	0.1304	0.1226
9	0.1799	0.1670	0.1552	0.1443	0.1342	0.1249	0.1164	0.1084	0.1011	0.0943
10	0.1486	0.1369	0.1262	0.1164	0.1074	0.0992	0.0916	0.0847	0.0784	0.0725
11	0.1228	0.1122	0.1026	0.0938	0.0859	0.0787	0.0721	0.0662	0.0607	0.0558
12	0.1015	0.0920	0.0834	0.0757	0.0687	0.0625	0.0568	0.0517	0.0471	0.0429
13	0.0839	0.0754	0.0678	0.0610	0.0550	0.0496	0.0447	0.0404	0.0365	0.0330
14	0.0693	0.0618	0.0551	0.0492	0.0440	0.0393	0.0352	0.0316	0.0283	0.0254
15	0.0573	0.0507	0.0448	0.0397	0.0352	0.0312	0.0277	0.0247	0.0219	0.0195
16	0.0474	0.0415	0.0364	0.0320	0.0281	0.0248	0.0218	0.0193	0.0170	0.0150
17	0.0391	0.0340	0.0296	0.0258	0.0225	0.0197	0.0172	0.0150	0.0132	0.0116
18	0.0323	0.0279	0.0241	0.0208	0.0180	0.0156	0.0135	0.0118	0.0102	0.0089
19	0.0267	0.0229	0.0196	0.0168	0.0144	0.0124	0.0107	0.0092	0.0079	0.0068
20	0.0221	0.0187	0.0159	0.0135	0.0115	0.0098	0.0084	0.0072	0.0061	0.0053
21	0.0183	0.0154	0.0129	0.0109	0.0092	0.0078	0.0066	0.0056	0.0048	0.0040
22	0.0151	0.0126	0.0105	0.0088	0.0074	0.0062	0.0052	0.0044	0.0037	0.0031
23	0.0125	0.0103	0.0086	0.0071	0.0059	0.0049	0.0041	0.0034	0.0029	0.0024
24	0.0103	0.0085	0.0070	0.0057	0.0047	0.0039	0.0032	0.0027	0.0022	0.0018
25	0.0085	0.0069	0.0057	0.0046	0.0038	0.0031	0.0025	0.0021	0.0017	0.0014
26	0.0070	0.0057	0.0046	0.0037	0.0030	0.0025	0.0020	0.0016	0.0013	0.0011
27	0.0058	0.0047	0.0037	0.0030	0.0024	0.0019	0.0016	0.0013	0.0010	0.0008
28	0.0048	0.0038	0.0030	0.0024	0.0019	0.0015	0.0012	0.0010	0.0008	0.0006
29	0.0040	0.0031	0.0025	0.0020	0.0015	0.0012	0.0010	0.0008	0.0006	0.0005
30	0.0033	0.0026	0.0020	0.0016	0.0012	0.0010	0.0008	0.0006	0.0005	0.0004

附表3：年金终值系数表（$F/A, i, n$）

附表3-1

期数	1%	2%	3%	4%	5%	6%	7%	8%	9%	10%
1	1.0000	1.0000	1.0000	1.0000	1.0000	1.0000	1.0000	1.0000	1.0000	1.0000
2	2.0100	2.0200	2.0300	2.0400	2.0500	2.0600	2.0700	2.0800	2.0900	2.1000
3	3.0301	3.0604	3.0909	3.1216	3.1525	3.1836	3.2149	3.2464	3.2781	3.3100
4	4.0604	4.1216	4.1836	4.2465	4.3101	4.3746	4.4399	4.5061	4.5731	4.6410
5	5.1010	5.2040	5.3091	5.4163	5.5256	5.6371	5.7507	5.8666	5.9847	6.1051
6	6.1520	6.3081	6.4684	6.6330	6.8019	6.9753	7.1533	7.3359	7.5233	7.7156
7	7.2135	7.4343	7.6625	7.8983	8.1420	8.3938	8.6540	8.9228	9.2004	9.4872
8	8.2857	8.5830	8.8923	9.2142	9.5491	9.8975	10.2598	10.6366	11.0285	11.4359
9	9.3685	9.7546	10.1591	10.5828	11.0266	11.4913	11.9780	12.4876	13.0210	13.5795
10	10.4622	10.9497	11.4639	12.0061	12.5779	13.1808	13.8164	14.4866	15.1929	15.9374
11	11.5668	12.1687	12.8078	13.4864	14.2068	14.9716	15.7836	16.6455	17.5603	18.5312
12	12.6825	13.4121	14.1920	15.0258	15.9171	16.8699	17.8885	18.9771	20.1407	21.3843
13	13.8093	14.6803	15.6178	16.6268	17.7130	18.8821	20.1406	21.4953	22.9534	24.5227
14	14.9474	15.9739	17.0863	18.2919	19.5986	21.0151	22.5505	24.2149	26.0192	27.9750
15	16.0969	17.2934	18.5989	20.0236	21.5786	23.2760	25.1290	27.1521	29.3609	31.7725
16	17.2579	18.6393	20.1569	21.8245	23.6575	25.6725	27.8881	30.3243	33.0034	35.9497
17	18.4304	20.0121	21.7616	23.6975	25.8404	28.2129	30.8402	33.7502	36.9737	40.5447
18	19.6147	21.4123	23.4144	25.6454	28.1324	30.9057	33.9990	37.4502	41.3013	45.5992
19	20.8109	22.8406	25.1169	27.6712	30.5390	33.7600	37.3790	41.4463	46.0185	51.1591
20	22.0190	24.2974	26.8704	29.7781	33.0660	36.7856	40.9955	45.7620	51.1601	57.2750
21	23.2392	25.7833	28.6765	31.9692	35.7193	39.9927	44.8652	50.4229	56.7645	64.0025
22	24.4716	27.2990	30.5368	34.2480	38.5052	43.3923	49.0057	55.4568	62.8733	71.4027
23	25.7163	28.8450	32.4529	36.6179	41.4305	46.9958	53.4361	60.8933	69.5319	79.5430
24	26.9735	30.4219	34.4265	39.0826	44.5020	50.8156	58.1767	66.7648	76.7898	88.4973
25	28.2432	32.0303	36.4593	41.6459	47.7271	54.8645	63.2490	73.1059	84.7009	98.3471
26	29.5256	33.6709	38.5530	44.3117	51.1135	59.1564	68.6765	79.9544	93.3240	109.1818
27	30.8209	35.3443	40.7096	47.0842	54.6691	63.7058	74.4838	87.3508	102.7231	121.0999
28	32.1291	37.0512	42.9309	49.9676	58.4026	68.5281	80.6977	95.3388	112.9682	134.2099
29	33.4504	38.7922	45.2189	52.9663	62.3227	73.6398	87.3465	103.9659	124.1354	148.6309
30	34.7849	40.5681	47.5754	56.0849	66.4388	79.0582	94.4608	113.2832	136.3075	164.4940

附表 3-2

期数	11%	12%	13%	14%	15%	16%	17%	18%	19%	20%
1	1.0000	1.0000	1.0000	1.0000	1.0000	1.0000	1.0000	1.0000	1.0000	1.0000
2	2.1100	2.1200	2.1300	2.1400	2.1500	2.1600	2.1700	2.1800	2.1900	2.2000
3	3.3421	3.3744	3.4069	3.4396	3.4725	3.5056	3.5389	3.5724	3.6061	3.6400
4	4.7097	4.7793	4.8498	4.9211	4.9934	5.0665	5.1405	5.2154	5.2913	5.3680
5	6.2278	6.3528	6.4803	6.6101	6.7424	6.8771	7.0144	7.1542	7.2966	7.4416
6	7.9129	8.1152	8.3227	8.5355	8.7537	8.9775	9.2068	9.4420	9.6830	9.9299
7	9.7833	10.0890	10.4047	10.7305	11.0668	11.4139	11.7720	12.1415	12.5227	12.9159
8	11.8594	12.2997	12.7573	13.2328	13.7268	14.2401	14.7733	15.3270	15.9020	16.4991
9	14.1640	14.7757	15.4157	16.0853	16.7858	17.5185	18.2847	19.0859	19.9234	20.7989
10	16.7220	17.5487	18.4197	19.3373	20.3037	21.3215	22.3931	23.5213	24.7089	25.9587
11	19.5614	20.6546	21.8143	23.0445	24.3493	25.7329	27.1999	28.7551	30.4035	32.1504
12	22.7132	24.1331	25.6502	27.2707	29.0017	30.8502	32.8239	34.9311	37.1802	39.5805
13	26.2116	28.0291	29.9847	32.0887	34.3519	36.7862	39.4040	42.2187	45.2445	48.4966
14	30.0949	32.3926	34.8827	37.5811	40.5047	43.6720	47.1027	50.8180	54.8409	59.1959
15	34.4054	37.2797	40.4175	43.8424	47.5804	51.6595	56.1101	60.9653	66.2607	72.0351
16	39.1899	42.7533	46.6717	50.9804	55.7175	60.9250	66.6488	72.9390	79.8502	87.4421
17	44.5008	48.8837	53.7391	59.1176	65.0751	71.6730	78.9792	87.0680	96.0218	105.9306
18	50.3959	55.7497	61.7251	68.3941	75.8364	84.1407	93.4056	103.7403	115.2659	128.1167
19	56.9395	63.4397	70.7494	78.9692	88.2118	98.6032	110.2846	123.4135	138.1664	154.7400
20	64.2028	72.0524	80.9468	91.0249	102.4436	115.3797	130.0329	146.6280	165.4180	186.6880
21	72.2651	81.6987	92.4699	104.7684	118.8101	134.8405	153.1385	174.0210	197.8474	225.0256
22	81.2143	92.5026	105.4910	120.4360	137.6316	157.4150	180.1721	206.3448	236.4385	271.0307
23	91.1479	104.6029	120.2048	138.2970	159.2764	183.6014	211.8013	244.4868	282.3618	326.2369
24	102.1742	118.1552	136.8315	158.6586	184.1678	213.9776	248.8076	289.4945	337.0105	392.4842
25	114.4133	133.3339	155.6196	181.8708	212.7930	249.2140	292.1049	342.6035	402.0425	471.9811
26	127.9988	150.3339	176.8501	208.3327	245.7120	290.0883	342.7627	405.2721	479.4306	567.3773
27	143.0786	169.3740	200.8406	238.4993	283.5688	337.5024	402.0323	479.2211	571.5224	681.8528
28	159.8173	190.6989	227.9499	272.8892	327.1041	392.5028	471.3778	566.4809	681.1116	819.2233
29	178.3972	214.5828	258.5834	312.0937	377.1697	456.3032	552.5121	669.4475	811.5228	984.0680
30	199.0209	241.3327	293.1992	356.7868	434.7451	530.3117	647.4391	790.9480	966.7122	1181.8816

附表 3-3

期数	21%	22%	23%	24%	25%	26%	27%	28%	29%	30%
1	1.0000	1.0000	1.0000	1.0000	1.0000	1.0000	1.0000	1.0000	1.0000	1.0000
2	2.2100	2.2200	2.2300	2.2400	2.2500	2.2600	2.2700	2.2800	2.2900	2.3000
3	3.6741	3.7084	3.7429	3.7776	3.8125	3.8476	3.8829	3.9184	3.9541	3.9900
4	5.4457	5.5242	5.6038	5.6842	5.7656	5.8480	5.9313	6.0156	6.1008	6.1870
5	7.5892	7.7396	7.8926	8.0484	8.2070	8.3684	8.5327	8.6999	8.8700	9.0431
6	10.1830	10.4423	10.7079	10.9801	11.2588	11.5442	11.8366	12.1359	12.4423	12.7560
7	13.3214	13.7396	14.1708	14.6153	15.0735	15.5458	16.0324	16.5339	17.0506	17.5828
8	17.1189	17.7623	18.4300	19.1229	19.8419	20.5876	21.3612	22.1634	22.9953	23.8577
9	21.7139	22.6700	23.6690	24.7125	25.8023	26.9404	28.1287	29.3692	30.6639	32.0150
10	27.2738	28.6574	30.1128	31.6434	33.2529	34.9449	36.7235	38.5926	40.5564	42.6195
11	34.0013	35.9620	38.0388	40.2379	42.5661	45.0306	47.6388	50.3985	53.3178	56.4053
12	42.1416	44.8737	47.7877	50.8950	54.2077	57.7386	61.5013	65.5100	69.7800	74.3270
13	51.9913	55.7459	59.7788	64.1097	68.7596	73.7506	79.1066	84.8529	91.0161	97.6250
14	63.9095	69.0100	74.5280	80.4961	86.9495	93.9258	101.4654	109.6117	118.4108	127.9125
15	78.3305	85.1922	92.6694	100.8151	109.6868	119.3465	129.8611	141.3029	153.7500	167.2863
16	95.7799	104.9345	114.9834	126.0108	138.1085	151.3766	165.9236	181.8677	199.3374	218.4722
17	116.8937	129.0201	142.4295	157.2534	173.6357	191.7345	211.7230	233.7907	258.1453	285.0139
18	142.4413	158.4045	176.1883	195.9942	218.0446	242.5855	269.8882	300.2521	334.0074	371.5180
19	173.3540	194.2535	217.7116	244.0328	273.5558	306.6577	343.7580	385.3227	431.8696	483.9734
20	210.7584	237.9893	268.7853	303.6006	342.9447	387.3887	437.5726	494.2131	558.1118	630.1655
21	256.0176	291.3469	331.6059	377.4648	429.6809	489.1098	556.7173	633.5927	720.9642	820.2151
22	310.7813	356.4432	408.8753	469.0563	538.1011	617.2783	708.0309	811.9987	931.0438	1067.2796
23	377.0454	435.8607	503.9166	582.6298	673.6264	778.7707	900.1993	1040.3583	1202.0465	1388.4635
24	457.2249	532.7501	620.8174	723.4610	843.0329	982.2511	1144.2531	1332.6586	1551.6400	1806.0026
25	554.2422	650.9551	764.6054	898.0916	1054.7912	1238.6363	1454.2014	1706.8031	2002.6156	2348.8033
26	671.6330	795.1653	941.4647	1114.6336	1319.4890	1561.6818	1847.8358	2185.7079	2584.3741	3054.4443
27	813.6759	971.1016	1159.0016	1383.1457	1650.3612	1968.7191	2347.7515	2798.7061	3334.8426	3971.7776
28	985.5479	1185.7440	1426.5719	1716.1007	2063.9515	2481.5860	2982.6444	3583.3438	4302.9470	5164.3109
29	1193.5129	1447.6077	1755.6835	2128.9648	2580.9394	3127.7984	3788.9583	4587.6801	5551.8016	6714.6042
30	1445.1507	1767.0813	2160.4907	2640.9164	3227.1743	3942.0260	4812.9771	5873.2306	7162.8241	8729.9855

附表4：年金现值系数表（$P/A, i, n$）

附表4-1

期数	1%	2%	3%	4%	5%	6%	7%	8%	9%	10%
1	0.9901	0.9804	0.9709	0.9615	0.9524	0.9434	0.9346	0.9259	0.9174	0.9091
2	1.9704	1.9416	1.9135	1.8861	1.8594	1.8334	1.8080	1.7833	1.7591	1.7355
3	2.9410	2.8839	2.8286	2.7751	2.7232	2.6730	2.6243	2.5771	2.5313	2.4869
4	3.9020	3.8077	3.7171	3.6299	3.5460	3.4651	3.3872	3.3121	3.2397	3.1699
5	4.8534	4.7135	4.5797	4.4518	4.3295	4.2124	4.1002	3.9927	3.8897	3.7908
6	5.7955	5.6014	5.4172	5.2421	5.0757	4.9173	4.7665	4.6229	4.4859	4.3553
7	6.7282	6.4720	6.2303	6.0021	5.7864	5.5824	5.3893	5.2064	5.0330	4.8684
8	7.6517	7.3255	7.0197	6.7327	6.4632	6.2098	5.9713	5.7466	5.5348	5.3349
9	8.5660	8.1622	7.7861	7.4353	7.1078	6.8017	6.5152	6.2469	5.9952	5.7590
10	9.4713	8.9826	8.5302	8.1109	7.7217	7.3601	7.0236	6.7101	6.4177	6.1446
11	10.3676	9.7868	9.2526	8.7605	8.3064	7.8869	7.4987	7.1390	6.8052	6.4951
12	11.2551	10.5753	9.9540	9.3851	8.8633	8.3838	7.9427	7.5361	7.1607	6.8137
13	12.1337	11.3484	10.6350	9.9856	9.3936	8.8527	8.3577	7.9038	7.4869	7.1034
14	13.0037	12.1062	11.2961	10.5631	9.8986	9.2950	8.7455	8.2442	7.7862	7.3667
15	13.8651	12.8493	11.9379	11.1184	10.3797	9.7122	9.1079	8.5595	8.0607	7.6061
16	14.7179	13.5777	12.5611	11.6523	10.8378	10.1059	9.4466	8.8514	8.3126	7.8237
17	15.5623	14.2919	13.1661	12.1657	11.2741	10.4773	9.7632	9.1216	8.5436	8.0216
18	16.3983	14.9920	13.7535	12.6593	11.6896	10.8276	10.0591	9.3719	8.7556	8.2014
19	17.2260	15.6785	14.3238	13.1339	12.0853	11.1581	10.3356	9.6036	8.9501	8.3649
20	18.0456	16.3514	14.8775	13.5903	12.4622	11.4699	10.5940	9.8181	9.1285	8.5136
21	18.8570	17.0112	15.4150	14.0292	12.8212	11.7641	10.8355	10.0168	9.2922	8.6487
22	19.6604	17.6580	15.9369	14.4511	13.1630	12.0416	11.0612	10.2007	9.4424	8.7715
23	20.4558	18.2922	16.4436	14.8568	13.4886	12.3034	11.2722	10.3711	9.5802	8.8832
24	21.2434	18.9139	16.9355	15.2470	13.7986	12.5504	11.4693	10.5288	9.7066	8.9847
25	22.0232	19.5235	17.4131	15.6221	14.0939	12.7834	11.6536	10.6748	9.8226	9.0770
26	22.7952	20.1210	17.8768	15.9828	14.3752	13.0032	11.8258	10.8100	9.9290	9.1609
27	23.5596	20.7069	18.3270	16.3296	14.6430	13.2105	11.9867	10.9352	10.0266	9.2372
28	24.3164	21.2813	18.7641	16.6631	14.8981	13.4062	12.1371	11.0511	10.1161	9.3066
29	25.0658	21.8444	19.1885	16.9837	15.1411	13.5907	12.2777	11.1584	10.1983	9.3696
30	25.8077	22.3965	19.6004	17.2920	15.3725	13.7648	12.4090	11.2578	10.2737	9.4269

附表 4-2

期数	11%	12%	13%	14%	15%	16%	17%	18%	19%	20%
1	0.9009	0.8929	0.8850	0.8772	0.8696	0.8621	0.8547	0.8475	0.8403	0.8333
2	1.7125	1.6901	1.6681	1.6467	1.6257	1.6052	1.5852	1.5656	1.5465	1.5278
3	2.4437	2.4018	2.3612	2.3216	2.2832	2.2459	2.2096	2.1743	2.1399	2.1065
4	3.1024	3.0373	2.9745	2.9137	2.8550	2.7982	2.7432	2.6901	2.6386	2.5887
5	3.6959	3.6048	3.5172	3.4331	3.3522	3.2743	3.1993	3.1272	3.0576	2.9906
6	4.2305	4.1114	3.9975	3.8887	3.7845	3.6847	3.5892	3.4976	3.4098	3.3255
7	4.7122	4.5638	4.4226	4.2883	4.1604	4.0386	3.9224	3.8115	3.7057	3.6046
8	5.1461	4.9676	4.7988	4.6389	4.4873	4.3436	4.2072	4.0776	3.9544	3.8372
9	5.5370	5.3282	5.1317	4.9464	4.7716	4.6065	4.4506	4.3030	4.1633	4.0310
10	5.8892	5.6502	5.4262	5.2161	5.0188	4.8332	4.6586	4.4941	4.3389	4.1925
11	6.2065	5.9377	5.6869	5.4527	5.2337	5.0286	4.8364	4.6560	4.4865	4.3271
12	6.4924	6.1944	5.9176	5.6603	5.4206	5.1971	4.9884	4.7932	4.6105	4.4392
13	6.7499	6.4235	6.1218	5.8424	5.5831	5.3423	5.1183	4.9095	4.7147	4.5327
14	6.9819	6.6282	6.3025	6.0021	5.7245	5.4675	5.2293	5.0081	4.8023	4.6106
15	7.1909	6.8109	6.4624	6.1422	5.8474	5.5755	5.3242	5.0916	4.8759	4.6755
16	7.3792	6.9740	6.6039	6.2651	5.9542	5.6685	5.4053	5.1624	4.9377	4.7296
17	7.5488	7.1196	6.7291	6.3729	6.0472	5.7487	5.4746	5.2223	4.9897	4.7746
18	7.7016	7.2497	6.8399	6.4674	6.1280	5.8178	5.5339	5.2732	5.0333	4.8122
19	7.8393	7.3658	6.9380	6.5504	6.1982	5.8775	5.5845	5.3162	5.0700	4.8435
20	7.9633	7.4694	7.0248	6.6231	6.2593	5.9288	5.6278	5.3527	5.1009	4.8696
21	8.0751	7.5620	7.1016	6.6870	6.3125	5.9731	5.6648	5.3837	5.1268	4.8913
22	8.1757	7.6446	7.1695	6.7429	6.3587	6.0113	5.6964	5.4099	5.1486	4.9094
23	8.2664	7.7184	7.2297	6.7921	6.3988	6.0442	5.7234	5.4321	5.1668	4.9245
24	8.3481	7.7843	7.2829	6.8351	6.4338	6.0726	5.7465	5.4509	5.1822	4.9371
25	8.4217	7.8431	7.3300	6.8729	6.4641	6.0971	5.7662	5.4669	5.1951	4.9476
26	8.4881	7.8957	7.3717	6.9061	6.4906	6.1182	5.7831	5.4804	5.2060	4.9563
27	8.5478	7.9426	7.4086	6.9352	6.5135	6.1364	5.7975	5.4919	5.2151	4.9636
28	8.6016	7.9844	7.4412	6.9607	6.5335	6.1520	5.8099	5.5016	5.2228	4.9697
29	8.6501	8.0218	7.4701	6.9830	6.5509	6.1656	5.8204	5.5098	5.2292	4.9747
30	8.6938	8.0552	7.4957	7.0027	6.5660	6.1772	5.8294	5.5168	5.2347	4.9789

附表 4-3

期数	21%	22%	23%	24%	25%	26%	27%	28%	29%	30%
1	0.8264	0.8197	0.8130	0.8065	0.8000	0.7937	0.7874	0.7813	0.7752	0.7692
2	1.5095	1.4915	1.4740	1.4568	1.4400	1.4235	1.4074	1.3916	1.3761	1.3609
3	2.0739	2.0422	2.0114	1.9813	1.9520	1.9234	1.8956	1.8684	1.8420	1.8161
4	2.5404	2.4936	2.4483	2.4043	2.3616	2.3202	2.2800	2.2410	2.2031	2.1662
5	2.9260	2.8636	2.8035	2.7454	2.6893	2.6351	2.5827	2.5320	2.4830	2.4356
6	3.2446	3.1669	3.0923	3.0205	2.9514	2.8850	2.8210	2.7594	2.7000	2.6427
7	3.5079	3.4155	3.3270	3.2423	3.1611	3.0833	3.0087	2.9370	2.8682	2.8021
8	3.7256	3.6193	3.5179	3.4212	3.3289	3.2407	3.1564	3.0758	2.9986	2.9247
9	3.9054	3.7863	3.6731	3.5655	3.4631	3.3657	3.2728	3.1842	3.0997	3.0190
10	4.0541	3.9232	3.7993	3.6819	3.5705	3.4648	3.3644	3.2689	3.1781	3.0915
11	4.1769	4.0354	3.9018	3.7757	3.6564	3.5435	3.4365	3.3351	3.2388	3.1473
12	4.2784	4.1274	3.9852	3.8514	3.7251	3.6059	3.4933	3.3868	3.2859	3.1903
13	4.3624	4.2028	4.0530	3.9124	3.7801	3.6555	3.5381	3.4272	3.3224	3.2233
14	4.4317	4.2646	4.1082	3.9616	3.8241	3.6949	3.5733	3.4587	3.3507	3.2487
15	4.4890	4.3152	4.1530	4.0013	3.8593	3.7261	3.6010	3.4834	3.3726	3.2682
16	4.5364	4.3567	4.1894	4.0333	3.8874	3.7509	3.6228	3.5026	3.3896	3.2832
17	4.5755	4.3908	4.2190	4.0591	3.9099	3.7705	3.6400	3.5177	3.4028	3.2948
18	4.6079	4.4187	4.2431	4.0799	3.9279	3.7861	3.6536	3.5294	3.4130	3.3037
19	4.6346	4.4415	4.2627	4.0967	3.9424	3.7985	3.6642	3.5386	3.4210	3.3105
20	4.6567	4.4603	4.2786	4.1103	3.9539	3.8083	3.6726	3.5458	3.4271	3.3158
21	4.6750	4.4756	4.2916	4.1212	3.9631	3.8161	3.6792	3.5514	3.4319	3.3198
22	4.6900	4.4882	4.3021	4.1300	3.9705	3.8223	3.6844	3.5558	3.4356	3.3230
23	4.7025	4.4985	4.3106	4.1371	3.9764	3.8273	3.6885	3.5592	3.4384	3.3254
24	4.7128	4.5070	4.3176	4.1428	3.9811	3.8312	3.6918	3.5619	3.4406	3.3272
25	4.7213	4.5139	4.3232	4.1474	3.9849	3.8342	3.6943	3.5640	3.4423	3.3286
26	4.7284	4.5196	4.3278	4.1511	3.9879	3.8367	3.6963	3.5656	3.4437	3.3297
27	4.7342	4.5243	4.3316	4.1542	3.9903	3.8387	3.6979	3.5669	3.4447	3.3305
28	4.7390	4.5281	4.3346	4.1566	3.9923	3.8402	3.6991	3.5679	3.4455	3.3312
29	4.7430	4.5312	4.3371	4.1585	3.9938	3.8414	3.7001	3.5687	3.4461	3.3317
30	4.7463	4.5338	4.3391	4.1601	3.9950	3.8424	3.7009	3.5693	3.4466	3.3321

参考文献

1. 陶新元:《财务管理学》(第二版),西南财经大学出版社,2011年版。
2. 陶新元:《财务管理学》,经济科学出版社,2015年版。
3. 中国注册会计师协会:《财务成本管理》,中国财政经济出版社,2017年版。
4. 财政部会计资格评价中心:《财务管理》,中国财政经济出版社,2017年版。
5. 荆新,王化成,刘俊彦:《财务管理学》(第六版),中国人民大学出版社,2012年版。
6. 王玉春:《财务管理》,南京大学出版社,2012年版。
7. 王月:《财务管理》(第一版),清华大学出版社,2011年版。
8. 张海平等:《财务管理实务》,华中科技大学出版社,2010年版。
9. 姚晓民:《财务管理学》,上海财经大学出版社,2013年版。
10. 赵德武:《财务管理》,高等教育出版社,2000年版。
11. 百度文库,"默多克的债务危机",http://wenku.baidu.com/view/230458679b6648d7c1c746d2.html
12. 华股投资,"太阳能项目高回报率吸引巴菲特等投资者",http://stock.huagu.com/hqgz/mzgs/1203/680019.html
13. 王晓军,乔志杰,刘文霞:"几种营运资金管理缺陷的案例分析",http://www.xzbu.com/3/view-788526.htm